COMMUNICATIO
Band 30

Studien zur europäischen Literatur- und Kulturgeschichte

Herausgegeben von Fritz Nies und Wilhelm Voßkamp
unter Mitwirkung von Yves Chevrel und Reinhart Koselleck

D1726281

Leander Scholz

Das Archiv der Klugheit

Strategien des Wissens um 1700

Max Niemeyer Verlag
Tübingen 2002

Die Deutsche Bibliothek – CIP-Einheitsaufnahme

Scholz, Leander:
Das Archiv der Klugheit : Strategien des Wissens um 1700 / Leander Scholz. –
Tübingen: Niemeyer, 2002
   (Communicatio ; Bd. 30)

ISBN 3-484-63030-2   ISSN 0941-1704

Printed in Germany. Gedruckt auf alterungsbeständigem Papier.
Satz und Druck: AZ Druck und Datentechnik GmbH, Kempten
Einband: Buchbinderei Geiger, Ammerbuch

Inhalt

»In den vierten Kreis wollen wir das gewöhnliche Volk stellen, gleichsam als den gröbsten Teil dieser Welt, obgleich es jedoch auch zum Leibe Christi gehört. Es sind ja nicht nur die Augen Teile des Körpers, sondern auch die Waden, die Füße und die Schamteile. Mit diesen muß man in einer Weise nachsichtig sein, daß sie immer, soweit wie möglich, zu dem aufgerufen werden, was Christus angenehm ist. Wer nämlich in diesem Leibe eben noch Fuß war, kann Auge werden.«

Erasmus von Rotterdam
Handbüchlein eines christlichen Streiters

Die Geschichte der Unsicherheit

Interessant in der Geschichte der Seereisen und Irrfahrten ist die Umdeutung der frühmittelalterlichen Legende *Navigatio sancti Brendani*, die sie ab dem 12. Jahrhundert erfährt. Die lateinische Fassung der Legende schildert die Reise des heiligen Brendan und seiner siebzehn Gefährten zu einer Paradiesinsel, der *Terra repromissionis sanctorum*, welche als Schutz für eine zukünftige Christenverfolgung dienen sollte. Einer verbreiteten Kurzfassung zufolge, die Anfang des 16. Jahrhunderts in den Druck der *Legenda aurea* aufgenommen wurde, befiehlt ein Engel dem Mönch, der ein Buch über die Weltwunder verbrannt haben soll, zur Strafe für Ungläubigkeit, den Ozean zu befahren und schriftlich von dessen Geheimnissen Zeugnis zu geben. War es das Ziel der lateinischen Seefahrt, die Geheimnisse Gottes im weiten Ozean kennenzulernen, so bestand die Strafe der zweiten Reise nach dem Abfall vom Glauben darin, Wissen über die unsichere Welt sammeln zu müssen.

Die Geschichte der Architekturen des Wissens ist zugleich die Geschichte der Unsicherheit von Welt. Im Zentrum dieser Wechselbeziehung steht seit der Antike die Lehre von der Klugheit. Ihr Spektrum reicht vom realisationsbezogenen Handeln bis zum Erfahrungswissen einer kunstvollen Ausführung. Während die Klugheitslehre etwa bei Aristoteles noch die Schnittstelle zwischen Theorie und Praxis besetzt und die Auswahl der richtigen Mittel zum Erreichen eines Zwecks lehrt, wird sie spätestens seit den Fürstenspiegeln des 16. Jahrhunderts mit der Gesamtheit von Politik und ihrem modernen Machtbegriff identifiziert. Von ihrem ethischen Gegenpol, der Weisheit, mit der sie vor allem als Lebensklugheit von den Stoikern in Beziehung gebracht wurde, getrennt, zerstreut sie sich bis zu ihrem Höhepunkt um 1700 in alle Lebensbereiche. Als Staatsklugheit und Privatklugheit markiert sie die Vorbereitung der beiden entscheidenden Pole des bürgerlichen Lebens und erscheint erstmals als ein Instrument zur Durcharbeitung aller Lebensbereiche des Einzelnen. Klugheit, oft als kurzfristiges machtstrategisches Denken mißverstanden, bildet um 1700 den Ort, an welchem dem Einzelnen praxiologisches Wissen zur Gestaltung seiner sozialen Welt zur Verfügung gestellt werden sollte. Als Klugheit zu urteilen, zu lieben, auszuwählen, eine Unterhaltung zu führen oder zu entscheiden, hat sie sich zu dieser Zeit schon weit von den höfischen Klugheitslehren fortentwickelt, deren Einfluß jedoch im kommunikationstheoretischen Schwerpunkt dieser Theoriegattung fortbesteht. Auf dem Boden der klugen

und individuellen Bemächtigung von Welt durch Wissen erwachsen im
18. Jahrhundert die großen Architekturen der bürgerlichen Vernunft, die das
Primat der geschichtlichen Zeitlichkeit des Wissens betonen und die Orientie-
rung an den individuellen Wissenstechniken zugunsten einer staatsbürgerlichen
Bildung aufgeben. Diese drängen die Klugheitslehren in den Raum des rein
Privaten ab, einer manchmal asozialen Sphäre, die schnell mit einem als egoi-
stisch diffamierten Machiavellismus identifiziert wird. Als Anstandslehren und
Subethiken des alltäglichen Lebens überleben sie seitdem und bis heute in einer
Art Ratgeberliteratur, die den Interessen und Bedürfnissen des Einzelnen näher
zu stehen scheint als die philosophischen und psychologischen Theorien. Ihr
Erfahrungswissen scheint immer noch eine Theorieart zu bilden, die nur als
theorieunwürdiges, anthropologisches Material in Fußnoten abgehandelt wird.

Die Fiktion von Gesamtwissen, wie sie das 18. Jahrhundert als progredie-
rende, harmonische Ordnung von Welt hervorbrachte, hat die Wechselbeziehung von Wissen und Unsicherheit von Welt, den blinden Fleck einer jeden
Theorie, zunehmend zugunsten einer Reflexion ihrer reproduzierenden Bedingungen verdrängt. Wissen ist im Horizont einer sich auch des Irrationalen
bemächtigenden Vernunft seitdem eine Homogenisierungsleistung seiner Umwelt. Die zunehmende Ökonomisierung und Industrialisierung von Gesellschaft im 20. Jahrhundert hat das besonders deutlich gemacht. Mit der Aus-
gliederung der Klugheitslehren aus der sich konstituierenden Wissenschaft im
Sinne von *scientia* endet auch das produktive Verhältnis der Unsicherheit von
Welt und Wissen als dem Verständnis vom Umgang mit dieser Unsicherheit.
Jede Organisation von Wissen basiert auf einer Fiktion seiner Gesamtheit, die
den Aufbau und die Anordnung des Archivs seiner Daten steuert. Das Archiv
als Idee dieser Gesamtheit bestimmt die Grenze zum Nichtwissen und die
Selektionen, nach denen die Aufnahme von Einzelwissen vorgenommen werden.
Der zugrunde liegende Archivbegriff ist deshalb immer zugleich heuristisch
und ethisch motiviert. Denn nicht nur die Anleitungen zum Sammeln des
Wissens richten sich nach der Idee des Archivs, sondern auch der Gebrauch
dieses Archivs. Jedes Archiv hat eine Benutzerordnung. Und jedes Archiv hat
einen Archivar, dessen Ethos von der Fiktion einer idealen Deckung des tatsächlichen und des vorgestellten Archivs motiviert ist. Was archivwürdig ist und
aus der historischen Vielfalt in die Wiederholbarkeit gerettet werden soll und
was nicht, entscheidet die Idee dieses virtuellen Archivs. Jedes Archiv hat eine
Ausstattung. Die Medien der Rettung der Einzeldaten für ein Archiv sind
immer auch die Gebrauchsmedien der gesellschaftlichen Informationswege.
Ändern sich die Gebrauchsmedien, so zeichnet sich in der Geschichte des
Archivs eine Zäsur ab. Was in der jeweiligen Medientransformation nicht übersetzt werden kann, könnte man den Keller des Archivs nennen. In regelmäßigen Abständen muß dann jemand in den Keller hinabsteigen, um das hervorzu-
holen, was eine neue Archivordnung als ausgeschlossenen Rest übrig gelassen

hat. In die Geschichte des Archivs tritt auf diese Weise seine eigene Umschreibung, welche die Grenze von Wissen und Nichtwissen einzuholen versucht. Ältere Gebrauchsanweisungen von Wissen gehen aber auch verloren. Was jedoch aus dem Keller nach oben geholt wird, soll in die aktuellen Gebrauchsmedien eingeschrieben werden. In die Geschichte des Archivs tritt seine eigene Umschichtung deshalb immer auch als Aktualisierung. Räumliche und zeitliche Ordnungsstrukturen verschalten sich in einer Wechselwirkung von Iterabilität und Zirkularität des Wissens. Die Geschichte des Archivs wird archiviert. Die Idee des Archivs, so könnte man sagen, wird zum Transzendental von Kommunikation.

Mit der Karriere des Buchdrucks im 16. Jahrhundert taucht zum ersten Mal deutlich die Idee einer umfassenden Rettung des Alten in einem neuen Medium auf. Antike Handschriften sollen durch ihre Drucklegung vor dem Vergessen bewahrt werden. Für die Fiktion von Universalwissen wird die Antike zunehmend zum virtuellen Archiv der humanistischen Gelehrten. Im neuen Gebrauchsmedium Buchdruck erscheinen so die antiken Autoren gleichsam als Personen und Freunde der Humanisten versammelt. Autoren und Schriften finden sich dadurch medial auf der gleichen Ebene der Inhalte wieder. Das tatsächliche Archiv aber ist die jeweilige Handbibliothek des neuen individuellen Autors, der zum ersten Mal auch eine Urheberschaft im juristischen Sinne beansprucht. Wissen wird von nun an immer als personalisiertes Wissen einem Autor zugeschrieben, der zwar seinen Schreibort im Leben jenseits des Klosters, der Universität oder des Hofes unbestimmt lassen kann, dafür aber seinen Ort im Medium um so bestimmter ausprägen muß. In dieser ersten Massenkommunikation durch das Verbreitungsmedium Druck tritt die Idee des Archivs, im Sinne der Aufbewahrung einer vergangenen Kultur, in den Vordergrund und erscheint auf diese Weise gleichzeitig als Transzendental dieser Kommunikation. Die fiktionalisierte Antike wird zum Zentralsignifikant der humanistischen Gemeinschaftsbildung. Als Bezugsgröße auf eine vergangene Kultur wirkt das virtuelle Archiv der Antike stabilisierend auf die Kommunikationsordnung des 16. Jahrhunderts. Jede Massenkommunikation scheint mit einer Virtualisierung und Krise der Präsenz einer *face-to-face*-Kommunikation einherzugehen. Die Reintegration der Mündlichkeit etwa in den publizierten Text als simuliertes Gespräch der Freunde im humanistischen *colloquium* – im Unterschied zur logisch dominierten *disputatio* der Scholastik – reagiert auf den Gang in den virtuellen Keller. Denn die Hebung und Rettung der antiken Dokumente vor dem Tod ist zugleich der Akt, mit dem die humanistische Kommunikation nach antiken Geselligkeitsmodellen strukturiert wird. Während die Grenze und die Selektion des Archivs in der humanistischen Wissensordnung durch die Differenz *eruditus* und *barbarus* bestimmt ist, verschiebt sich diese Differenz im Zuge der Ausdifferenzierung von Gesellschaft und der Gelehrtenrepubliken in die Organisation des Wissens selbst. Das Zentralinstrument des Polyhistoren im 17. Jahrhundert etwa ist die Signifikation des Einzelwissens durch die *ars memoria*. Das Archiv wird als Gesamtheit aller der in einem Leben zu lernenden Dinge bestimmt. Dieses Ethos des Sammelns führt dann zu den barocken Bibliotheken, die ins Monströse anzuwachsen drohen. Stabilisierende Präsenz wird in diesem Fall durch die Fiktion erzeugt, alles Wissen graphisch und schematisch auf einer Buchseite darstellen zu können. Der Gelehrte wird zunehmend selbst Teil des Schriftraums einer imaginären Bibliothek, bei der virtuelles Archiv und Welt als Ort der *memoria* vollständig zur Deckung kommen sollen. Im Anschluß an die Tradition der *magia naturalis* soll das virtuelle und das zu speichernde Archiv eins, soll der *ordo essendi* zugleich *ordo cognoscendi* sein. Aus dem Bereitstellen, Bearbeiten und Verschalten der Texte durch den humanistischen Gelehrten wird die Mnemonik des Bereitgestellten. Die barocken Wissensordnungen beruhen im Kern auf der Verräumlichung der inneren Systematik des Wissens. Entscheidend für die Grenze des Archivs wird die Architektur des Wissens und ihre geometrischen Verhältnisse im Sinne von Makrokosmos und Mikrokosmos. Gesammelt wird, was in dieser Systematik einen Ort finden kann. Im Anschluß an die humanistische Selektion des abendländischen Wissensspeichers, den der Buchdruck geöffnet hat, ist mit der polyhistorischen Frage nach der Möglichkeit von Universalwissen erstmals eine umfassende Krise in der gelehrten Wissensordnung aufgrund der steigenden Datenmenge markiert.

In der Geschichte des visionierten Gesamtwissens ist die entscheidende Zäsur die Umgestaltung der Idee des Universalwissens, wie es in der Renaissance durch die humanistische Bildungsidee noch repräsentiert wurde, zum modernen enzyklopädischen Regulativ. Vergleicht man das enzyklopädisch-systematische Ideal der barocken Polyhistoren mit den alphabetischen Enzyklopädien ab dem 18. Jahrhunderts, so fällt vor allem auf, daß die modernen Enzyklopädien häufig Ergebnisse von Autorengruppen sind. Ihr Ideal ist es nicht mehr, die Gesamtheit des Wissens vollständig zu systematisieren, sondern diese Gesamtheit historisch zu aktualisieren. Stabilisierende Einheit wird nicht in erster Linie inhaltlich durch die innere Systematik gewonnen, sondern durch die formale Struktur der Logik und des Alphabets. Der Ergänzungsband kann die abschließende Bewegung der Systematik auch durchbrechen. Der Umfang des Wissens wird im 18. Jahrhundert deshalb vor allem durch seinen öffentlichen Gebrauch determiniert. Kommunikation wird durch die Öffnung der Gelehrtengesellschaften zur Bürgergesellschaft ein wesentlicher Bestandteil der Wissensordnung. Das historische Archiv als fiktionalisierte Gesamtheit von Wissen wird auf diese Weise zur Folie, um die jeweilige Neuheit des Wissens zu bestimmen. Zeitungen, Gelehrtenjournale, Magazine und Fachzeitschriften sind Medien, in denen das Wissen vor allem an seine Publizität gebunden wird. Während im 17. Jahrhundert das Archiv Einzelheiten umfassend taxinomiert, wird im 18. Jahrhundert aus dem ortgebenden Signifizieren eine gesellschaftsorientierte Selektion des Wissens. Die Struktur des Signifizierens ist nicht mehr räumlich im Sinne einer Bibliothek, sondern zeitlich im Sinne einer Zirkulation von Information ausgeprägt. Während bis dahin die *historia* als Beispielsammlung in Einzelfällen *nützlich* war, wird von nun an die gesamte Geschichte als Sinnstruktur selbst *nützlich*. Geschichte wird zum Archiv der Gegenwart.

Die Entstehung der deutschen bürgerlichen Kultur, in der es entscheidend war, daß nach dem Wegfall der Lateingrenze prinzipiell jeder am Wissen der gelehrten Welt teilhaben konnte, wird in den konventionellen Geschichtsdarstellungen der Philosophie eng mit dem Namen Christian Thomasius (1655 – 1728) verknüpft. Seine *Politische Klugheit* (1705) ist die erste selbstbewußte Ausformulierung einer bürgerlichen Klugheitstheorie. Sowohl in seiner Universitätslaufbahn als auch in seinen programmatischen Unterrichtsschriften drückt Thomasius den Übergang von einem barocken-theologischen zu einem modernen gesamtgesellschaftlichen Selbstverständnis aus. Obwohl die Darstellungen seines Denkens in den Philosophiegeschichten oft kaum mehr als wenige Seiten einnehmen, wird mit Thomasius unter der geschichtlichen Epoche der deutschen Frühaufklärung der hervorzuhebende Beginn eines liberalen und weltlichen Philosophierens markiert. Von seinem Denken, faßt G. W. F. Hegel stellvertretend in seiner Philosophiegeschichte zusammen, »ist aber dem Inhalte nach nicht viel zu sagen, es ist sogenannte gesunde Vernunft; es ist die Oberflächlichkeit und leere Allgemeinheit, die immer da stattfindet, wenn Anfang gemacht wird mit dem Denken. Die Allgemeinheit des Gedankens befriedigt dann, weil alles darin ist, wie ein Sittenspruch, der aber in seiner Allgemeinheit eben keinen bestimmten Inhalt hat.«

Im Umbruch der Wissensordnung vom 17. zum 18. Jahrhundert ist neben dem veränderten Status der Endlichkeit die entscheidende Verschiebung in der Bestimmung des Ortes von Wahrheit zu beobachten. Während im 16. und auch im 17. Jahrhundert Wahrheit exklusiv der Wissenschaft – vor allem der Theologie – zugesprochen wurde und sowohl die *humanitas* als auch die *memoria* Funktionen sind, die Gesamtheit des menschlichen Wissens abschließend zu ordnen, verschiebt sich der Ort der Wahrheit im Laufe des 18. Jahrhunderts in das menschlich-subjektive Urteil als das gedachte Urteil aller. Während sich die Abschließbarkeit des universalen Wissens auf die menschliche Endlichkeit bezog, wird diese Endlichkeit im 18. Jahrhundert zum Motor einer diskursiven Wahrheitsfindung. Gerade die Betonung der Endlichkeit des einzelnen Urteils macht es möglich, Gesamtheit nicht mehr als Abschlußbewegung, sondern als offenen Prozeß zu denken, dessen Anspruch jedoch die Universalitätshoffnungen der Renaissance erbt. Zum Subjekt dieser Wahrheit wird eine publizistisch konstituierte Gesamtheit aller Einzelurteile. Die Archivwürdigkeit eines Wissens muß deshalb in besonderer Weise an die Gesellschaftsordnung gekoppelt sein. War das Urteil in den rhetorisch-mnemonischen Systemen ein Instrument der Ortzuweisung von Wissen, so verschiebt sich seine Funktion im Laufe der

historischen Aufklärung vom Kommentar der *historia* bis zur neuen Selektion
von Wissen nach seiner gesellschaftlichen Relevanz, wird so zum politischen
Urteil und kann die humanistische Selektion nach der Differenz *eruditus* und
barbarus ersetzen.

Christian Thomasius ist in Deutschland der erste gelehrte Denker, der von
der Universität aus nicht mehr ausschließlich den Universitätsraum adressiert.
Seine Schriften zielen sowohl auf die heranwachsenden Studenten als auch auf
ein interessiertes, bürgerliches Publikum. Hier betont er stets, daß auch die
Frauen nicht mehr aus der gelehrten Welt auszuschließen sind. Während Thomasius in erster Linie von der Geschichte der Philosophie in der Reihe der
Naturrechtler des 17. Jahrhunderts wahrgenommen wird, beschäftigt sich der
größte Teil seiner Schriften mit dem Umbau der Gelehrtenuniversität zu einer
modernen Ausbildungsstätte sowie mit der Verschiebung des gelehrten Wissens zu einem nützlichen. Der entscheidende Zwischenschritt vom gelehrten
judicium (Urteil) des 17. Jahrhunderts zum politisch-gesellschaftlichen Urteil
des 18. Jahrhunderts, so die These dieser Arbeit, ist die Aufnahme der höfischen Klugheitslehre und ihre Umformulierung zu einem strategischen, bürgerlichen Denken in der Frühaufklärung. Was die Geschichtsdarstellungen im
Anschluß an Hegel als allgemein liberales Denken apostrophieren, wird nach
dem Erstarken der Aufklärung deshalb nicht mehr differenzierter beschrieben,
weil die bürgerliche Klugheitslehre nach ihrem Höhepunkt bei Thomasius in
der Erkenntnisordnung nur noch eine untergeordnete Rolle spielt und bis heute
im wesentlichen dem lebensweltlichen Bereich zugeordnet wird.

Wenn man die obigen Andeutungen einer Geschichte des Wissens zu Grunde
legt, stellt sich die Frage, welche Idee von Gesamtwissen eine Klugheitslehre als
zentrales Ordnungsinstrument von Wissen voraussetzt. Thomasius' Werk bildet
für diese Frage deswegen das geeignete Textkorpus, weil sich mit ihm deutlich
ein Gelehrtentypus herausbildet, bei dem sich die Vorstellung der gesamtgesellschaftlichen und der gelehrten Welt überlagern. Während bis zu ihrem Höhepunkt bei Thomasius die Klugheitslehre vor allem der höfischen Welt zugeordnet
war, scheint sie zum Ende des 17. Jahrhunderts in hervorragender Weise den notwendig gewordenen Ort einer neuen Selektionsfunktion zu verkörpern. Mit der
Klugheitslehre tritt zum ersten Mal in die Systematik von Gelehrsamkeit und
Wissen die gesellschaftliche Kommunikation als ordnungsgebendes Verfahren
ein. Dies ist am deutlichsten in der neuen Rolle des *judicium* zu beobachten. Während die Funktion des Urteilens in den barocken-enzyklopädischen Ordnungen
vor allem die Bestimmung des Ortes von Einzelwissen innerhalb der Gesamt-
systematik war, wandelt sich das *judicium* über seine Funktion des Kommentars
innerhalb der Literärgeschichten bei Thomasius zur modernen Funktion der
Selektion von Wissen nach der Differenz nützlich und nicht nützlich. Grundlage
für diese neue Funktion ist die Öffnung der gelehrten für die gesellschaftliche
Welt. Referenzgröße für Wahrheit wird deshalb bei Thomasius die politisch-ge-

sellschaftliche Öffentlichkeit. Die Aufnahme der höfischen Klugheitslehre, welche die Beobachtung von Fremdbeobachtung innerhalb eines überschaubaren Adressatenkreises lehrte, bildet das Instrument der Überblendung dieser beiden gesellschaftlichen Teilbereiche. Thomasius greift für seinen Umbau der barocken Wissenschaft aber auch auf die höfische Klugheitslehre zurück, um sich gegen einen anderen Ausweg aus der barocken Materialfülle abzugrenzen. Dieses neue Philosophieren – für Thomasius im Denken von René Descartes am deutlichsten ausgedrückt – versteht Wahrheit vor allem von der Richtigkeit eines Gedankens her. Die Ideale der Mathematizität eines Gedankens und seiner sprachlichen Kommunizierbarkeit bilden im 18. Jahrhundert die wesentliche Konkurrenz, die sich mit dem Höhepunkt des Deutschen Idealismus für eine stärkere Betonung von Sprachphilosophie entscheidet. Im Unterschied aber zur staatsbürgerlichen Subjektphilosophie ist die kommunikative Ordnung, welche die politische Klugheitslehre vorschlägt, noch nicht anthropologisch abgesichert und durch den Diskurs einer institutionalisierten Öffentlichkeit aufgefangen. Während sich zum Ende des 18. Jahrhunderts schon die großen Singulare Geschichte, Zeit und Menschheit durchgesetzt haben, bildet die Klugheitslehre eine Brücke zwischen einer konkreten Adressierung, die sich aus den höfisch-diplomatischen Kommunikationstheorien speist, und einer allgemeinen Adressierung, die später die Vernunfttheorien ausformulieren werden. Das Archiv der Klugheit ist weder räumlich, wie die mnemonischen Systeme der barocken Polyhistoren, noch primär zeitlich geordnet, wie etwa der historische Diskurs der selbstkritischen Vernunft. Vielmehr liegt dem Archiv der Klugheit einerseits noch der Gedanke einer Navigation durch die unsichere Welt zugrunde, wie Niccoló Machiavelli ihn ausformuliert hat. Andererseits besteht sein Kommunikationsideal schon in einer Rede aller zur Gesellschaft gehörenden Stände, die aber noch nicht an die Einheit von Sprache und Nation sowie die staatlichen Institutionen gebunden ist. Das Archiv der Klugheit denkt vielmehr ein Netz von Information, in dem das Wissen der Einzelnen immer an ihre kommunikativen Beziehungen gekoppelt ist. Danach ist klug, wer die individuelle Situation seines Wissens und die inhärente Beziehung zu anderen Wissenden bedenken kann.

Die vorliegende Arbeit ist von der Philosophischen Fakultät der Rheinischen Friedrich-Wilhelms-Universität zu Bonn im Wintersemester 2000/01 als Dissertation angenommen worden. Für die inspirierende Begleitung der Arbeit möchte ich vor allem Prof. Jürgen Fohrmann meinen Dank aussprechen. Von den vielen, die zum Entstehen eines Textes beitragen, möchte ich mich an dieser Stelle ganz besonders bei Prof. Hubertus Busche, Dr. Andrew Haas, Dr. Rembert Hüser, Dr. Katrin Pahl, Prof. Werner Post, Dr. Thomas Schneider, Dr. Erhard Schüttpelz, Prof. Josef Simon und Prof. Wilhelm Voßkamp bedanken. Einen großen Dank für die ausdauernde Unterstützung schulde ich meinen Eltern und Joanna Barck, meiner Leserin intra muros.

I. Das Problem der Materialfülle

Zur dynamischen Struktur modernen Wissens

Im Anhang zur transzendentalen Dialektik der *Kritik der reinen Vernunft* (1781) schlägt Immanuel Kant einen »regulativen« Gebrauch der Ideen vor, um die Erkenntnisse des Verstandes und die Schlüsse der Vernunft »zweckmäßig« einzusetzen.[1] Regulativ soll heißen, daß die Ideen auf eine sentimentalische Weise die systematische Ausrichtung der einzelnen Erkenntnisse zu leisten haben, um diese einerseits kritisch gegen ihren möglichen Hang zur Transzendenz zu schützen und sie andererseits als logische Einheit dem praktischen Gebrauch verfügbar zu machen. Unter dem Generaltitel einer »Zweckmäßigkeit der Natur« für ihre wissenschaftliche Erkenntnis sollen die Ideen als regulative Forschungsmaximen letztlich nicht ein Postulat der Vollständigkeit als vielmehr der Einheit des Wissens sein.[2] In der Architektur der kantischen Erkenntnisstruktur formuliert das Ideal der reinen Vernunft das oberste Organisationsziel modernen Wissens:

> Ideen aber sind noch weiter von der objektiven Realität entfernt, als Kategorien; denn es kann keine Erscheinung gefunden werden, an der sie sich in concreto vorstellen ließen. Sie enthalten eine gewisse Vollständigkeit, zu welcher keine mögliche empirische Erkenntnis zulangt, und die Vernunft hat dabei nur eine systematische Einheit im Sinne, welcher sie die *empirische mögliche* Einheit zu nähern sucht, ohne sie jemals völlig zu erreichen.[3]

Die transzendentale Ästhetik Kants kritischer Philosophie bildet das erste imaginäre und leere Zeit-Raum-Kontinuum, in dem die Einlagerung des Erfahrenen als szientistisch Gewußtes systematisch stattfinden kann. Die Erfahrung von Raum ist für Kant ein Apriori, das heißt, Raum liegt allem Denken von Gegenständlichkeit zugrunde; er ist ein unteilbarer, unbegrenzter Singular und läßt sich auch ohne Gegenstand vorstellen.[4] Der innere Raum ist die Überset-

---

[1] Immanuel Kant: Kritik der reinen Vernunft, hrsg. v. Johann F. Hartknoch, Riga 1781, S. 642.

[2] Vgl. Peter Baumanns: Kants vierte Antinomie und das Ideal der reinen Vernunft, in: Kant-Studien, Zeitschrift der Kant-Gesellschaft, hrsg. v. Gerhard Funke u. Rudolf Malter, 79. Jahrgang (1988), S. 184.

[3] Kant: KrV, S. 567.

[4] Zur Geschichte des logischen Zeitbegriffs vgl. Martin Heidegger: Kant und das Problem der Metaphysik, Frankfurt a. M. 1991; vgl. Trude Ehlert (Hg.): Zeitkonzeptio-

zung des affizierten, äußeren Sinnes als »reine Form«. Was übersetzt werden
kann, ist nicht das Affizierende, der Gegenstand, sondern das Affizierte, was
der Form nach auf die Gegenstände verweist. Eingelagert werden kann, was
durch einen Raumindex die Fähigkeit erhalten hat, auf einen Gegenstand zu
zeigen: »Dieses Prädikat wird den Dingen nur insofern beigelegt, als sie uns
erscheinen, d. i. Gegenstände der Sinnlichkeit sind.«[5] Das so hergestellte innere
Archiv des Raumes erzeugt erst das Draußen der Gegenstände. Entscheidend
aber ist der zweite Index, ohne den überhaupt keine Verweisstruktur zu denken
möglich sei: die Verzeitlichung der Raumkoordinaten. Die einzelnen Gegenstände können in der Vorstellung wegfallen, aber die Zeit als Ordnungskrite-
rium nicht. Während der Raum Form und Bedingung aller äußeren Anschauung ist, ist die Zeit als »Verhältnis der Vorstellungen in unserm inneren
Zustande« erst die Bedingung »aller Erscheinung überhaupt, und zwar die
unmittelbare Bedingung der inneren (unserer Seelen) und dadurch mittelbar
auch der äußeren Erscheinungen.«[6] Raum und Zeit, das Nebeneinander und
seine Auflösung in das Nacheinander, sind als formal endliches Koordinaten-
system die ersten Konsignationsmächte, um dem Mannigfaltigen von Welt in
einer unendlichen linearen Reihe einen Wohnort zuzuweisen.[7] Nur wenn die
formalen Bedingungen des Raumes und der Zeit gesichert sind, läßt sich im
logischen Archiv eine Ordnung installieren, die es ermöglicht, zu jeder Zeit
und von jedem Ort aus die äußeren Gegenstände wiederzufinden. Ziel dieser
Art der Archivierung, die »Mannigfaltigkeit der Kräfte, welche uns die Natur
zu erkennen gibt, als eine bloß versteckte Einheit zu behandeln«[8], ist es nach
Kant, die Handlungsfähigkeit des praktischen Verstandes zu gewährleisten.
     In einer Zeit der Naturklassifikationen von Carl Linné (*Systema naturae*:
1735), den Enzyklopädisten, Georges Cuvier (*Le règne animal*: 1816), Jean Bap-
tiste Lamarck (1744–1829) und anderen beschreibt die kantische Ordnung
unter zunehmendem Aufkommen rational-physikalischer Weltsicht nach Art
der wissenschaftlichen Tableaux, was in den Blick kommen darf und kommen
wird. Zu sehen ist, was zu tun ist. Seine Bemühungen, die – in den rhetorischen Systemen des 16. Jahrhunderts entwickelte – Einbildungskraft (*ingenium*)
zwischen Sinnlichkeit und Verstand normativ einzubinden, sind »Warnungen«
vor der unfreien Assoziation der Gedanken, die als »Kopfverwirrung«, »Illumi-
natism« oder »Terrorism« »ungerufen von selbst ins Gemüth« gelangen können, was bedeuten würde, daß dann »die Prinzipien des Denkens nicht (wie

nen, Zeiterfahrung, Zeitmessung: Stationen ihres Wandels vom Mittelalter bis zur
     Moderne, Wien 1997.
[5] Kant: KrV, S. 26; zur Entstehung des referentiellen Wertes vgl. Jean-François Lyo-
     tard: Der Widerstreit, übers. v. Joseph Vogel, München 1987, S. 112.
[6] Kant: KrV, S. 34.
[7] Vgl. Jacques Derrida: Dem Archiv verschrieben, übers. v. Hans-Dieter Gondek u.
     Hans Naumann, Berlin 1997, S. 13.
[8] Kant: KrV, S. 652.

sie sollen) vorangehen, sondern hinternach folgen [...].«[9] Für Kant ist diese konstruktivistische Ordnung durch das Problem notwendig geworden, »neben der größten Ausbreitung« des Wissens – der zunehmenden Datenmenge in der Polyhistorie – auch die »größte Einheit«[10] zu erreichen. Das Zentrum dieses modernen Archivs bildet der Gebrauch: ein »Punct [focus imaginarius]«, durch den dem Standpunkt des Zuschauers zum Horizont gleichsam wie bei einem Teleobjektiv »eine Menge von Punkten ins Unendliche angegeben werden können, deren jeder wiederum seinen engeren Gesichtskreis hat [...].«[11] Aus dem dynamischen Verhältnis von Standpunkt und Horizont ergibt sich eine Suchfunktion, die zugleich Überblick und Tiefe des Einzelwissens garantiert. Den Preis, den das Archiv für die »kontinuierliche Stufenleiter« des Wissens zahlt, ist, daß sie aus Mangel an materialen Ordnungskriterien formale »Klüfte« in der verwalteten Natur erzeugen muß. Die Methode, nach einem »solchen Prinzip Ordnung in der Natur aufzusuchen«, setzt sich von den Klassifikationen der »Ähnlichkeiten und Annäherungen« in der Schau des Gesamtwissens der Polyhistorie im 17. Jahrhundert ab. Wenn die neue Ordnung auch nicht durch die Natur gerechtfertigt ist, so ist sie für Kant doch rechtmäßig, weil sie nicht nur das archivieren kann, was ansteht, sondern auch auf das verweist, was vom Standpunkt des praktischen Handelns noch zu archivieren ist. Um das Mehr an Sehen der neuen Ordnung, was sie voraussieht und auf die Bahn bringt und was sie nicht mehr sieht, zu bestimmen, muß nach dem »Archivübel«[12] gefragt werden, auf das sie reagiert und das sie vorgibt, gelöst zu haben:

> Die Sprossen einer solchen Leiter, so wie sie uns Erfahrung angeben kann, stehen viel zu weit aus einander, und unsere vermeintlich kleinen Unterschiede sind gemeiniglich in der Natur selbst so weite Klüfte, dass auf solche Beobachtungen (vornehmlich bei einer großen Mannigfaltigkeit von Dingen, da es immer leicht sein muss, gewisse Ähnlichkeiten und Annäherungen zu finden) als Absichten der Natur gar nichts zu rechnen ist. Dagegen ist die Methode, nach einem solchen Prinzip Ordnung in der Natur aufzusuchen, und die Maxime, eine solche, obzwar unbestimmt, wo, oder wie weit, in einer Natur als gegründet anzusehen, allerdings ein rechtmäßiges und treffliches regulatives Prinzip der Vernunft; welches aber, als ein solches viel weiter geht, als dass Erfahrung oder Beobachtung ihr gleichkommen könnte, doch ohne etwas zu bestimmen, sondern ihr nur zur systematischen Einheit den Weg vorzuzeichnen.[13]

---

[9] Kant: Anthropologie in pragmatischer Hinsicht, Werke, hrsg. v. der Deutschen Akademie der Wissenschaften zu Berlin, 1910–1970, Bd. VII, S. 133; vgl. Gerhard Gamm: Wahrheit als Differenz. Studien zu einer anderen Theorie der Moderne, Frankfurt 1986, S. 40.
[10] Kant: KrV, S. 644.
[11] Kant: KrV, S. 659.
[12] Das »Archivübel« nennt Derrida die Bedrohung des Destruktionstriebes, der zugleich auch der Ursprung des Wiederholungszwangs ist, das »Unterpfand« des Archivs für die Zukunft; vgl. Derrida: Dem Archiv verschrieben, S. 40.
[13] Kant: KrV, S. 669; vgl. Hartmut Böhme/Gernot Böhme: Das Andere der Vernunft. Zur Entwicklung von Rationalitätsstrukturen am Beispiel Kants, Frankfurt a.M.: 1985.

Die Transzendentalphilosophie Kants fragt nicht mehr nach einer möglichen
materialen Ordnung von Natur, sondern ersetzt die Idee der Ordnung als eine
komplexe Taxinomie durch die Idee einer regulativen Maxime, die zwischen
den verschiedenen Verstandeshinsichten als zeitlich begrenzte vermitteln soll.
Systematische Einheit der zuordnenden Natur wird nicht mehr durch den fixen
Katalog der betrachtenden Kategorien gewonnen, sondern durch die zeitlich
stringente Anwendungsordnung dieser Kategorien. Die humanistische Selektion des abendländischen Wissensspeichers, in der das Wissen von Welt der
moralischen Bildung eines »zivilisierten« Menschen dienen sollte, wird ersetzt
durch eine »zweckmäßige« Hinsicht auf die verschiedenen gesellschaftlich-
funktionalen Gebrauchszusammenhänge dieses Wissens.

Wenn Friedrich Schiller im Anschluß an Kant die »künstliche« Struktur
dieses modernen Funktionswissens mit der Struktur des Sentimentalischen
identifiziert, also die willentliche Konstruktion einer solchen pragmatischen
Selektion geschichtsphilosophisch durch die Verwiesenheit auf die vormoderne
Projektionsfläche »Natur« zu bändigen versucht, dann darf das Aufscheinen
von »Natürlichkeit« in der Idee des regulativ »Naiven« nicht nur ästhetisch
verstanden werden, auch nicht bloß in der Hinsicht, daß das »Naive« das moralische Aufgehen von rational gesetzter Ordnung verspricht, sondern als ethi-
sches Postulat, das von Anfang an vorgegebene Primat des Praktischen im
modernen Wissen an das eigene »Bild« dieses Wissens zurückzubinden.[14] Die
inhärente moralische Frage dieses subjektzentrierten Beobachterwissens nach
seiner »Rechtmäßigkeit« kann vom Standpunkt des modernen Wissenssystems – etwa im Unterschied zum humanistischen – selbst nicht mehr reflektiert werden. Der Übergang der Frage nach dem »Was« der Natur zu dem
»Wie« des Umgangs mit ihrer zweckmäßigen Geordnetheit löst damit zugleich
die Notwendigkeit einer permanenten Selbstkritik des zum Handeln anleiten-
den Verstandes aus. Was für Friedrich Nietzsche später Anlaß geben wird, mit
der Wiedereinführung der Rhetorik in die Philosophie gegen die neuzeitliche
Wissenschaft als »Willen zur Macht« anzukämpfen, formuliert Schiller als die
ethische Notwendigkeit, das naturwissenschaftlich ausgerichtete Wissen durch
ein poetisches zu kritisieren, das als ästhetisches von nun an die logische Ver-
fügbarmachung von Zwecken beobachten wird.[15]

Die »chinesische Enzyklopädie« mit dem Titel *Himmlischer Warenschatz wohl-
tätiger Erkenntnisse*, von der uns Jorge Luis Borges berichtet,[16] scheint sich dem
modernen Ordnungsverständnis zu entziehen. Ein Kriterium zu unterscheiden
zwischen »a) Tieren, die dem Kaiser gehören, b) einbalsamierten Tieren, c) ge-

---

[14] Friedrich Schiller: Über naive und sentimentalische Dichtung, Sämtliche Werke,
hrsg. v. Gerhard Fricke u. Herbert G. Göpfert, Bd. V, München 1975, S. 231.
[15] Vgl. Friedrich Kittler: Aufschreibesysteme 1800/1900, München 1995, S. 199ff.
[16] Jorge Luis Borges: Das Eine und die Vielen. Essays zur Literatur, München 1966,
S. 212f.

zähmten, d) Milchschweinen, e) Sirenen, f) Fabeltieren und g) herrenlosen Hunden« könnte die alltägliche Topologie eines vorstellbaren Bewußtseins bilden. Rekursive Kategorien wie »h) in diese Gruppierung gehörige« oder Kategorien mit Funktionsinhalten wie »l) und so weiter« brechen das kantische Gesetz der Homogenität in der Art, wie auf das zweckmäßige Wissen gezeigt werden darf. Interaktive Kategorien wie »i) die sich wie tolle gebärden« oder Kategorien, die den Wechsel ankündigen, wie »m) die den Wasserkrug zerbrochen haben« gefährden das einmal festgelegte Schema des Raum-Zeit-Indexes der transzendentalen Ästhetik. Kategorien, nicht was sie als Erscheinung sind, sondern wie sie erscheinen, wie »k) die mit einem ganz feinen Pinsel aus Kamelhaar gezeichnet sind« oder »n) die von weitem wie Fliegen aussehen«, bilden – wie Borges sagt – »menschliche Schemata« oder ein Verweissystem der »Zuhandenheit«.[17] Während die Archivordnung der kritischen Philosophie normativ-funktionale Regeln vorgibt, versucht eine phänomenologisch orientierte Ordnung, vom Fraglichen her zu strukturieren.

Die Geschichte des europäischen Kategorisierens beginnt wie alle Geschichten der Weltaneignung mit den Pythagoreern, den Liebhabern der Zahlen und Proportionen.[18] Alles, »was sie in Ähnlichkeit mit den Zahlen und Harmonien in Hinsicht auf die Affektionen, die Teile des Himmels und den Gesamtaufbau des Himmels vorfanden, das faßten sie zusammen und paßten es einander an. Und wenn nun etwas offen blieb, so fügten sie noch etwas hinzu, damit ihre ganze Theorie geschlossen sei.«[19] In Philolaos' Schrift *Über das Weltall* (um 450 v. Chr.) wird die Grundregel und das Grundübel aller Klassifikationen genannt: »Es ist notwendig, daß die seienden Dinge insgesamt entweder begrenzend oder unbegrenzt oder sowohl begrenzend als auch unbegrenzt sind. Nur unbegrenzt oder nur begrenzend können sie jedoch nicht sein.«[20] Die Fragen, welche die Vorbereitung eines Archivs betreffen, die Frage nach der Menge der Daten, nach der Größe des repräsentierenden Raumes, der Art und Struktur der Signifikation, trifft Philolaos mit dem Verhältnis von unbegrenzt-begrenzend im Zentrum. Ein Archiv, das sich auf die »seienden Dinge« bezieht, wird nicht vergessen können, daß jede begrenzte Datenmenge immer ein Verhältnis bildet zu der unbegrenzten, die ihr gegenübersteht. Das selektive Verfahren, die Determination der Daten von ihrer Negation zu trennen, ist die Grenze zum Außen, die jedes Archiv in der Vorbereitung setzen muß, um festzulegen, was archivwürdig ist und was nicht. Sie ist auch zugleich das innerlogische

---

[17] Der Heideggersche Begriff »Zuhandenheit« wird oft fälschlich einer Unmittelbarkeit zugeordnet; vgl. Martin Heidegger: Sein und Zeit, Tübingen 1986, S. 70.

[18] Vgl. Paul von Naredi-Rainer: Architektur und Harmonie. Zahl, Maß und Proportion in der abendländischen Baukunst, Köln 1982, S. 12ff.

[19] Aristoteles: Metaphysik, hrsg. v. Franz F. Schwarz, Stuttgart 1978, 986a.

[20] Philolaos: Über das Weltall, in: Die Vorsokratiker, hrsg. v. Jaap Mansfeld, Stuttgart 1988, Bd. 1, S. 143.

Ende eines Archivs. Mit der Differenzierung unbegrenzt-begrenzend bringt Philolaos den Blick auf die entscheidungstheoretische Konstruktion eines Archivs, die er gleich im nächsten Satz aufzuheben versucht. Er hat damit die Grundbahn oder das Grundübel jedes kommenden Archivs bestimmt. Als Aussageform von Seiendem muß der Kategorienlehre ein verdrängtes Wissen von einem nicht beschreibbaren Rest bewußt-unbewußt bleiben, der als heterogener Teil stets den homogenen bedroht. Die Pythagoreer haben der Logik dieser Differenzierung folgend einen Katalog von zehn Kategorien als Versionen des Paares begrenzend-unbegrenzt abgeleitet:[21]

Grenze	Unbegrenztes
Ungerade	Gerades
Eines	Menge
Rechtes	Linkes
Männliches	Weibliches
Ruhendes	Bewegtes
Gerade	Gekrümmtes
Licht	Dunkel
Gutes	Schlechtes
Quadrat	Rechteck

Um einen Leitfaden zu finden, wie aus einem Prinzip die verschiedenen Kategorien des Seins deduziert werden können und wie sich zugleich das Kategorisierte denken läßt und das, was sich davon als unklassifizierbarer Rest unterscheidet, entwickelte Platon aus dem Verhältnis von Seiendem und Nichtseiendem fünf oberste Kategorien: Sein, Ruhe, Bewegung, Dasselbe und das Andere.[22] Auch für Platon ist dabei das Verhältnis von Unbegrenztem und Grenze das entscheidende Moment für die Kategorienbegründung. Das Unbegrenzte ist das Viele, das Mehr oder Weniger, das zum Beispiel im Verhältnis von Wärmerem oder Kälterem immer im Fortschreiten begriffen ist. Demgegenüber steht das Begrenzte, das als Gleiches, Zweifaches oder Maßhabendes immer eine Zahl hervorbringt. Die daraus folgende Gattung ist das Werden zum Sein, das »gemischte Leben«, dem als Unbegrenztes die Grenze innewohnt. Der Gattung des Lebens, die sich für das Denken des Archivs aus dem Verhältnis von bestimmt-unbestimmt zusammensetzt, fügt Platon eine vierte Gattung hinzu, welche der Grund dafür ist, daß diese drei Gattungen den Bereich des Seins abschreiten

---

[21] Aristoteles: Metaphysik. 986a; vgl. G. W. F. Hegel: Wissenschaft der Logik. Die Lehre vom Sein (1832), hrsg. v. Hans-Jürgen Gawoll, Hamburg 1990, S. 58; die »Willkür« des Anfangs der *Wissenschaft der Logik* als Weiterentwicklung der in den Fluß gebrachten Kategorientafel diktiert den gesamten Ablauf der einzelnen Kategorien, da diese stets ihre eigene Unwahrheit einzuholen versuchen.

[22] Platon: Sophistes, Sämtliche Werke, hrsg. v. Ernesto Grassi, nach der Übersetzung von Friedrich Schleiermacher, Hamburg 1957, 254 b–e.

können. Im Verlauf des fortschreitenden Dialogs mit *Philebos* zeigt sich, daß die vierte Gattung die Vernunft ist, die das Leben in der Differenz zu dem, was an ihm festzuhalten und zu archivieren ist, beschreiben kann.[23] Aristoteles hat diese gedoppelte Ursprungssituation von Archiv und Draußen als Grunddifferenz für die gesamte Archivtheorie festgehalten:»Es gibt also zwei Arten, nach denen das Wesen ausgesagt wird: einerseits als das letzte Substrat, das nicht weiter von einem anderen ausgesagt wird, andererseits aber als dasjenige, das ein Dies-Seiendes und abgetrennt ist.«[24]

Die Bestimmung des Einzelnen als Individuelles stellt sich von Anfang an gegen die Bestimmung des Einzelnen nach seinen allgemeinen Kriterien. In der Hierarchie der Gattungen und Arten bildet die Spitze das Eine, das Prinzip, die Arché als Anfang und als Gebot. Die Ausbreitung der Pyramide der Arten und Unterarten geht bis zu dem Bereich des Seins, an dem die Übertretung des Gebots das Besondere als Widerspruch gegen das Allgemeine sichtbar werden läßt. Die antike Kategorienlehre findet deshalb auf der Grenze von Logik und Metaphysik statt. Die zehn Kategorien, die Aristoteles entwickelt hat, haben in abgewandelter Form für den Bereich des Seins Gültigkeit in den Spuren der Einheit von Denken und Sein und ihrer empirischen Differenz von Aurelius Augustinus (354–430) bis Severinus Boëthius (480–524) und Thomas von Aquin (1226–1274).[25] Erst mit Wilhelm von Ockhams *Summa Logicae* (1324) wird die Kategorienlehre deutlich als menschlich-subjektive Bezeichnungslehre, also als jeweilige Hinsicht und nicht mehr als objektive Dingstruktur gesehen: »[...] und so sind die ersten Substanzen nicht Gegenstände, die den zweiten Substanzen wirklich subsistieren, sie sind vielmehr Träger von Bestimmungen nur aufgrund der Prädikation.«[26]

Im 17. Jahrhundert erlebt die Kategorienlehre vor allem in Deutschland eine Wiederkehr in der Diskussion, ob sie der abstrakten Logik oder der welterkennenden Metaphysik zuzuordnen sei.[27] Dabei erfährt sie besonders außerhalb der Aristoteliker Überlagerungen mit der allgemeinen sprachlichen Topik, die seit Rudolf Agricola (1443–1485) zugleich rhetorisch-logische Argumentationsvorgaben und sprachliche Ordnungskriterien der Dinge liefern soll. Während Aristoteles in seiner *Rhetorik* und seiner *Topik* zwischen einer situativ-

---

[23] Platon: Philebos, 23c–25b; zum Ordnungsprinzip »1,2,3/4« vgl. Reinhard Brandt: D'Artagnan und die Urteilstafel. Über ein Ordnungsprinzip der europäischen Kulturgeschichte, Stuttgart 1991.

[24] Aristoteles: Metaphysik, V. Buch, 1017b.

[25] Aristoteles: Kategorien, Werke, hrsg. v. Helmut Flashar, Bd. 1, übers. v. Klaus Oehler, Berlin 1986, 4., 1b.

[26] Wilhem von Ockham: Summa Logicae, hrsg. v. Philotheus Boehner, Gedeon Gál u. Stephen Brown, New York 1974, Bd. I, S. 42, 122–124.

[27] Vgl. Philipp Melanchthon: Erotemata dialectices, Witbergae 1547, Fol. 16ff; C. Timpler: Logicae systemata methodicum, Hanoviae 1612, S. 77ff; G. Isendorn: Cursus Logicus, Francofurti 1666, S. 108ff; vgl. dazu Wilhelm Risse: Die Logik der Neuzeit, Hildesheim 1964, Bd. I, S. 446ff.

sprachlichen Argumentesammlung für juristische bzw. öffentliche Redeanlässe und einer logisch-dialektischen für wissenschaftliche Streitgespräche unterscheidet, lehnt Agricola die abstrakten *loci communes* ab. Für ihn sind alle Argumente kontextgebundene Oberprämissen von Schlüssen. Einen wichtigen Schritt zur Vereinigung dieser seit der Antike parallel laufenden Stränge bildet die Predigttheorie *De doctrina christiana* von Augustinus, bei der die Rhetorik in das christliche Lehrgebäude integriert wird und nebem dem *modus inveniendi* als *modus proferendi* auch begründenden Charakter erhält.[28] Thomas Campanella (1586–1639) etwa bettet den aristotelischen Syllogismus als *syllogismus sensatus* in die Sinnlichkeit ein und baut seine Induktionslehre auf die Sicherheit des »Zeigens mit dem Finger«. Er steht damit am Ende einer – im Gegensatz zum modernen Wissen – materialorientierten Tradition, welche die Vielheit von Welt in ihrer Gesamtheit und Einzelheit noch repräsentativ sprachlichräumlich anzuordnen versucht.[29]

1772 berichtet Kant von dem Projekt, »alle Begriffe der gäntzlich reinen Vernunft, in eine gewisse Zahl von categorien zu bringen, aber nicht wie Aristoteles, der sie so, wie er sie fand, in seinen 10 praedicamenten aufs bloße Ungefaehr neben einander setzte, sondern so wie sie sich *selbst* durch einige wenige Grundgesetze des Verstandes von *selbst* in classen eintheilen.«[30] Während bei Aristoteles noch die Offenbarkeit des Seins für den Logos vorausgesetzt wird, ist für Kant der »Leitfaden der Entdeckung aller reinen Verstandesbegriffe« die Gleichzeitigkeit der Bedingung des Denkens und der Erfahrung. Die »kopernikanische Wende« bedeutet für die Archivtheorie, daß sich in der Organisation des Wissens die deduktive Methode endgültig gegen die materialorientierte, induktive durchgesetzt hat. Im Gegensatz zur induktiven Methode stand bis dahin die Idee einer göttlich-systematischen Einteilung nach abstrakten Gesichtspunkten, in deren Tradition sich rational-deduktive Ordnungsschemata erst gegen Ende des 17. Jahrhunderts behaupten konnten. In der Geschichte des Archivwesens, dessen Entstehung vor allem in den deutschen Territorien durch die Entfaltung der einzelnen Zentralbehörden beschleunigt wurde, läßt sich besonders prägnant dieser Kampf zwischen Materialorientierung und rationalem Zentralismus als Kampf der Peripherie gegen das Zentrum beobachten.[31]

---

[28] Vgl. den Art. ›Inventio‹ v. M. Kienpointner, Hist. Wörterb. d. Rhetorik, hrsg. v. Gert Ueding.

[29] Vgl. Wilhelm Schmidt-Biggemann: Topica Universalis. Eine Modellgeschichte humanistischer und barocker Wissenschaft, Hamburg 1983, S. 6f., S. 236ff; Risse: Bibliographia logica, Hildesheim 1965, Bd. I, S. 376; Thomas Campanella: Philosophiae rationales partes V, Parisiis 1638, S. 72ff., S. 365; Rudolph Agricola: De Inventione dialectica, Vorw. v. Wilhelm Risse, Nachdr. d. Ausg. Köln 1528, Hildesheim 1976, S. 8.

[30] Zit. n. Wolfgang Carl: Der schweigende Kant. Die Entwürfe zu einer Deduktion der Kategorien vor 1781, Göttingen 1989, S. 55. [Herv. v. Verf.]

[31] Vgl. Adolf Brenneke: Archivkunde. Ein Beitrag zur Theorie und Geschichte des

Da die Versuche, alle unsere Erkenntnis nach den Gegenständen zu richten, gescheitert sind, so Kant, muß sich die Vernunft auf das konzentrieren, was sie »selbst nach ihrem Entwurf hervorbringt«. Diese Umstrukturierung der Beobachtersituation zur Zentralperspektive führt dazu, daß die Gegenstände gleichsam Gefangene des Blicks werden, da wie im *Panopticum* – einem Entwurf des Utilitaristen Jeremias Bentham (London: 1791) zur optimalen Bewachung von Delinquenten – das Paar Sehen und Gesehenwerden asymmetrisch getrennt wird.[32] Die Kategorientafel Kants leistet die Schematisierung der Erfahrungswelt als möglicher Erfahrung, so daß, wenn ihr Gebrauch auf die Bedingung möglicher Erfahrung restringiert wird, die Bestimmung des Einzelnen für beide Verfahren – des Rationalismus und des Empirismus – kritisch gesichert ist.[33] Um Begriffe aber auf Gegenstände zu beziehen oder der bisher rein formalen Ordnung des Archivs nun ein Verfahren hinzuzufügen, mit dem das Einzelne signiert werden kann, bedarf es noch formaler Bedingungen der Sinnlichkeit. An dieser Stelle setzt die veränderte rhetorisch-inventive Einbildungskraft ein, die nun an dem Ort eines Gegenstandes nicht mehr dessen Bild ablegt, sondern ein Verfahren, »einem Begriff sein Bild zu verschaffen«. Das ist der Schematismus des reinen Verstandes:

> [...] wenn ich fünf Punkte hinter einander setze ..., ist dieses ein Bild von der Zahl fünf. Dagegen, wenn ich eine Zahl überhaupt nur denke, die nun fünf oder hundert sein kann, so ist dieses Denken mehr die Vorstellung einer Methode, einem gewissen Begriffe gemäß eine Menge (z. E. Tausend) in einem Bilde vorzustellen, als dieses Bild selbst, welches ich im letzten Falle schwerlich würde übersehen und mit dem Begriff vergleichen können.[34]

Wo in der modernen Bibliothek des Wissens zum Beispiel die Signatur des Triangels stünde, wäre nicht etwa eine Anhäufung von Triangeln abgelegt oder eine Fülle von dessen Bildern, denn ein Bild würde »die Allgemeinheit des Begriffs nicht erreichen, welche macht, daß dieser für alle, recht- oder schief-

---

Europäischen Archivwesens, Leipzig 1953, S. 44–55; vgl. Jakob Ramminger: Von der Registratur und jren Gebäuwen und Regimenten, Heidelberg 1571; ders.: Summarischer Bericht, was es mit einer künstlichen und vollkommenen Registratur für eine Gestalt, Heidelberg 1571; Ahasver Fritsch: Tractatus de jure archivi et cancellariae, Jena 1664; Georg Aebbtlin: Tractatio de archivis atque registraturis vulgo Anführung zu der Registraturkunst, Ulm 1669; Balthasar Bonifacius: De Archivis liber singularis, Venedig 1632; Jacob Bernhard Multz von Oberschönfeld: De jure concellariae et archivi, Öttingen 1692; Carl Gottlob Günther: Über die Einrichtung der Hauptarchive, besonders in teutschen Reichslanden, Altenburg 1783; Friedrich Stuss: Von Archiven, Leipzig 1799; Friedrich Bernhard Zinkernagel: Handbuch für angehende Archivare und Registratoren, Nördlingen 1800.

[32] Kant: KrV (1787), zweyte hin und wieder verbesserte Auflage, Werke, Bd. III, S. XIII–XVI; vgl. Michel Foucault: Überwachen und Strafen. Die Geburt des Gefängnisses, übers. v. Walter Seitter, Frankfurt a. M. 1994, S. 256ff.

[33] Vgl. Heinz Heimsoeth: Zur Herkunft und Entwicklung von Kants Kategorien-Tafel, in: Studien zur Philosophie Kants, Bd. 2, Kant-Studien Ergh. (1970), S. 109–132.

[34] Kant: KrV, S. 141.

winklichte etc. gilt [...].« Das Schema des Triangels oder die Regel der Synthesis der Einbildungskraft ist ein Verfahren, das nur in Gedanken existieren kann. Die Vermittlung des Schemas zwischen Begriff und seinem Gegenstand der Erfahrung liegt nicht in der Abstraktion des Einzelnen, also zum Beispiel in der Gewinnung eines »allgemeinen Hundes« aus unzählig empirisch gegebenen, sondern in einer Regel für die Einbildungskraft. Ähnlich wie etwa bei der mathematischen Definition des Kreises ist diese Regel zugleich die Konstruktionsanleitung zum jeweilig gesuchten Bild.[35] An der Stelle, an der eine Fülle von Bildern und Beispielen als Erklärung erwartet würde, liegt im modernen Wissenssystem ein weiteres Signum: das »Monogramm der reinen Einbildungskraft a priori, wodurch und wonach die Bilder allererst möglich werden [...].« Kant geht nur wenig auf diese Produktion der neuen Einbildungskraft ein: »Dieser Schematismus unseres Verstandes, in Ansehung der Erscheinungen und ihrer bloßen Form, ist eine verborgene Kunst in den Tiefen der menschlichen Seele, deren wahre Handgriffe wir der Natur schwerlich jemals abraten, und sie unverdeckt vor Augen legen werden.«[36] Die so erzeugten Bilder dürfen aber nur in Verbindung mit dem Begriff und dem formelhaften Schematismus gebraucht werden, der bestimmt, unter welchem Aspekt des Begriffs das jeweilige Bild als vorübergehendes Beispiel Gültigkeit besitzt. Das neue Wissen ist ein mathematisch-logisches, welches das nicht-lineare Bild nur als Anschauung, nicht als Wissen verstehen darf. Hegel etwa verknüpft den Beginn des Denkens mit der »an sich negativen Buchstabenschrift«, die alles Statuarische des Denkens – als Vorstellung, Beispiel, Symbol oder Hieroglyphe – in einen Zeitstrahl auflöst.[37] Die Funktion des Schematismus leitet sich einerseits daraus ab, daß Begriffe nur mittels ihrer »sinnlichen Bedingung« eine bestimmte Bedeutung haben können, diese aber andererseits als Bilder sich dem linearen Zugriff des kategorialen Verstandes entziehen. Der Schematismus eröffnet eine pyramidale Substruktur, nach der einem Begriff verschiedene Bilder als jeweilige Anschauung – das heißt unter seiner Diktion – zugeordnet werden können. Ziel dieser Operation ist es, dem Begriff durch eine Beziehung zum Bild eine Bedeutung zu geben, die ihn aber zugleich nicht in dieser Sinnlichkeit fixiert und so in der Möglichkeit seiner Differenzierung und weiteren Verästelung jederzeit offen hält:

> Mit einem Worte, alle diese Begriffe lassen sich durch nichts belegen, und dadurch ihre reale Möglichkeit dartun, wenn alle sinnliche Anschauung (die einzige, die wir

---

[35] Zur mathematisch-symbolischen Geist-Maschine der Formel im 17. Jh. vgl. Wolfgang Raible: Die Semiotik der Textgestalt. Erscheinungsform und Folgen eines kulturellen Evolutionsprozesses, Heidelberg 1991, S. 20.

[36] Kant: KrV, S. 142.

[37] G. W. F. Hegel: Werke, auf der Grundlage der Werke von 1832–1845, Redaktion Eva Moldauer u. Karl Markus Michel, Vorlesungen über die Philosophie der Geschichte, Bd. 12, S. 169ff, Enzyklopädie, Bd. 8, § 459, S. 273ff, Vorlesungen über Ästhetik, Bd. 13, I, S. 395.

haben) weggenommen wird, und es bleibt denn nur die logische Möglichkeit übrig, d. i. dass dieser Begriff (Gedanke) möglich sei, wovon aber nicht die Rede ist, sondern ob er sich auf ein Objekt beziehe, und also irgend etwas bedeute. [Anmerkung] Allein hier hat es mit den Kategorien diese besondere Bewandtnis: dass sie nur vermittelst der allgemeinen sinnlichen Bedingung eine bestimmte Bedeutung und Beziehung auf irgend einen Gegenstand haben können, diese Bedingung aber aus der reinen Kategorie weggelassen worden, da diese denn nichts als die logische Funktion enthalten kann, das Mannigfaltige unter einen Begriff zu bringen.[38]

Auf der Ebene der Sprachtheorie drückt sich dieser formalistisch-flexible Zug des modernen Denkens als Arbitrarität des Zeichens zu seiner Bedeutung aus. Für Hegel bildet sie sogar die Voraussetzung für alles abstrakte Denken: »[...] beim Zeichen als solchem hingegen gehen der eigene Inhalt der Anschauung und der, dessen Zeichen sie ist, einander nichts an.«[39] In dem Versuch einer nicht-zwecklogischen sondern kommunikativen Urteilsform der Ästhetik in der *Kritik der Urteilskraft* (1790), die das konkrete, materiale Wissensfeld der rhetorischen *inventio* und der narrativen *historia* des 17. Jahrhunderts beerbt,[40] sieht Hegel deshalb auch Kants eigene Einsicht in die Unfähigkeit der Form des subsumierenden Urteils, das Konkrete hinreichend zu beschreiben.[41]

Die Leistung des modernen Wissens hängt also nicht davon ab, ob es eine Homogenität des Zuerklärenden gibt, sondern davon, wie groß die denkbare Kohärenz ist, die an ein Mannigfaltiges herangetragen werden kann. Wenn das empirische Subjekt an sich »zerstreut« ist, dann läßt sich seine Identität nicht dadurch denken, daß jede Vorstellung von Bewußtsein begleitet ist, sondern dadurch, daß das »Hinzusetzen« des Bewußtseins zu den Vorstellungen selbst als Vorstellung denkbar wird.[42] Das moderne Wissen stabilisiert sich an seiner eigenen Funktion der Synthesis. Kant betont, daß die Synthesis des Systems des Wissens der eigenen Analytik vorausliegt[43] und so seine Ausbreitung nicht durch das Material gewinnt, welche nun mehr Umwelt dieses Wissens wird, sondern einer unendlichen »Perfektibilität« − wie die Frühromantik den entscheidenden Charakterzug der Moderne nennt − in seiner Ausdifferenzierung fähig ist. Kant bezeichnet diese grundlegende formale Einheit für alles Verschiedene als »conceptus communis.«[44] Als »unendliche Perfektibilität« be-

---

38 Kant: KrV, S. 244, Anm.
39 Hegel: Enzyklopädie, § 458.
40 Die *Rhetorica ad Herennium* definiert die *inventio*, aus welcher sich auch die sechs Abschnitte der Rede ableiten (*exordium, narratio, divisio, confirmatio, confutatio, conclusio*), als »das Auffinden wahrer oder wahrscheinlicher Tatsachen, die den Fall glaubhaft machen sollen«, übers. u. hrsg. v. T. Nüßlein, München 1994, I, 3.
41 Hegel: Enzyklopädie, § 28.
42 Kant: KrV (1787), S. 134.
43 Kant: KrV (1787), S. 134, Anm.
44 Die Gemeinsamkeit der logischen Wahrheit, muß man dagegen kritisch einwenden, hat gerade aufgrund des Ausschlusses des Faktischen ihre Stärke: sie gilt unabhängig vom zugrundeliegenden Material oder Inhalt des jeweiligen Syllogismus. Der Ausschluß der sprachlichen Figuren etwa aus der modernen Sprachwissenschaft als Anomalie des »natürlichen« Sprechens verweist noch darauf, daß eine logische Sprach-

greift Friedrich Schlegel im Anschluß an Schiller und Kant die Chancen dieser
»Künstlichkeit« moderner Bildung, die sich im Unterschied zum »natürlichen«, antiken oder humanistisch-christlich geordneten Bildungswesen im
Rahmen einer sentimentalischen Geschichtsauffassung selbst potenzierend und
ausdifferenzierend kontrollieren kann. Die Idee eines »ästhetischen Imperativs«
der Steigerung, der nur in »endloser Annäherung« befriedigt werden kann, ist
deshalb nicht nur die Folge einer kritischer Auffassung von Fortschrittsgeschichte, sondern die Reaktion auf das Primat des Praktischen im modernen
Wissen mit einer ständigen, immanenten Selbstkritik der historischen Vernunft. Nicht ohne Grund vergleicht Schlegel die historische »Herrschaft des
Interessanten« in der modernen literarischen Produktion – also das Willentliche der einzelnen Konstruktion – mit einem politischen Despotismus: »Immer
hat das Interessante in der Poesie nur eine *provisorische Gültigkeit*, wie die despo-
tische Regierung.«[45] Diesem Despotismus, der für Schlegel aus dem durch den
aufklärenden Verstand in die Freiheit gesetzten, technischen Willen resultiert,
ist nur durch eine institutionalisierte Diskursivierung der modernen literarischen Möglichkeiten abzuhelfen:

> Freilich ist aber der bloße Wille nicht zureichend, so wenig wie die nackte Grundlage
> zur vollständigen Ausführung eines Gebäudes. Eine entartete und mit sich selbst
> uneinige Kraft bedarf einer Kritik, einer Zensur, und diese setzt eine *Gesetzgebung*
> voraus. Eine vollkommne ästhetische Gesetzgebung würde das erste *Organ* der
> ästhetischen Revolution sein. Ihre Bestimmung wäre es, die blinde Kraft zu lenken,
> das Streitende in Gleichgewicht zu setzen, das Gesetzlose zur Harmonie zu ordnen;
> der ästhetischen Bildung eine feste Grundlage, eine sichere Richtung und eine geset-
> zmäßige Stimmung zu erteilen. Die *gesetzgebende Macht* der ästhetischen Bildung der
> Modernen dürfen wir aber nicht erst lange suchen. Sie ist schon konstituiert. Es ist
> die Theorie: denn der Verstand war ja von Anfang an das lenkende Prinzip dieser
> Bildung.[46]

Auf das verstandeskünstliche »Übel«, die Entartung durch die neue Freiheit
des Einzelnen in der modernen Bildung und Literatur, das aber zugleich ihre
neuen Möglichkeiten gegenüber der »Natürlichkeit« der traditionellen Bildung begründet, reagiert Schlegel analog zum modernen Staatsdenken, das
ebenso für Kant den Hintergrund seiner Wissensordnung bildet, mit einer Ver-

---

auffassung kontrafaktisch sein muß. Etwas »wörtlich« nehmen, hieße, den »fremden
Glauben«, das »fremde Wissen«, das in jedem einzelnen Wort mitgemeint sein kann,
nicht aus der grammatischen und lexikalischen Bedeutung auszuschließen. Die Genese des logozentrischen Denkens ist insofern immer eurozentrisch, weil sie nur das,
was in einem Syllogismus ersetzbar ist und zu keiner Zeit die übergeordnete Wahrheit gefährdet, sehen kann. Die jeweilige Vorstellung des sprachlich-rhetorischen
Wissens, die durchaus widersprüchlich sein kann, gerät nicht in ihr Blickfeld; vgl.
Erhard Schüttpelz: Figuren der Rede. Zur Theorie der rhetorischen Figur, Berlin
1996, S. 122–128.

[45] Friedrich Schlegel: Über das Studium der Griechischen Poesie, hrsg. v. Ernst Behler,
Paderborn 1981, S. 144ff.

[46] Schlegel: Über das Studium der Griechischen Poesie, S. 202.

staatlichung auch in der *Res publica litteraria*, die sich in der Diskursivierung der Literatur durch die Literaturkritik ausdrücken soll. Die Ausdifferenzierung des modernen Wissens und seiner Träger wird an das Verhältnis der Form zu ihrer möglichen Bildung in der linearen Ordnung der Zeit und seinen neuen Institutionen zurückgebunden.[47] So tritt in der romantisch-progressiv fortgesetzten Aufklärung zunehmend an die Stelle einer tatsächlichen Heilserwartung durch problemlösendes Wissen die Verzeitlichung und Selbstproblematisierung des Wissens als diskursive Öffentlichkeit.[48]

Ziel im ausgehenden 18. Jahrhundert ist es also nicht mehr, die zu klassifizierende Natur materialorientiert zu kategorisieren,[49] sondern Zeichen – wie Nietzsche es später sagen wird – als »Abkürzungen« und »Regelwerk«[50] zur Orientierung zu gebrauchen, für das Verhältnis von dem, was die Welt in der Erfahrung und ihrer logischen Einteilung sein kann. Der idealistische Denker des 18. Jahrhunderts hat die zuweilen chaotische und löchrige Welt nicht mehr vor Augen. Das Archivübel, das Kant nach den Prinzipien der Homogenität, der Spezifikation und der Kontinuität in Gattungen, Arten und Unterarten einteilt, ist die Fülle der sinnlichen Daten. Der regulative Gebrauch der Vernunftideen organisiert so die kategoriale Konstruktion von Welt als »Kontinuität der Formen«.[51] Die Vernunft beobachtet insofern die Möglichkeit, daß der kategoriale Verstand sich »irrt«, als die Fähigkeit, Begriffe durch andere Begriffe zu ersetzen:

> Denn, wenn wir in Ansehung der Figur der Erde [...], der Gebirge und Meere lauter weise Absichten eines Urhebers zum voraus annehmen, so können wir auf diesem Wege eine Menge von Entdeckungen machen. Bleiben wir nur bei dieser Voraussetzung, als einem bloß regulativen Prinzip, so kann uns selbst der Irrtum nicht schaden. Denn es kann allenfalls daraus nichts weiter folgen, als dass, wo wir einen teleologischen Zusammenhang (nexus finalis) erwarteten, ein bloß mechanischer oder physischer (nexus effectivus) angetroffen werde, wodurch wir, in einem solchen Falle, nur eine Einheit mehr vermissen, aber nicht die Vernunfteinheit in ihrem empirischen Gebrauch verderben. Aber sogar dieser Querstrich kann das Gesetz selbst in allge-

---

[47] Vgl. Willi Oelmüller: Die unbefriedigte Aufklärung. Beiträge zu einer Theorie der Moderne von Lessing, Kant und Hegel, Frankfurt 1979, S. 69ff.

[48] Zur Ersetzung der Figur Jesus durch die Figur Sokrates, dessen ästhetischer Erlösertod das Grundmotiv des modernen Wissens festhält, vgl. Theresia Birkenhauer: Legende und Dichtung. Der Tod des Philosophen und Hölderlins Empedokles, Berlin 1996; vgl. Gotthold Ephraim Lessing: Eine Dublik, in: Lessings Schriften, hrsg. v. Karl Lachmann, Bd. 13, Leipzig 1897, S. 23.

[49] Noch J. G. Hamann vertritt die an das Primat der Wortwissenschaften angelehnte Auffassung der Natur als lesbarer Text in seiner Kant-Kritik zur Sprachvergessenheit; Vgl. Johann Georg Hamann: Aesthetica in Nuce, in: Vom Magus im Norden und der Verwegenheit des Geistes / Ausgewählte Schriften, hrsg. v. Stefan Majetschak, Bonn 1993.

[50] Friedrich Nietzsche: Kritische Studienausgabe, 15 Bde, hrsg. v. Giorgio Colli u. Mazzino Montinari, München 1988, Nachlaß, Bd. 13, 15 [90], Bd. 11, 34 [249].

[51] Kant: KrV, S. 686; vgl. dazu Josef Simon: Philosophie des Zeichens, Berlin/New York 1989, S. 260ff.

meiner und teleologischer Absicht überhaupt nicht treffen. Denn, obzwar ein Zerglie-
derer eines Irrtums überführt werden kann, wenn er irgend ein Gliedmaß eines tieri-
schen Körpers auf einen Zweck bezieht, von welchem man deutlich zeigen kann, dass
er daraus nicht erfolge: so ist es doch gänzlich unmöglich, in einem Falle zu beweisen,
dass eine Natureinrichtung, es mag sein, welche es wolle, ganz und gar keinen Zweck
habe.[52]

Die Frage nach der richtigen Repräsentation der Mannigfaltigkeit von Welt
verkehrt sich in der Moderne zunehmend in das Problem der Repräsentierbar-
keit des Nichtrepräsentierbaren.[53] Während im 17. Jahrhundert der Polyhistor
noch erschlagen werden konnte von widerspenstigen und zunehmend dicken
Folianten, welche die Verräumlichung der Kategorien auch in der Unhandlich-
keit der gedanklichen Struktur des Universalwissens ausdrückten, ist das Archiv des 18. Jahrhunderts fähig, jede Art der Daten und jede Datenmenge
in seine formal endliche, aber zur unendlichen Subsumption fähigen Struktur
einzugliedern:

> Denn aus der Sphäre des Begriffs, der eine Gattung bezeichnet, ist eben so wenig,
> wie aus dem Raume, den Materie einnehmen kann, zu ersehen, wie weit die Teilung
> derselben gehen könne. Daher jede Gattung verschiedene Arten, diese aber verschie-
> dene Unterarten erfordert, und, da keine der letzteren stattfindet, die nicht immer
> wiederum die Sphäre (Umfang als conceptus communis) hätte, so verlangt die Ver-
> nunft in ihrer ganzen Erweiterung, dass keine Art als die unterste an sich selbst
> angesehen werde, weil, da sie doch immer ein Begriff ist, der nur das, was verschie-
> denen Dingen gemein ist, in sich enthält, dieser nicht durchgängig bestimmt, mithin
> auch nicht zunächst auf ein Individuum bezogen sein könne, folglich jederzeit andere
> Begriffe, d. i. Unterarten, unter sich enthalten müsse.[54]

In den *Vorlesungen über physische Geographie* (1801) beschreibt Kant eine topogra-
phische Ordnung, eine Weltkenntnis, die dazu bestimmt ist, »auf den Schau-
platz seiner Bestimmung nämlich der Welt«[55] einzuführen. Bei der physischen
Geographie geht es um eine Reise, bei welcher der Reisende seine gesammelten
Beobachtungen vergleicht und seinen Plan überdenkt.[56] Es geht darum, die
Quellen der Erfahrung, den Boden, in ein Verhältnis zu der Form der Erkenntnis, den Fächern, in die wir sie abteilen, zu bringen. Dieses Verhältnis liegt im
Vorbegriff, der Antizipation, dem Plan zu einer Reise, ohne den keine Reisebe-
schreibung möglich sei, und der Möglichkeit, den Plan durch die Erfahrung

---

[52] Kant: KrV, S. 716.
[53] Die Idee einer unstrukturierten Datenmenge, die durch einen Index als Menge identifizierbar ist und nur durch die Hinsicht einer Datenmaske eine Form erhält, ist bis
in die Technologie der Datenverarbeitung hinein maßgebend; vgl. Rainer Kuhlen:
Hypertext. Ein nicht-lineares Medium zwischen Buch und Wissenschaft, Berlin/Hei-
delberg 1991, S. 98f.
[54] Kant: KrV, S. 656.
[55] Kant: Von den verschiedenen Rassen der Menschen, Werke, Bd. II, S. 443.
[56] Kant: Collegii der physischen Geographie, Werke, Bd. II, S. 3; vgl. Schmidt-Bigge-
mans Konzept von philosophischer Topik als erinnernder Reisebericht: Sinn-Welten,
Welten-Sinn, Frankfurt a. M. 1992.

korrigieren zu lassen. Die Idee ist architektonisch, sie leitet das Mannigfaltige aus dem Ganzen ab. Bei einer logischen Einteilung, »die ich in meinem Kopfe mache«, wäre das Resultat ein System von Erfahrungen, »wo ein jedes in seine ihm eigenthümlich zukommende Klasse«[57] gesetzt würde. Die geographische Beschreibung der Reise bezeichnet hingegen die Stellen der Erfahrung nicht logisch, sondern betrachtet »die Dinge gerade nach den Stellen, die sie auf der Erde einnehmen.« Die »physische Eintheilung« verweist auf die Dinge, »wo sie wirklich anzutreffen sind.« Zusammen mit der Historie bildet die Geographie das virtuelle Archiv von Zeit und Raum, eine »continuirliche Geographie«, die erst in Folge der transzendentalen Ordnung den »gesamten Umfang unserer Erkenntnisse« und zwar auf der ganzen Erde zeitlich und räumlich, in der Hierarchie der Architektonik nicht nur von oben nach unten, sondern auch von unten nach oben markieren kann:

> So sind z. B. die Eidechse und das Krokodil im Grunde ein und dasselbe Thier. Das Krokodil ist nur eine ungeheuer große Eidechse. Aber die Örter sind verschieden, an denen sich diese und jenes auf der Erde aufhalten. Das Krokodil lebt im Nil, die Eidechse auf dem Lande, auch bei uns. [...] Im System der Natur aber wird nicht nach dem Geburtsorte, sondern nach ähnlichen Gestalten gefragt. / Indessen dürfte man die Systeme der Natur, die bisher verfaßt sind, richtiger wohl eher Aggregate der Natur nennen, denn ein System setzt schon die Idee des Ganzen voraus, aus der die Mannigfaltigkeit der Dinge abgeleitet wird. Eigentlich haben wir noch gar kein Systema naturae.[58]

Während die moderne Wissensstruktur ihren Vorteil aufgrund der dynamischen Übersichts- und Selektionsverfahren durch die Idee der verzeitlichenden Selbstkritik erlangt, ist ihr Bereich auf die eigene Homogenität begrenzt. Vor Kants gegen die aggregatartigen und übervollen Archive des 17. Jahrhunderts eingesetzte linear-zeitliche Ordnung liegt deshalb die Frage nach der Möglichkeit von Anschlußstellen, jener Fähigkeit der Wissensstruktur, sich Neuem anzupassen oder Neues der Struktur anzupassen.[59]

---

[57] Kant: Physische Geographie, Werke, Bd. IX, S. 156.
[58] Kant: Physische Geographie, S. 160.
[59] Das Problem, das derzeit mit dem Stichwort Hypertext methodologisch bezeichnet wird, ist, daß die Verweisstruktur nicht mehr von einer zentralen Beobachterposition überwacht werden kann und so an der Schwelle zum 21. Jahrhundert eine neuerliche Emanzipation der Materialfülle bezeugt. Interessant ist, daß gerade das *Internet* wieder eine topographische Ordnung nahelegt. Offene Datenbanken, bei denen die Daten keiner einheitlichen formalen Struktur angepaßt werden, setzen deshalb in Anlehnung an das *Internet* allein auf die differenzierende Kraft von Suchmaschinen. Hierin könnte man eine Renaissance der rhetorischen *Inventio*-Verfahren sehen, die ihren Gegenstandsbereich nicht ordnen, sondern als prinzipiellen Auswahlraum betrachten.

Anordnung der Rede und der Welt

In Thomas Campanellas christlich-kommunistischer Utopie *Civitas Solis* (1643) beschreibt ein Seemann aus Genua dem Verwalter eines Klosterhospizes die Regierungs- und Wissensform eines inselartigen Sonnenstaates. Im Unterschied zur *Christenburg* (1626) von Johann Valentin Andreae oder zu Thomas Morus' *Utopia* (1516) stellt sich der Sonnenstaat nicht als zu einer bestimmten geschichtlichen Zeit erreichbares Ideal, sondern als souveräne, funktionierende Autarkie dar. An oberster Stelle regiert ein Metaphysicus, dem der Trinitätslehre folgend die Macht, die Weisheit und die Liebe beigeordnet sind. Die Macht bildet die Spitze der Militärbehörden, die Weisheit steht den Amtspersonen und Gelehrten vor. Als Wissenschaftler gibt es »einen Astrologen, einen Kosmographen, einen Arithmetiker, einen Geometer, einen Historiographen, einen Dichter, einen Logiker, einen Rhetor, einen Grammatiker, einen Arzt, einen Physiologen, einen Politiker und einen Moralisten.«[60] Die Liebe hat die Aufgabe, die Reproduktion der Menschen zu überwachen. Die Mauern der Stadt sind außen und innen von der Weisheit mit Gemälden ausgestattet worden, die »sämtliche Wissenschaften in herrlicher Anordnung darstellen.« Die kreisrunde Stadt ist in vier Ringen angeordnet, die jeweils die religiöse, die natürliche, die politische und die Strafordnung repräsentieren. Auf den Außenmauern des zentralen Tempels sind die Größe, Einflüsse und Bewegungen der Sterne erläutert. Auf der Innenseite der ersten Mauer sind in einem bestimmten Größenverhältnis zur Mauer mathematische Figuren abgebildet, die jeweils durch einen Vers erklärt sind. Die konvexe Außenseite dieser Mauer enthält eine vollständige Beschreibung der Erde: Sitten, Bräuche, Gesetze, Herkunft, Streitkräfte und das gebräuchliche Alphabet aller Völker. Auf der folgenden Mauer sind alle Gesteinsarten erklärt und abgebildet. Dem jeweiligen Bild ist eine Probe in natura beigegeben. Darauf folgen Meere, Flüsse, Seen, Wein- und Ölsorten, Flüssigkeiten, die zur Heilung sind, von denen ebenfalls eine Probe beigegeben ist. Weiter folgen alle Erscheinungen der Atmosphäre wie Hagel, Schnee, Wind, Regenbogen und Gewitter, nebst der Kunst, sie im Zimmer selbst zu erzeugen.[61] Die dritte Mauer des Sonnenstaates enthält alle Baum- und Pflanzenarten neben der Information, wo sie herkommen, welche Kräfte

---

[60] Thomas Campanella: Der Sonnenstaat, übers. v. G. Brauns, G. Heise u. a., Berlin 1955, S. 34.
[61] Im modernen Wissenssystem wird später das »Oberstübchen« des autonomen Denkers zum Ort solcher Zaubereien. Arthur Schopenhauer exemplifiziert den denkenden Wettermacher: »Das Schicksal ist grausam und die Menschen sind erbärmlich. In einer so beschaffenen Welt gleicht Der, welcher viel an sich selber hat, der hellen, warmen, lustigen Weihnachtsstube, mitten im Schnee und Eise der Decembernacht.« Arthur Schopenhauer: Parerga und Paralipomena: kleine philosophische Schriften, Werke, Redaktion Claudia Schmölders, Fritz Senn u. Gerd Haffmans, Zürich 1977, Bd. VIII, S. 364.

sie haben und in welcher Beziehung sie zu den Gestirnen, den Metallen, den menschlichen Organen und den Meeresprodukten stehen. Auf der Außenseite dieser Mauer sind alle Arten von Fluß-, See- und Meeresfischen aufgezeigt, ihre Lebensweise, Eigenschaften, Fortpflanzungs-, Lebens- und Aufzuchtsbedingungen. Außerdem werden ihre »Ähnlichkeiten mit himmlischen und irdischen Dingen, die auf natürliche oder künstliche Weise entstanden sind,« verbunden: »Bischofsfische, Kettenfische, Panzerfische, Nagelfische, Sternfische und Penisfische, [...] die eine frappante Ähnlichkeit mit den Objekten haben, nach denen sie benannt sind.«[62] Der »Bischofsfisch« wurde in einer Abhandlung, die einige Jahre vor Campanellas Geburt erschienen ist, als ein »Meeresungeheuer, das wie ein Mönch aussieht«, beschrieben: ein »Schuppenfisch«, der einem Bischof mit der Mitra und seinen sonstigen Pontifikalien ähnlich sieht und den man nach dem Fang dem König dieses Landes im Jahre 1531 überreicht hat.[63] Auch der dänische Polyhistor Olaus Worm behandelt in seiner Naturgeschichte *Museum Wormianum* (1655) etwa Steine nach den Dingen, denen sie ähneln. Im 14. Kapitel beschreibt er den »Hysterolithos« als einen Stein, der die äußeren Geschlechtsmerkmale wiedergibt. Die Häufigkeit der Verwendung von Geschlechtsähnlichkeiten läßt daran erinnern, daß mnemotechnische Verfahren immer auch auf leibliche Eindrücklichkeit gesetzt haben.

Auf der Innenwand der vierten Kreismauer sind die Vogelarten aufgemalt: auch »der Phönix ist als ein wirklich existierendes Wesen dargestellt.« Die Außenseite dieser Mauer zeigt alle Insekten. Dann folgen die Landtiere, die Handwerke und die dazugehörigen Werkzeuge in der Reihe ihrer Wichtigkeit mit dem Namen der jeweiligen Erfinder. Die letzte Mauer zieren die Porträts von Wissenschaftlern oder Gesetzgebern. Auf die Frage des Seemanns, woher die Sonnenstaatler ihre Informationen haben, wird ihm das System aus Kundschaftern und Gesandten erklärt, die in regelmäßigen Abständen als eine Art Informationsdienst und Suchmaschine über den ganzen Erdkreis geschickt werden. Ziel dieses »lebenden« Archivs, das keinen Unterschied zwischen fiktiven und realen Beständen macht, ist es, daß sich die Kinder alle Wissenschaften »mühelos und gleichsam spielend durch Anschauung« aneignen können, indem sie diese stets konkret vor Augen haben. Da das Archiv im Unterschied zur modernen Wissensorganisation auf Vollständigkeit angelegt ist und den Anspruch hat, Einzelheiten umfassend aufzunehmen und zu vernetzen, ist das Modell selbst statuarisch und muß die Zeit eliminieren. Die Fülle, die im Archiv das Wunderbare der Vielfalt und des Zusammenhangs ausmacht, ist fernab von der Welt. Nur die Regelmäßigkeit der Abstände des Informationszuwachses sprengt nicht die Tektonik des Grundrisses.

---

[62] Campanella: Der Sonnenstaat, S. 36.
[63] Vgl. La nature et diversité des poissons avec leurs portroits, representez au plus prés du naturel. Par Pierre Belon du Mans, Paris 1555, S. 32ff.

Michel Foucault hat die Ordnung der Dinge im Wissenssystem des 16. und 17. Jahrhunderts durch eine Überlagerung von Hermeneutik als die Kunst »Zeichen sprechen zu lassen« und Semiotik als die Kunst »zu definieren, was sie als Zeichen instituiert«, zu verstehen gesucht: »Es handelt sich um ein Wissen, das durch unendliche Anhäufung von Bestätigungen, die sich einander auflösen, vorgehen kann und muß. Dadurch ruht dieses Wissen mit seinem Fundament auf sandigem Boden.«[64] Die innere Beziehung des Wissens ergibt sich für Foucault aus vier Arten der Ähnlichkeit: der _convenientia_ als Nachbarschaft des Ortes wie in einer sich selbst schließenden Kette, der _aemulatio_ als Spiegelverhältnis etwa von Makro- und Mikrokosmos wie Himmel-Gesicht, der _Analogie_ als Übertragung von Verhältnissen wie Gott-Mensch und Staat-Bürger und der _Sympathie_, die, kompensiert durch die _Antipathie_, Entfernungen überbrücken und erzeugen kann.[65] Jede Ähnlichkeit aber kann nur dann erkannt werden, wenn die Dinge schon signiert sind. Und jede Signatur findet statt in einem Umkreis von anderen stützenden Signaturen, »aber diese Signatur ist nur eine Form in der Mitte der gleichen Ähnlichkeit.«[66] Während die Episteme der Aufklärung ein lineares Feld abschreitet, das räumlich und zeitlich widerspruchsfrei sein muß, läßt die Ordnung der Ähnlichkeiten unmögliche Nähen und Beziehungen zu, so lange sich der Kreis einer Ebene schließen läßt. Francis Bacon gibt in seiner _Natural History_ ein anschauliches Beispiel:

> Nay, it is further reported, that if, when a cucumber is grown, you set a pot of water about five or six inches distance from it, it will in twenty-four hours shoot so much out as to touch the pot; which, if it be true, it is an experiment of an higher nature than belongeth to this title: for it discovereth perception in plants to move towards that which should help and comfort them, though it be at a distance. [...] for that water may work by a sympathy of attraction; [...].[67]

Das entscheidende Moment dieser Ordnung ist nicht die logische Einteilung der rationalistischen Gebrauchshinsicht, sondern die weltaufschließende Struktur der Sprache. Wenn das Buch der Natur aufgeschlagen wird, so Foucault, ist es der Sinn der Interpretation, die ursprüngliche Transparenz und Ähnlichkeit der Zeichen mit den Dingen, denen sie eingeschrieben sind, wiederherzu-

---

[64] Foucault: Die Ordnung der Dinge. Eine Archäologie der Humanwissenschaften, übers. v. Ulrich Köppen, Frankfurt a. M. 1994, S. 60.
[65] Zur _convenientia_ vgl. Giambattista della Porta: Des vortrefflichen Herren Johann Baptista Portae, von Neapolis, Magia Naturalis, oder Haus-, Kunst- und Wunderbuch, Nürnberg 1680, Bd. I, S. 47; zur _aemulatio_ vgl. Paracelsus: Liber Paramirum, Paris 1913, S. 3; zur _Analogie_ von Pflanze und Tier, bei der das Gewächs ein Tier ist, das seinen Kopf nach unten richtet und den Mund in die Erde eingegraben hat, vgl. Andrea Cesalpino: De plantis libri XVI, Florenz 1583; zur _Sympathie_ und _Antipathie_ vgl. Girolamo Cardano: Offenbarung der Natur und natürlicher Dinge auch mancherley subtiler Würckungen, Basel 1559, Buch 8, S. 883f.
[66] Foucault: Die Ordnung der Dinge, S. 59.
[67] Francis Bacon: A Natural History, London 1826, § 462; zur _magiae naturales_ vgl. Campanella: De sensu rerum et magia, Francofurti 1620.

stellen. Die sprachliche Erkenntnis und die Ordnung beziehen sich auf die göttliche Schrift, die Schöpfung, als den Hintergrund der Dinge. Die Interpretation von Welt bedeutet nicht, die Dinge sprachlich zu repräsentieren, sondern die ursprüngliche Transparenz der sprachlichen Zeichen und ihrer Ähnlichkeit mit den Dingen vor der babylonischen Sprachverwirrung wiederherzustellen: »In der Tat hatte man sich gefragt, wie man erkennen soll, daß ein Zeichen genau das bezeichnete, was es bedeutet. Vom siebzehnten Jahrhundert an wird man sich fragen, wie ein Zeichen mit dem verbunden sein kann, was es bedeutet.«[68] Während die Sicherheit der sprachlichen Ordnung im 16. Jahrhundert auf dem Primat des schon Geschriebenen beruht, so Foucaults These, entsteht das enzyklopädische Projekt des 17. Jahrhunderts aus dem Versuch, die Ordnung der Welt in der Verkettung der Wörter und ihrer Anordnung im Raum zu rekonstruieren. Bezieht sich im 16. Jahrhundert die Sprache und Ordnung des Wissens auf die Sprache und Ordnung der Welt, so muß das 17. Jahrhundert das Problem dieser Beziehung in der Transformation der Realität in Zeichen zu lösen versuchen. Die ursprüngliche Ähnlichkeit wird im Verlauf des enzyklopädischen Projekts zunehmend nur noch als eine Subform des Erkennens dem Denken der Identitätsbildung untergeordnet. Descartes etwa schreibt in der Einleitung zu den *Regeln zur Leitung des Geistes* (1628–29):

> So oft die Menschen irgend eine Ähnlichkeit zwischen zwei Dingen bemerken, pflegen sie von beiden, mögen diese selbst in gewisser Hinsicht von einander verschieden sein, das auszusagen, was sie nur bei einem als wahr erfunden haben. So vergleichen sie ungerechtfertigter Weise die Wissenschaften, die gänzlich in der Erkenntnis des Geistes bestehen, mit den Künsten, die einer gewissen körperlichen Gewöhnung und Anlage bedürfen.[69]

Die Analogie wird als unzulässige Form des Schlusses aus der logischen und zunächst ahistorischen Setzung der Ordnung ausgeschlossen. Die Ordnung der Interpretation, die bisher das sprachliche Zeichen in den Dingen voraussetzte, wird abgelöst von der Ordnung des logischen Urteils, die ein Zeichen überhaupt erst im Akt der Erkenntnis erzeugt. Dieser Akt der Erkenntnis kann nur dort stattfinden, wo schon bestehende Zeichen und Urteile aufeinander bezogen werden können, wo also erst eine Reihe das Fortsetzen der Zeichenproduktion erlaubt: »Die kreisende Welt der konvergierenden Zeichen wird durch die Entfaltung ins Unendliche ersetzt.«[70] Während die Zeichentheorie der Ähnlichkeit es erlaubte, »im Einen die Markierung des Anderen zu sehen« und die Interpretation dieser Zeichen das Feld der konkreten, materialen Erkenntnisse eröffnete, so dient das »Gemurmel der Ähnlichkeit« der Zeichentheorie des enzyklopädischen Wissens im 17. Jahrhundert zur Bildung der Identität, des Unterschiedes

---

[68] Foucault: Die Ordnung der Dinge, S. 75.
[69] Vgl. René Descartes: Regeln zur Leitung des Geistes, übers. u. hrsg. v. Artur Buchenau, Hamburg 1959, S. 3.
[70] Foucault: Die Ordnung der Dinge, S. 94ff.

sowie dem universalen Plan einer Wissenschaft der Ordnung: *mathesis universalis*
und *taxinomia*. Zum Ende des 17. Jahrhunderts erscheint die erste erfolgreiche
alphabetische Enzyklopädie: *Le Grand Dictionaire historique* von Louis Moréri
(1674),[71] die das taxinomische System dann zugunsten eines rein lexikalischen
Zugriffs ablöst, welcher die Materialorientierung des Wissens endgültig aufgibt.[72] Bevor die Aufklärung aber mit der zeitlich-linearen Ordnung eine Wissensstruktur durchsetzt, welche die Ordnung der Dinge nicht mehr in den
Wesenheiten des Einzelnen sieht, sondern die Form der Serie etabliert, entsteht
mit der Figur des barocken Polyhistoren eine Fülle an Materialsammlungen, die
ins Monströse anzuwachsen drohen, bis hin zu einer die Tektonik sprengenden
Komplexität von mnemotechnischen Systemen, welche das Problem der Materialfülle besonders deutlich macht.[73]

Während die humanistische Wissensordnung – wie etwa in Erasmus' Sinn-
sprüchesammlungen – Wissen vor allem nach seiner lebensweltlichen Funktion
archivieren konnte, weil es als Bildungsprogramm auf die gesellschaftliche Praxis ausgerichtet war, so wird das Wissensideal des Polyhistoren hauptsächlich
deswegen enzyklopädisch, weil es auch die scholastischen Fächer in ein univer-
sales, rhetorisch-humanistisches Weltbild zu integrieren versucht. Die Zunah-
me sowohl des philologischen Materials als auch der aufkommenden, natur-
wissenschaftlichen Erkenntnisse überfordert aber die sprachlich-rhetorischen
Ausbildungsvermögen. Sind etwa Erasmus' *Adagia* noch auf den konkreten,
schriftlichen Austausch hin entworfen, so scheinen die polyhistorischen Topolo-
gien nur das rhetorische Muster der Struktur einer Rede übernommen zu haben. Die erkenntnistheoretischen Ähnlichkeitsordnungen müssen deswegen zunehmend einer Gedankenstrukturierung weichen, die in den rhetorischen
Systemen lediglich dienende Funktion hatte. Was sich in die Ordnung des
Wissens im Laufe des 17. Jahrhundert an die Stelle des göttlich-systematischen
ordo der Scholastik schiebt, bevor diese endgültig vom logisch urteilenden Subjekt (*judicium*) eingenommen wird, und zur Aufgabe hat, die Struktur der Man-

---

[71] Zur Geschichte der Enzyklopädie im 17. Jahrhundert vgl. Ulrich Dierse: Enzyklopädie. Zur Geschichte eines philosophischen und wissenschaftstheoretischen Begriffs,
Archiv für Begriffsgeschichte, Supplementheft 2, Bonn 1977, S. 15–35; zu alphabetischen Enzyklopädien seit dem 13. Jh. vgl. Christel Meier (Hg.): ›Der‹ Codex im
Gebrauch, München 1996; die Verzeitlichung im Aufschub drückt sich später in der
Enzyklopädie als das Problem des Supplementbandes aus; vgl. Derrida: Dissemination, hrsg. v. Peter Engelmann, Wien 1995, S. 174–190.

[72] Die Karriere des logisch ordnenden Alphabets ist vorbereitet worden durch die
topische Tafel (1308) des Raimundus Lullus, die einem allgemeinen Alphabet als
Parameter alle kategorialen Denkmöglichkeiten gegenüberstellte und so in den gemeinsamen Feldern die Voraussetzung eines universalen, kombinatorischen Wissens
darstellen sollte; vgl. Lullus: Ars Magna. Opera, ed. Zetzner 1598, Neudruck mit
einer Einleitung von E. W. Platzeck, in: Opuscula. Bd. 1. Hildesheim 1971.

[73] Vgl. Lina Bolzoni: Das Sammeln und die ars memoriae, in: Macrocosmos in Microcosmo. Die Welt in der Stube. Zur Geschichte des Sammelns 1450 bis 1800, hrsg.
v. Andreas Grote, Opladen 1994, S. 154f.

nigfaltigkeit von Welt durch die Anordnung der Zeichen zu bewältigen, ist die *ars memorativa.*

Die Geschichte des Dichters Simonides von Keos, der nach Cicero der Erfinder der Mnemotechnik ist, macht deutlich, daß die »Anordnung des Stoffs« die entscheidende Struktur der Erinnerung ist. Nachdem der Dichter das Fest des Gastgebers Skopas verlassen mußte, weil er wegen einer dringenden Nachricht nach draußen gerufen wurde, stürzte der Raum, in dem die anderen Gäste speisten, ein. An den Aufenthaltsort der Opfer, die zur Bestattung unterschieden werden mußten, konnte sich Simonides nur erinnern, weil er sich die Reihenfolge der Plätze gemerkt hatte, an denen die Betreffenden gelegen hatten. Das räumliche Gedächtnis benutzt »die Plätze an Stelle der Wachstafel, die Bilder statt der Buchstaben« – *simulacris pro litteris.*[74] Während etwa die Wissensvermittlung des scholastischen Lehrbetriebs erstmals mit der visuellen Textstrukturierung auf den Zusammenhang von Gedächtnis und Verstehen setzt,[75] betonen die lokalistischen Gedächtnislehren hingegen stärker den »Gedächtnispalast«, die Korrespondenz von räumlichem Träger und Wissen. Das Kloster *San Lorenzo del Escorial* unter der Herrschaft Philipp II. (1527–1598) ist das berühmteste Beispiel für die Gleichzeitigkeit von Kloster, Bibliothek, Kirche, Festung, Schloß, Grabstätte und Gedächtnisraum. War die *memoria* als Fähigkeit, sich auch eine längere Rede zu merken, eine rhetorische Tugend, so wird sie für die lange, archivierende Rede des Polyhistoren zum Organ der Erkenntnis. Denn während der Struktur der Rede beim Auswendiglernen bestimmte räumlich-bildliche Plätze zugeordnet wurden, um sie erinnerungsfähig zu machen, so werden nun umgekehrt diese Erinnerungsplätze genutzt, um die Struktur der archivierenden Enzyklopädie vorzuzeichnen.

Wilhelm Schmidt-Biggemann hat dargestellt, wie in der Wissensarchitektur im Laufe des 17. Jahrhunderts Gedächtnis und Archiv zusammenfallen und die *memoria* selbst zum Erkenntnis- und Ordnungsinstrument von Welt wird. Johann Heinrich Alsted etwa versucht in seinem ersten enzyklopädischen Entwurf *Systema Mnemonicum* (1610), das Gedächtnis als zweites Hauptvermögen neben der durch die Erbsünde geschwächten Vernunft zu etablieren.[76] Die Aufgabe der Mnemotechnik ist analog zur Logik auf die Argumentation bezogen, mit dem Zusatz, daß sie die Einsichtigkeit des Verstandes auch räumlich verfügbar halten soll. Ziel der psychologischen Reduktion des Wissens auf die Mnemo-

---

[74] Marcus Tullius Cicero: De oratore/Über den Redner, übers. u. hrsg. v. Harald Merklin, Stuttgart 1976, S. 431f, (351–354).

[75] Zum Vergleich der Zusammensetzung der Hierarchie aus dem Verhältnis von Teil und Ganzem in der gotischen Architektur und der scholastischen Wissenschaft vgl. Erwin Panofsky: Gothic Architecture and Scholasticism, Pennsylvania 1951.

[76] Johann Heinrich Alsted: Systema mnemonicum duplex, Francofurti 1610, Ia, S. 3; vgl. Schmidt-Biggemann: Topica Universalis, S. 114ff; zu Alsteds Aufnahme des lullistischen Alphabets vgl. Alsted: Clavis Artis Lullianae, et verae logices duos in libellos tributa, Straßburg 1609.

technik ist für Alsted, anhand einer universalen, sprachlichen Topik mit einem konstitutiven Kontinuum von Immanenz und Transzendenz eine Vermittlung von rhetorisch-inventiven Systemen und konkreter Substanz- und Sacherkenntnis zu leisten.

Alsted konstruiert dafür eine mehrdimensionale Tafel: Ein Buch soll in zehn Hauptabschnitte nach den zehn Subjekten aufgeteilt werden, diese Gruppe umfaßt je achtzehn Seiten für die achtzehn absoluten und relativen Prädikate. Die einzelnen Blätter sollen schließlich in zehn Abschnitte unterteilt werden, welche die *quaestiones* enthalten. Bei gegebener Vollständigkeit des kategorialen Schemas ist so ein vollständiges Raster für jede mögliche Prädikation das Resultat. Diese *Ars magna Lulliana* soll nach Alsted zur lexikalischen Grundwissenschaft werden, insofern sie alles wißbare Material für alle und für jede Wissenschaft zusammenstellt. Ein solches memoratives Lexikon, das die Idee des Universalwissens auch unter den Bedingungen steigender Datenmengen retten soll, ist für ihn »enim bibliotheca universalis locorum communium«.[77]

Die Gleichschaltung der psychologisch-rhetorischen Vermögen und des Erkannten, der Ordnung der sprachlich strukturierten Gedanken und der Ordnung von Welt, der *ordo cognoscendi* und der *ordo essendi*, wird schließlich für die Wissenschaftslehre des Barock grundlegend. Die Göttlichkeit des Wissens wird als natürliches Licht der Erinnerung in das Subjekt selbst verlagert.[78] Die darauffolgenden Anleitungen zur Wissenssammlung – etwa die pansophischen *Praeludia* von Johann Amos Comenius (1637) oder das *Nova Atlantis* von Bacon (1627) – operieren alle mit dieser utopischen Gleichsetzung von Erkenntnis- und Sachordnung.[79] Die Tafel der psychologischen Vermögen, die nach Alsted aufsteigend und absteigend in Korrespondenz mit dem Objekt zugleich auch die Ordnung der Enzyklopädie vorgibt, ist die Grundlage der *scientia de omni scibili*. Für Alsteds Versuch, alles Wissen der Welt in einem *Thesaurus Chronologiae* (1624) mit der christlichen Heilsgeschichte zu verrechnen, muß deswegen die Zeit stillstehen. In seiner Schrift *Diatribe de mille annis apocalypticis* (1627) berechnet er den Weltuntergang für 1694.[80]

Sowohl die pansophischen Versuche des Barock, eine Universalwissenschaft mit einer Unzahl von Kombinationstafeln aufzustellen,[81] als auch die Bemü-

---

[77] Zit. n. Schmidt-Biggemann: Topica Universalis, S. 111.

[78] Vgl. Johann Amos Comenius: Vorspiele. Prodromus pansophiae. Vorläufer der Pansophie, hrsg., übers. u. erl. v. Herbert Hornstein, Düsseldorf 1963, § 72.

[79] Zum Verständnis von Medien als Wunscherfüllung vgl. Hartmut Winkler: Docuverse. Zur Medienthoerie der Computer. Mit einem Interview von Geert Lovink, München 1997.

[80] Vgl. Wolf Peter Klein: Johann Heinrich Alsted *oder* Über die Verwandtschaft von Gelehrten und Ameisen, in: Zwischen Narretei und Weisheit. Biographische Skizzen und Konturen alter Gelehrsamkeit, hrsg. v. Gerald Hartung u. Wolf Peter Klein, Hildesheim/Zürich/New York: 1997.

[81] Zu Athanasius Kirchers *Polygraphia nova et universalis* (Rom: 1663), einer dreidimensionalen Kombinationstafel, vgl. Schmidt-Biggemann: Topica Universalis, S. 182f;

hungen von G. W. Leibniz um eine *scientia generalis* oder sein Vorschlag zur Gründung eines Wörterbuches[82] als empirisches Gegenstück zur apriorischen Kombinatorik haben die räumliche Ordnung der *memoria* als Strukturierung von Wissen und Welt zugrunde liegen.[83] Die Gleichzeitigkeit von Nominaldefinition und Realdefinition der Identität einer Sache als Grundlegung und Rettung des enzyklopädischen Projekts im 17. Jahrhundert mündet deshalb in die Utopie, die göttliche Schöpfung erinnernd in der adamitischen Namensgebung zu begleiten. Dieser Versuch, geschichtliche Zeit in der memorativen Anordnung der Wörter im Raum zu strukturieren, ist es aber auch, der das enzyklopädische System am Ende des 17. Jahrhunderts zum Eklektizismus hin öffnet und sprengt. Erst die Aufklärung und die parallel aufsteigende neuzeitliche Naturwissenschaft beenden das gedankliche Primat der Wortwissenschaften, die als Rhetorik, Argumentationslogik oder Dialektik die Topik dieses Wissens und der Polyhistorie begründen. Ihren Anspruch der Universalität beginnt schon 1637 das unsprachliche Denken Descartes mit dem *Discours de la Methode* zu übernehmen, der die Gesamtheit der Welt in zwei grundlegende Substanzen unterteilt, in die *res cogitans* und die *res extensa*. Damit bezieht sich die ordnende Methode des Denkens nicht mehr auf die Vielfalt der Einzeldinge, sondern auf ein ihr gleiches und homogenes Feld, die *res cogitans*. Die Verbindung und Wahrnehmung der *res extensa* oder – wie Kant später formulieren wird – die Zweckmäßigkeit der Natur für ihre Erkenntnis muß dann als göttliche Garantie vorausgesetzt werden.

Die Philosophie nach 1700 läßt sich deshalb immer auch als eine Kritik des Gedächtnisses im Sinne eines Verbindungsglieds zwischen Welt und Denken beschreiben. Angefangen von Kants Polemik gegen eine »Gedächtnißkunst als allgemeine Lehre« und gegen die Polyhistoren, die »eine Ladung Bücher für hundert Kameele als Materialien für die Wissenschaft in ihrem Kopf herumtragen«, deren Verdienst es zwar ist, »die rohe Materie reichlich herbeigeschafft zu haben; wenn gleich andere Köpfe nachher hinzukommen müssen, sie mit Urteilskraft zu verarbeiten« – bis zu J.-J. Rousseaus Ablehnung allen Auswendiglernens, wenn doch das gemeinsame Lesen im neuen gesellschaftsstiftenden Buch der ursprünglichen Natur das einzige Gedächtnis schaffe, von dem »die Urteilskraft Gebrauch machen kann«. Zuletzt reformuliert Nietzsche die Ge-

---

Stefan Rieger: Speichern/Merken. Die künstlichen Intelligenzen des Barock. München 1997, S. 13–22; Gustav René Hocke: Manierismus in der Literatur. Sprach-Alchemie und esoterische Kombinationskunst, Hamburg 1959, S. 30.

[82] Gottfried Wilhelm Leibniz: Unvorgreiffliche Gedancken, betreffend die Ausübung und Verbesserung der Teutschen Sprache, Collectanea Ethymologica, Hannover 1717, Repro. Nachdruck, Hildesheim/New York 1970, § 41.

[83] Zur Räumlichkeit des Gedächtnisses, wie sie die *Rhetorica ad Herennium* begründete, vgl. Anselm Haverkamp: Auswendigkeit. Das Gedächtnis der Rhetorik, in: Raum – Bild – Schrift. Studien zur Mnemotechnik, hrsg. v. Anselm Haverkamp u. Renate Lachmann, Frankfurt a.M. 1991, S. 25ff.

schichte des Gedächtnisses als Mnemotechnik der Macht.[84] Das Gedächtnis
wird von nun an keine erkenntnistheoretische, sondern nur noch eine untergeordnete, materialbereitstellende und -begrenzende Funktion haben.

Das topische Modell, das vom Findeverfahren der *historia* und ihrer Anordnung, von den rhetorischen Vermögen *inventio* und *judicium* ausgegangen war,
besteht jedoch noch über hundert Jahre fort. Während sich die cartesianische
Methode auf den sicheren Weg der Erkenntnis in einem beliebigen Stoff bezieht, geht es der polyhistorischen Universaltopik um die Bewältigung von
konkreter Geschichte. Ist Geschichte für die barocke Wissensordnung ein Kontinuum von Zeit, deren Struktur es räumlich zu repräsentieren gilt, so wird
im modernen Wissen die Gleichrangigkeit von historischer und gegenwärtiger
Erfahrung zugunsten einer gegenwärtigen Zeitlosigkeit und einer beobachtba-
ren Vergangenheit aufgelöst: Geschichte wird zum Archiv der Gegenwart. Die
geschichtliche Erkenntnis als Ort der *inventio*, wie Christian Wolff fordert, soll
durch Natur ersetzt werden, »da man die historische Wahrheit nicht wissen
kann, sondern nur glauben muss [...].«[85] Die polyhistorische Geschichte, die
Beispielsammlungen für anekdotische oder systematische Kenntnisse der Historie oder der Natur als gleichberechtigte Auswahlmöglichkeit für die Gelehrsamkeit lieferte, wird abgelöst durch die Spaltung von Wissen und Glauben.
Während der analytisch-mathematische Wahrheitsbegriff auf den Status von
Objekten als Erkenntnisobjekten abzielt, war es das Ziel der topischen Ordnung, gefundenes Material in eine Anordnung zu bringen, deren Muster die
artistisch-rhetorischen Wortwissenschaften begründeten. Kann im 17. Jahrhundert der kuriose Blick des Sammlers von Einzelheiten sich noch als Einheit von
»Beobachten« und »Lobpreisen« verstehen,[86] von *ars memoriae* und *ars inventio*,
bleibt im modernen Wissen als enzyklopädisches Ordnungsprinzip nur das Alphabet übrig, das sich mit Pierre Bayles *Dictionnaire historique et critique* (1695 –
97) endgültig durchsetzt. Das liebevolle Sammeln und Ortgeben wird vom
18. Jahrhundert her als absurd begriffen.[87] Kriterium aller Ordnungen wird

---

[84] Kant: Anthropologie, S. 184; Jean-Jacques Rousseau: Emile oder über die Erziehung,
    übertr. v. L. Schmidts, Paderborn 1975; Nietzsche: Zur Genealogie der Moral, Bd. 5.
[85] Christian Wolff: Vernünftige Gedanken von den Kräften des menschlichen Verstan-
    des, Krit. Ausg. v. H. W. Arndt, Hildesheim/New York 1978, S. 219; vgl. Wolf
    Lepenies: Das Ende der Naturgeschichte. Wandel kultureller Selbstverständlichkeit
    in den Wissenschaften des 18. und 19. Jahrhunderts, München 1976.
[86] Franciscus Junius: De pictura veterum libri tres, 1637; zit. n. Wunderkammer des
    Abendlandes, Museum und Sammlung im Spiegel der Zeit, Katalog der Kunst- und
    Ausstellungshalle der BRD in Bonn, 1994, S. 22.
[87] Zur Geschichte der Kunstkammer Frederiks des III. und ihrer Umstrukturierung auf
    das »Wesentliche« im 18. Jahrhundert vgl. Wunderkammer des Abendlandes,
    S. 38ff; zum Unverständnis des aufgeklärten Naturforschers für die Beschreibung
    der »Schlange« nach »Doppeldeutigkeit, Synonyme und Etymologien, Unterschiede,
    Anatomie, Natur und Gewohnheiten, [...] Physiognomie, Antipathie, Sympathie,
    [...] Embleme, Symbole, Sprichwörter [...].« vgl. Foucault: Die Ordnung der Dinge,
    S. 71.

der zweckmäßige Gebrauch. Die Wette der *mathesis universalis*, die Ordnung der Dinge in der Immanenz von Welt so zu repräsentieren, wie sie in der Schöpfung von Welt erdacht worden ist, ist verloren, als sich im Eklektizismus des ausgehenden 17. Jahrhunderts die Materialfülle der *historia* derart problematisch emanzipiert, daß eine Verschiebung des *judicium* vom Ortgeben zur Funktion einer neuen Selektion nötig wird.[88] In Robert Burtons über achthundertseitigem Lebenswerk *Anatomie der Melancholie* (1621) ist zu beobachten, daß die Melancholie immer dann auftritt, wenn die Materialfülle die Ordnung überfordert und sich eine Sehnsucht nach Reduktion und Entlastung ausdrückt. Der seine Ordnung weiter aufgliedernde Melancholiker ist unfähig, gegen die Überreizung abzustumpfen.[89] Der zum Ende des 17. Jahrhunderts zunehmende Verzicht auf jede topische Ordnung führt die Polyhistorie zu einer rein alphabetischen Materialanordnung wie bei Johann Heinrich Zedlers *Großes vollständiges Universal Lexicon aller Wissenschaften und Künste* (1732−34).

Selektionsdruck des gelehrten Wissens

In der barocken Tradition muß das Scheitern des *judicium* als systematische Ortzuweisung von Wissen zunehmend der Literärgeschichte Platz machen. Aufgabe der sprachlich-räumlichen Anordnung unter den Bedingungen der Einsicht in die eingeschränkte Erkenntnisfähigkeit des menschlichen Verstandes, der *imbecillitas mentis*, bleibt es deshalb, eine Zusammenstellung der verschiedenen Meinungen lediglich zu erzählen.[90] Die Geschichte der antiken Phi-

---

[88] Vgl. den Art. ›Iudicium‹ v. J. Wagner, Hist. Wörterb. d. Rhetorik, hrsg. v. Gert Ueding; es lassen sich vier grundsätzliche Bedeutungsfelder von *judicium* unterscheiden: das römisch-juristische, in welches die aristotelische Unterscheidung von theoretischer Betrachtung und rhetorischer Rede, die ein Urteil (krísis) hervorrufen soll, mündet; das allgemein rhetorische, das zusammen mit der *prudentia* ein praktisch-situatives Einschätzungsvermögen sowohl im dispositionalen wie auch im wirkungs-ästhetischen Sinn meint; als *judicium multitudinis* die allgemeine Meinung und zuletzt sprach- und formallogisch im Zusammenhang mit der *pronuntiatio* bzw. dem *axioma* als Fähigkeit, veritative Urteile zu bilden; aus dem letzten Bedeutungsfeld, über Boethius' Aristoteles-Rezeption und der zunehmenden Ersetzung von Rhetorik durch Dialektik, insbesondere bei Petrus Ramus des *judicium* durch die *dispositio*, entsteht das neuzeitliche Urteil als systematische Vermittlung von Einzelnem und Allgemeinem.

[89] Erwin Panofsky benutzt dafür in seiner Dürer-Studie zu der Frauengestalt des Kupferstichs *Melencolia I* den Begriff »super-awake« und »paralyzed by thoughts«, Princeton 1948, S. 160.

[90] Zur Struktur der *historia litteraria* vgl. Klaus Weimar: Geschichte der deutschen Literaturwissenschaft bis zum Ende des 19. Jahrhunderts, München 1989, S. 107−125; zur Herausbildung der sinnstiftenden Literaturgeschichte aus den narrativen Literärgeschichten vgl. Jürgen Fohrmann: Das Projekt der deutschen Literaturgeschichte. Entstehung und Scheitern einer nationalen Poesiegeschichtsschreibung zwischen Humanismus und Kaiserreich, Stuttgart 1989, S. 3f.

losophie von Gerhard Johannes Vossius, dem wichtigsten Polyhistoren der Literärgeschichte im 17. Jahrhundert, trägt den Titel *De philosophorum Sectis* (1657). Das *judicium* bestimmt Vossius nur noch als Kommentar zur Historie, der sich selbst aber aus dem Wahrheitsstreit heraushält.[91] *Ingenium, inventio* und *judicium* werden so zu Vermögen, Stoff lediglich erzählbar darzustellen. Die Universalwissenschaft hat bei Vossius deshalb wieder gleichzeitig Ausbildungscharakter: konstitutive wird pädagogische Ordnung.[92] Schon Alsted definierte die Enzyklopädie als »die Methode des Verstehens aller in diesem Leben zu erlernenden Dinge.«[93] Die Wissensordnung wird an die Lernpraxis des einzelnen Studierenden gebunden. Ihre Einteilungen bleiben zwar weiterhin topisch geordnet, weichen aber aus eklektischen Vereinfachungsmotiven von jeder Systematik ab, was zur Folge hat, daß sie letztendlich unübersichtlicher werden als die Unübersichtlichkeit von Historie, die sie zu überwinden vorgeben. Erst Daniel Georg Morhofs *Polyhistor* (1681) zieht daraus den Schluß, daß die Ordnung des Wissens lediglich zur Invention dienen soll und als solche keine Sachordnung sein kann.[94] Morhofs Verfahren der *loci communes* ist es, Wissen zu bündeln und gleichberechtigt nebeneinander zu stellen.[95] So entsteht eine Gruppierung von Sinneinheiten und Argumenten, die mit Namenslisten von Büchern versehen werden. Der technische Apparat des Zettelkastens verhindert eine Kanonbildung, da er auf den reinen Inventionscharakter zielt.[96] Das Gedächtnis wird zur bloßen Vorratskammer (*copia*). An die Stelle der sprachlich-topischen Ordnung, an welche die Aufklärung später die Ordnung des logischen Denkens setzen wird, tritt die Bibliothekswissenschaft. Das Archiv des Wissens wird zum Zimmer der Bücher: Bibliotheks- und Bücherkunde, Literärgeschichten, geheime und gelehrte Gesellschaften werden die Organisationen der Stoffhäufung.[97] Auch Leibniz etwa bemüht sich mit der *Fruchtbringenden Gesellschaft* (gegründet 1617) unter dem Wahlspruch »Alles zu Nutzen«, das

---

[91] Gerhard Johannes Vossius: Ars historica, Leiden 1653, S. 90; »Judicium appello, quo historicus post rem narratam adfert sententiam suam.«

[92] Vgl. Wilfried Barner: Barockrhetorik, Tübingen 1970, S. 265f; zu dieser Entwicklung vgl. Jürgen Fohrmann u. Wilhelm Voßkamp (Hg.): Von der gelehrten zur disziplinären Gemeinschaft, Stuttgart 1987.

[93] Alsted: Encyclopaedia, Septem tomis distincta, Herborn 1630, S. 49.

[94] Vgl. Conrad Wiedemann: Polyhistors Glück und Ende. Von Daniel Georg Morhof zum jungen Lessing, in: Festschrift für Gottfried Weber, hrsg. v. Otto Burger und Klaus von See, Bad Homburg/Berlin/Zürich 1967, S. 215f.

[95] Zur Nähe des Verfahrens von Melanchthons *Loci Communes* vgl. Schmidt-Biggemann: Topica Universalis, S. 15f.

[96] Vgl. Niklas Luhmann: Universität als Milieu, Bielefeld 1992, S. 53f.

[97] Zum ersten Buch *Liber Bibliothecarius* von Morhofs *Polyhistor* vgl. Schmidt-Biggemann: Topica Universalis, S. 269f; zu den Organisationsformen der Gelehrsamkeit vgl. Notker Hammerstein: Schule, Hochschule und Res publica litteraria; Ferdinand van Ingen: Die Rhetorik-Kammern in den Niederlanden und die Sprachgesellschaften in Deutschland. Res Publica Litteraria zwischen Gelehrsamkeit und Gesellschaft, beide in: Res Publica Litteraria. Die Institutionen der Gelehrsamkeit in der frühen Neuzeit, hrsg. v. Sebastian Neumeister u. Conrad Wiedemann, Wiesbaden 1987.

Wissen der Gelehrten in Form eines Wörterbuchs zum Ruhm der »Nation«
neu zu bündeln.[98] Morhofs Versuche, die literarischen *loci communes* für Geschichte und Natur geltend zu machen, sind schon zeitgleich mit der Ausbreitung der cartesianischen Methode. Durch den Verzicht auf Vollständigkeit und
durch die Gleichberechtigung in der eklektizistischen Vorgehensweise kann
Morhof aber noch mystisches, barockes, analytisches, lebensweltliches Wissen,
Wissen aus erster und aus zweiter Hand archivieren, bevor die Aufklärung
mit der Unterscheidung von gesellschaftlich wichtig und unwichtig ein neues
Selektionsverfahren einführt.

Bemerkenswert allerdings ist, daß in der Zeit des Übergangs vom Barock
zur Aufklärung eine solche Unmenge an moralischen Selbstkritiken des Gelehrtenstandes erscheinen, daß diese Form der Selbstbeobachtung auf einen ständig
wachsenden Selektionsdruck unabhängig von der jeweiligen Schulenbildung
aufmerksam macht.[99] Die rein inventive Wissensorganisation des ausgehenden
17. Jahrhunderts – etwa in Johann Christoph Männlings *Expeditem Redner*
(1718) zusammengefaßt – hat Stefan Rieger im Anschluß an Friedrich Kittler
als rechnerisch-rekombinatorische Mnemonik der Texte – etwa im Gegensatz
zur autorenzentrierten »romantischen Datenverarbeitung« der kursorischen
Lektüre – zu verstehen versucht.[100] Die Reaktion des Gelehrtenstandes auf die
Unmenge an Einzeldaten mit einer moralischen Selbstkritik ist dann als eine
frühzeitige Umerziehung zur Wissensorganisation des 18. Jahrhunderts zu deuten möglich. Aufgrund fehlender logischer Selektionskriterien, wie sie die Aufklärung entwickeln wird, verfährt diese Selbstkritik zwar nicht mehr nach einem theologisch fundierten topischen Muster, bleibt aber dem Anekdotischen
und Aggregatartigen verhaftet. Die Selbstbeschreibung und -kritik der Gelehrtenstände als *charlataneria eruditorum* zwischen Barock und Aufklärung verdeutlichen, wie das Anekdotische dann als Ordnung eine *historia curiosa*, eine Ordnung der Neuigkeiten, erzeugt, die, weder nach räumlich-sprachlichen noch
nach logisch-zeitlichen Indizes geordnet, ein unendliches Verweisnetz mit ei-
gentümlichen Wegen hervorbringt, das nur durch einen Verhaltenskodex des
Archivars stabilisiert werden kann.[101] Auf das Risiko der tatsächlichen Dehier-

---

[98] Leibniz: Unvorgreiffliche Gedancken, § 41–48; vgl. Sigrid von der Schulenburg:
Leibniz als Sprachforscher, Frankfurt a. M. 1973, S. 115ff.

[99] Vgl. die Statistik von Leonard Forster: ›Charlataneria eruditorum‹ zwischen Barock
und Aufklärung in Deutschland, in: Res Publica Litteraria, S. 220; die meisten
Schriften zum Thema *charlataneria eruditorum* erscheinen zwischen 1700 und 1730
mit einem Schwerpunkt um 1718 und den häufigsten Erscheinungorten Leipzig,
Wittenberg, Jena und Halle.

[100] Vgl. Rieger: Speichern/Merken; Kittler: Über romantische Datenverarbeitung, in:
Die Aktualität der Frühromantik, hrsg. v. Ernst Behler u. Jochen Hörisch, München
1987.

[101] Vgl. Forster: ›Charlataneria eruditorum‹, S. 207; Forster beschreibt etwa Johann
Adam Bernhards *Kurzgefaßte Curieuse Historie derer Gelehrten* (Frankfurt a. M.: 1718)
als »verwilderten Zettelkasten«.

archisierung und Instabilität des Archivs reagiert das System der Wissenschaft mit einer moralisch-programmatischen Regulation des Archivars.[102] In einer Zeit des Übergangs, in der archivarische Orientierungskriterien verloren gehen und alles wichtig bzw. unwichtig sein kann, treten an die Stelle der Archivordnung Maßregelungen des Ethos und der Verantwortung des Organisierenden. Während Kant das »von selbst« seiner logischen Einteilung behaupten kann, bezieht die Struktur einer hierarchielosen Organisation des Wissens ihre Legitimität aus den sententiösen Verweisen auf die Kontingenz von Ordnung.[103]

In seinen *Freymüthigen, Lustigen und Ernsthafften, jedoch Vernunfft= und Gesetzmäßigen Gedancken oder Monats=Gesprächen über allerhand, fürnehmlich aber Neue Bücher* feiert Christian Thomasius 1688 das Erscheinen von Morhofs *Polyhistor*.[104] Allerdings wendet er Morhofs *Polyhistoren* selbst gegen die reine Anhäufung von Gelehrsamkeit. In seiner Rezension verteidigt er ihn gegen die häufig genannte »Pedanterey und Unwissenheit« der »gravitaetischen Gelahrtheit«, die er in der Gleichzeitigkeit des barocken Wissenssystems und deren Widerspiegelung in den universitären Institutionen sieht. Im Unterschied aber zur Aufklärung etwa von Wolff, der die wissenschaftlichen Disziplinen nach dem cartesianischen Ideal neu durchstrukturieren wird, hält Thomasius an dem polyhistorischen Archiv des Wissens fest und versucht, die Selektionskriterien gesellschaftlich für den Nutzen des Einzelnen zu wenden. Thomasius' »politische Praxis«[105] ist der Versuch, als oberste Wissensmaxime weder die theologisch-philosophische Erkenntnis noch die rein rational-funktionale Analyse anzusetzen, sondern ihren Gebrauch »zur Erlangung der wahren Glückseligkeit und Abwendung der Unglückseligkeit anderer Menschen«[106]. Einerseits sagt er sich von der kontemplativen Wissensorganisation und ihrem Wahrheitsbegriff der *adaequatio* los und andererseits sieht er in der rationalistischen Reduktion der Polyhistorie, die kein lebensweltliches Wissen mehr zuläßt, einen neuen Despotismus heraufkommen. Zwischen Barock und Aufklärung, der menschlich-möglichen Teilhabe am göttlichen Wissen in der Topik und dem

---

[102] Vgl. Luhmanns These zur Steigerung von moralischen Vorgaben als gesellschaftliche Reaktion auf Instabilität: Soziologie des Risikos, Berlin 1991; zur Beschreibung der Geschichte des Barockromans als Krisengeschichte vgl. Voßkamp: Romantheorie in Deutschland. Von Martin Opitz bis Friedrich von Blanckenburg, Stuttgart 1973.

[103] Jean-François Lyotard hat diesen Zustand für die Postmoderne beschrieben; Lyotard: Beantwortung der Frage: Was ist postmodern?, in: Postmoderne und Dekonstruktion, hrsg. v. Peter Engelmann, Stuttgart 1990, S. 48, 33; Lyotards Beschreibung des »postmodernen Wissens« sieht sich mit den gleichen »moralischen« Forderungen nach dem »Pflicht« des »Intellektuellen« zu einer Reduktion auf eine »gemeinsame Sprache« konfrontiert. Auffällig ist auch das Auftauchen von moralischen Selbstkontrollen im unkontrollierbaren Internet als »cyber patrols« und »Netiquetten«.

[104] Christian Thomasius: Monatsgespräche, Faksimile d. Ausg. Halle 1690, Frankfurt: a. M.: 1972, Bd. II, S. 273f.

[105] Schmidt-Biggemann: Topica Universalis, S. 274ff.

[106] Thomasius: Cautelae circa praecognita jurisprudentiae in unsum auditorii Thomasiani, Halle 1710, Deutsche Ausgabe 1729, I, 32, S. 9.

Vermögen der subjektiv-analytischen Erkenntnis, erscheint ihm der praktisch-gesellschaftliche Einzelwille als die einzig traditionsverbürgende Möglichkeit, das Wissen materialorientiert neu zu ordnen: »Und dannenhero, weil zwey einander entgegen gesetzte Dinge auf gleiche Art beurtheilet werden müssen, so muss man die Weisheit, oder die wahre Gelehrsamkeit und den Ursprung derselben nicht im Verstande, sondern in dem Willen suchen, ob sie gleich in dem Verstande ihre Würckungen hat.«[107]

In der *Einleitung zur Hoff-Philosophie, Oder / Kurtzer Entwurff und die ersten Linien von der Klugheit zu Bedencken und vernünfftig zu schliessen / Worbey die Mittel-Strasse, wie man unter den Vorurtheilen der Cartesianer / und ungereimten Grillen der Peripatetischen Männer / die Wahrheit finden soll / gezeigt wird* (1712) ist Thomasius bemüht, zu zeigen wie die »Freyheit [...] seinen Meinungen nachzugehen« nicht automatisch »Unruhen an die Hand gibt«, da sie »weder eine neue Secte in das gemeine Wesen einzuführen noch mit geschwindem Zuplatzen das Alte aus der Republik zu schaffen vornimmt.«[108] Zur Zeit einer eklektizistischen Unsicherheit des Archivs, in der das Primat der Wortwissenschaften aufgrund fehlender Ordnungskraft in Zweifel steht, bezieht Thomasius sich auf die politisch-strategische Klugheitslehre und vor allem ihr Kommunikationsideal als Instrument einer neuen Selektion und Urteilsfindung.[109] Die höfische Klugheitslehre, die trotz ihrem wichtigsten Theoretiker im 17. Jahrhundert, Baltasar Gracián (1601–1658), in der philosophisch-systematischen Erkenntnisordnung nur eine beigeordnete Rolle spielt,[110] wird für Thomasius zur zentralen Organisationsform von Wissen, um nicht rationalistisch – wie etwa in Descartes' Versuch einer Voraussetzungslosigkeit – auf die Unsicherheitssituation des Archivs zu reagieren. Erst die spätere Uminterpretation des babylonischen Sündenfalls in eine Heils- und Fortschrittsgeschichte – wie etwa bei Johann Peter Süßmilch (*Die göttliche Ordnung in den Veränderungen des menschlichen Geschlechts [...]*: 1741), Johann Georg Hamann und Johann Gottfried Herder – wird die Grundlage für die Verzeitlichung der Kategorien und den späteren Fortschrittsmythos eröffnen. Diese neue Ordnung, welche die kommunikationsorientierte

---

[107] Ebd. I, 52, S. 13.
[108] Thomasius: Einleitung zur Hoff-Philosophie, Leipzig 1712, I, § 92, S. 51f; zu Thomaius' Spannung zwischen polyhistorischem Eklektizismus und frühaufklärerischem Selbstdenken vgl. Michael Albrecht: Thomasius – kein Eklektiker?, in: Christian Thomasius. Interpretationen zu Werk und Wirkung, hrsg. v. Werner Schneiders, Hamburg 1989; Schmidt-Biggemann: Theodizee und Tatsachen, Frankfurt a. M. 1988, S. 205–208; zur Einführung des Deutschen als Universitätssprache vgl. Weimar: Geschichte der deutschen Literaturwissenschaft, S. 30f.
[109] Vgl. Merio Scattola: Die Klugheit in der praktischen Philosophie, in: Christian Thomasius; neue Forschungen im Kontext der Frühaufklärung, hrsg. v. Friedrich Vollhardt, Tübingen 1997, S. 350–356.
[110] Baltasar Gracián: Handorakel und Kunst der Weltklugheit (1647), übers. v. Arthur Schopenhauer, Stuttgart 1992; zur Aktualität der Klugheitslehre in postmodernen Zeiten vgl. Militia contra malicia, Akademie Schloß Solitude (Hg.), Berlin: 1995.

Anordnung der Daten zugunsten ihrer historischen Verzeitlichung aufgibt, diskreditiert dann schließlich die Klugheit wieder zu einer untergeordneten Partikularität.[111]

In der Beobachtung der Epoche des »Spätbarock« oder des »Vorklassizismus« herrscht immer noch Joseph von Eichendorffs Diktum über die Romane des 17. Jahrhunderts als »poetische, gewissermaßen toll gewordene Realenzyklopädien«[112] vor. Die Situation des Wissens wird bis zum Beginn der klassischen Epoche als »Sündenfall«[113] des Gelehrtenstandes gesehen. Ist das Wissen des Gelehrten entweder an die Theologie oder – wie im Falle der Sprachgesellschaften – an die Nation gebunden, so besteht der Sündenfall in der Dehierachisierung, die keine größere Ordnung als Grenze des Archivs zu nutzen weiß.[114] Das ausgehende 17. Jahrhundert wird als warnendes Chaos begriffen. Erinnerungswürdig sind deshalb die »Heroen«, die aus diesem Dilemma »herausgeführt« haben und »Wegbereiter« der späteren deutschen »Kulturblüte« werden. Martin Opitzens *Buch von der Deutschen Poeterey* (1624), Justus Georg Schottels *Ausführliche Arbeit von der teutschen Haubtsprache* (1663) oder Georg Philipp Harsdörffers *Poetischer Trichter [...] in VI. Stunden einzugiessen* (1647– 1653) bilden die Fixpunkte[115] in diesem Archiv der Unordnung, weil sie entweder ermöglichen, eine Geschichte und Tradition der »reinen« deutschen Sprache bzw. Ordnung rückwärtig aufzunehmen oder auf eine kommende Reinheit dieser Sprache bzw. Ordnung zu verweisen. Die Beschreibung und Rekonstruktion einer instabilen Situation kann aus der Sichtweise des modernen Archivs nur auf die Bildung solcher Linien vertrauen.[116] In gewisser Weise

---

[111] Vgl. Schmidt-Biggemann: Polyhistorie und geschichtliche Bildung. Die Verzeitlichung der Polyhistorie im 18. Jahrhundert, in: Wissenschaft und Nation, hrsg. v. Jürgen Fohrmann u. Wilhelm Voßkamp, München 1991, S. 50, ff; vgl. Kant: Grundlegung zur Metaphysik der Sitten, Bd. IV, Anm. S. 415, K pV, S. 127.

[112] Joseph von Eichendorff: Geschichte der poetischen Literatur Deutschlands (1857), Neue Gesamtausgabe, München 1958, Bd. 4, S. 102.

[113] Fohrmann: Das Bild des 17. Jahrhunderts in der Literaturgeschichte nach 1848, in: Europäische Barock-Rezeption, hrsg. v. Klaus Garber, Wiesbaden 1991, S. 586f.

[114] Zur Organisation von Texten durch das Einsetzen und Betonen der Grenze Transzendenz/Immanenz vgl. Fohrmann: Textzugänge. Über Text und Kontext, in: Scientia Poetica. Jahrbuch für Geschichte der Literatur und der Wissenschaften, Bd 1/1997, S. 216f.

[115] Vgl. Klaus Garber: Martin Opitz – »der Vater der deutschen Dichtung«. Eine kritische Studie zur Wissenschaftsgeschichte der Germanistik, Stuttgart 1976, S. 18; Hans-Jürgen Schings beschließt seinen Artikel ›Groß genug von Sinn. Martin Opitz, Vater der wahren deutschen Dichtkunst‹ (FAZ 20/12/97) mit dem Zitat von Friedrich Gundolf, daß Opitz »die Flucht des deutschen Geistes aus der europäischen Bildung« verhindert habe.

[116] Vgl. Barner: Über das Negieren von Tradition. Zur Typologie literaturprogrammatischer Epochenschwellen in Deutschland, in: Poetik und Hermeneutik XII. Epochenschwelle und Epochenbewußtsein, hrsg. v. Reinhart Herzog u. Reinhart Koselleck, München 1986, S. 3–51; Koselleck: Das achtzehnte Jahrhundert als Beginn der Neuzeit, S. 269–282; Koselleck: Vergangene Zukunft – Zur Semantik geschichtlicher Zeiten, Frankfurt a. M. 1979; zur Genese der Neuzeit durch die Eröffnung der zeitli-

existiert so die Übergangsphase zwischen Barock und Aufklärung nur im Spiegel ihrer eigenen anekdotischen Kritik. Die Epochenschwelle, die für das moderne Archiv selbst nicht beobachtbar ist, kann deshalb nur als Anekdote in den Blick integriert werden.

Die Geschichte des Archivs im 20. Jahrhundert knüpft an die Grundhaltung der kritischen Aufklärung an. In Anlehnung an Nietzsches Ausführungen zum Verhältnis von identitätsbildendem Rahmen als gemeinsamer »Horizontbildung« und der Notwendigkeit, die Daten dem Gebrauch durch ein »aktives Vergessen« gefügig zu machen,[117] muß Jan Assmann für eine Theorie der Kultur als Gedächtnisraum zwei Modi des Archivs behaupten:

> Unter dem Begriff des kulturellen Gedächtnisses fassen wir den jeder Gesellschaft und jeder Epoche eigentümlichen Bestand an Wiedergebrauchs-Texten, -Bildern und -Riten zusammen, in deren »Pflege« sie ihr Selbstbild stabilisiert und vermittelt, ein kollektiv geteiltes Wissen vorzugsweise (aber nicht ausschließlich) über die Vergangenheit, auf das eine Gruppe ihr Bewußtsein von Einheit und Eigenart stützt.[118]

Das Archiv besteht zunächst aus einer Unmenge an Material, das selbst nicht unabhängig von den jeweiligen historischen Aprioris wahrgenommen werden kann. Der zweite Modus ist die aktuelle Perspektive auf dieses Material im Gebrauch der Gemeinschaft. Die jeweilig aktualisierte Fassung des Archivs kann aber nur durch die Konstruktion einer historischen Epoche als Differenz wahrgenommen werden. Die Definition eines kollektiven Gedächtnisses hat folglich zur Aufgabe, zugleich Identität und Abweichung registrieren und so eine lineare Geschichte des Archivs erzählen zu können. Damit bleibt es aber in der modernen Konstruktion des materialbereitstellenden und -begrenzenden Gedächtnisses als reiner *copia*-Raum befangen.

Wenn sich auch die Wissensorganisation der Perfektibilität – das heißt der Anhäufung des Wissens in diesem figurativen Rahmen – seit dem Zerbröckeln des Fortschrittsoptimismus in den 70er Jahren des 20. Jahrhunderts zunehmend in eine zyklische Theorie der Verschiebung und Erneuerung des gesamten Systems zu transformieren scheint, so bleibt die Meta-Erzählung der jeweiligen Paradigmawechsel bisher doch an die sprunglose, geschichtliche Konstitution der Perfektibilität gebunden. Da das Anwachsen der Komplexität des Wissens gemessen anhand von Selbstdifferenzierung des Systems Wissenschaft ein exponentielles ist, kann die Regulierung desselben nicht mehr linear begriffen werden – es sei denn, daß die Überkapazität langfristig auf ein Nullwachstum

---

chen Räume und ihrer Projektion vgl. S. 19f. u. der dazu notwendigen Auflösung des *historia magistra vitae*-Topos vgl. S. 38f.

[117] Nietzsche: Unzeitgemäße Betrachtungen II: Vom Nutzen und Nachteil der Historie für das Leben, Bd. 1, S. 243ff.

[118] Jan Assmann/Tonio Hölscher (Hg.): Kultur und Gedächtnis, Frankfurt a. M. 1988, S. 15.

zusteuert. Zuwächse werden sich vielmehr überhaupt nur noch durch die Gleichschaltung von Paradigmen und Reorganisation des Ganzen in disparaten Teilen beschreiben lassen.[119] Ausdifferenzierung findet dann nicht mehr nach dem Gesetz der Spezifikation statt, sondern durch die Selbstorganisation und Struktur des Wissens. Das Modell der unstrukturierten Daten, ihres dynamischen Zuwachses, der Ansicht nach Zugriff und Gebrauch in schlechter oder guter Absicht, das Versprechen und der Mehrwert des modernen Archivs, die Gesamtheit des Wissens gedanklich verfügbar zu ordnen, wird zunehmend überführt in ein Kontextualitätskonzept, das die kulturellen Daten in ihrer Genealogie sieht.[120] Wie das barocke Wissensmodell an der eigenen Statik gegenüber der Fülle der sinnlichen Daten gescheitert ist, so scheitert das moderne Archiv an der eigenen Homogenität, die es den Daten ansehen muß: die Überformung schlägt in Selbstkomplexität zurück. Das Versprechen der Rettung[121] des einzelnen Moments durch das Archiv ist es, das die Rekursivität der sich selbst beinhaltenden Konstruktion bis zu dem Augenblick gesteigert hat, wo kein Denken des Außen mehr möglich ist.[122] Der Beobachter von Welt findet sich selbst beobachtet. Die Aneignung von Welt wird zum Verhängnis – oder wie Theodor W. Adorno es formuliert hat: »Die Aufklärung verhält sich zu den Dingen wie der Diktator zu den Menschen. Er kennt sie, insofern er sie manipulieren kann.«[123] Das korrespondierende Wissensmodell der Klugheit und der List, mit dem Thomasius sowohl gegen die theologisch-barocke Hierarchie als auch gegen die Errichtung eines neuen Zentrums der logischen *ratio* angeht, gibt deshalb vielleicht eine Antwort auf die Frage nach der Möglichkeit eines kommunikativen Wissens,[124] das im Unterschied zur »kommunikativen Vernunft«[125] nicht nur eine diskursive Mediation zwischen widerstreitenden, handelnden Subjekten leisten, sondern Grundlage einer horizontalen Kommunikation sein soll. Oder wie Thomasius es ausdrückt: so daß die »innere Rede«

---

[119] Vgl. Gernot Böhme: Am Ende des Baconschen Zeitalters. Studien zur Wissenschaftsentwicklung, Frankfurt a.M. 1993, S. 476ff.

[120] Vgl. Hartmut Böhme/Gernot Böhme: Feuer, Erde, Wasser, Luft: eine Kulturgeschichte der Elemente, München 1996, S. 19; interessant ist, daß diese Geschichte der Elemente ethisch motiviert ist.

[121] Vgl. James Clifford: Über ethnographische Autorität, in: Kultur, soziale Praxis, Text, hrsg. v. Eberhard Berg u. Martin Fuchs, Frankfurt a.M. 1995, S. 223.

[122] Vgl. Derrida: Dem Archiv verschrieben, S. 25; vgl. Foucault: Von der Subversion des Wissens, hrsg. v. Walter Seiter, Frankfurt a.M. 1987, S. 46–68.

[123] Theodor W. Adorno/Max Horkheimer: Die Dialektik der Aufklärung, Frankfurt a.M. 1988, S. 15.

[124] Zur Einführung der Kommunikation in die Ordnung des Wissens vgl. Norbert Bolz: Am Ende der Gutenberg-Galaxis. Die neuen Kommunikationsverhältnisse, München 1993, S. 13f; zur Öffentlichkeit des Wissens durch das aufkommende Zeitschriftenwesen im letzten Drittel des 17. Jahrhunderts u. Thomasius' *Monatsgesprächen* vgl. Jürgen Habermas: Strukturwandel der Öffentlichkeit, Frankfurt a.M. 1992, S. 83ff.

[125] Habermas: Theorie des kommunikativen Handelns, Frankfurt a.M. 1981.

des Denkens erst die Möglichkeit seiner »äußerlichen« »präsupponiert«[126].
Vielheit ist dann nicht ein Problem des äußeren Materials, an dessen Synthetisierung sich das Denken stabilisiert, sondern ein Moment des strukturierenden Denkens selbst, das sich nicht mehr in der Einheit eines urteilenden Subjekts, sondern in der Struktur der Kommunikation gründen muß.

---

[126] Thomasius: Von der Kunst vernünfftig und tugendhaft zu lieben. Als dem einzigen Mittel zu einem glückseligen, galanten und vergnügten Leben zu gelangen, oder Einleitung zur Sittenlehre, Halle 1692, S. 89.

II. Aufklärung als Selektion

Souveränität durch Intension

Als Christian Thomasius 1687 die erste deutsche Vorlesung in Leipzig mit dem Titel *Welcher Gestalt man denen Frantzosen in gemeinem Leben und Wandel nachahmen solle?* ankündigt, ist er mit dieser Provokation bemüht, in die Welt der Gelehrtenstände durch die beiden Pole seiner Philosophie *Naturrecht* und *Glücksmoral* eine Wiederbelebung der *gaya scientia*-Tradition mit der Reformation der deutschen Universität einzuführen.[1] Zwar gab es Anfang des 16. Jahrhunderts schon einige deutschsprachige Vorlesungen, etwa 1526 von Paracelsus,[2] aber gerade im 17. Jahrhundert ist die Lateingrenze zum wichtigsten Merkmal von Gelehrsamkeit geworden. Das als »teutsch Programma an das lateinische schwartze Bret«[3] angeschlagene Collegium basiert auf Graciáns *Oraculo manual, y arte de prudencia*, in Thomasius' Übersetzung *Grund=Reguln / Vernünfftig / klug und artig zu leben.*

Graciáns 300 Aphorismen der praktischen Lebensführung, die sein Freund und Gönner D. Vincenzio Juan de Lastanosa 1647 aus seinen im Stil des italienischen *conceptismo*[4] geschriebenen Traktaten *Héroe* (1637), *Político* (1640), *Discreto* (1646) und wahrscheinlich auch aus den geplanten *Atento* und *Galante* herausgezogen hatte, sind nicht nur eine Art Führer für die Selbstbehauptung des Einzelnen in höfischen Kommunikationszusammenhängen. Sie legen vielmehr eine ästhetische Grundhaltung als Reaktion auf die Instabilität der gesellschaftlichen Ordnung dar.[5] Nicht nur die Praxiologie und der Bezug auf reale

---

[1] Vgl. Ernst Bloch: Christian Thomasius, ein deutscher Gelehrter ohne Misere, Frankfurt a. M. 1967, S. 62ff.
[2] Vgl. Richard Hodermann: Universitätsvorlesungen in deutscher Sprache um die Wende des 17. Jahrhundert. Eine sprachgeschichtliche Abhandlung, o. O. o. J.
[3] Thomasius: D. Melchiors von Osses Testament gegen Hertzog Augusto Churfürsten zu Sachsen. Zum Gebrauch des Thomasischen Auditorii, Halle 1717, S. 250ff.
[4] Zum Programm des *conceptismo* vgl. das Einleitungskapitel des Traktats *Discreto* (1646).
[5] Vgl. Gerhart Schröder: Logos und List. Zur Entwicklung der Ästhetik in der frühen Neuzeit, Königstein 1985, S. 93–149; zur ästhetischen Reaktion auf den Verlust der theologischen Ordnung vgl. Maria Moog-Grünewald: Tassos Leid – Zum Ursprung moderner Dichtung, in: Arcadia, hrsg v. Erwin Koppen, Bd. 21 (1986); die beste Darstellung der frühen Gelehrtenkritik bei Gracián sowie ihrer Entfaltung in der Unterscheidung von Geschmack und Gelehrsamkeit liegt immer noch vor mit Karl Borinski: Baltasar Gracián und die Hofliteratur in Deutschland, Halle 1894.

Vorbilder bilden den Schwerpunkt seines Schreibens, sondern vor allem die Art und Weise, wie unsystematisches Erfahrungswissen gewonnen und aufbereitet werden kann. Schon Niccoló Machiavellis *Il Principe* (1513) unterscheidet sich dadurch von anderen Fürstenspiegeln seiner Zeit, daß für ihn neben der Aufstellung von Regeln zur Erlangung und zum Erhalt der Herrschaft eine Reflexion über das Gedächtnis dieses Wissens entscheidend ist. In der Widmung des *Principe* formuliert Machiavelli deshalb die eigene Position des Schreibens, die seinen Lebensweg bestimmt hat, als Beobachter der verschiedenen Lager: »[...] so muß man Herrscher sein, um das Wesen der Völker zu durchschauen, und man muß ein Mann des Volks sein, um das Wesen der Herrscher zu erkennen.«[6] Machiavellis Theorie der Macht gründet sich auf die Beherrschung von Medien durch die Differenz von repräsentativem Schein und pragmatischem Handeln. Parallel ist die höfische Doppelung der wechselseitigen Beobachtung in Ästhetik als Haltung und Aisthesis als Wahrnehmung[7] für Gracián die Grundlegung seiner mikropolitischen Moral. Ziel dieser weltmännischen Anleitung ist es, in einem kriegsähnlichen Zustand der Meinungen und Handlungen, in dem der andere nicht mehr deutlich zu erkennen ist, seine eigenen kommunikativen Ein- und Ausgänge souverän zu überwachen – ähnlich dem Fürsten, der als einziger die verschieden gekrümmten Zufahrten zu seinem Schloß gleichzeitig überblicken kann. Solche Komplexität konnte nur ein schreibender Fürst wie Anton Ulrich Herzog zu Braunschweig und Lüneburg in seinem fünf Bände umfassenden Roman *Die durchleuchtige Syrerin Aramena* (1669–1673) dem wissenden Leser zumuten, welcher deshalb letztlich auch aus der höfischen Gesellschaft stammen mußte. Christian Weises melancholischer Held *Bertumnus* in *Die unvergnügte Seele* (1688), der dieses *personal management* der höfischen Klugheit nicht mehr ertragen kann, formuliert deshalb seine empfindsame Sehnsucht nach einer unverstellten Welt vorausschauend in das 18. Jahrhundert auf den Rat des Cavalliers *Alamode* – »Und dessentwegen bricht mir wohl kein Bein entzwei, wenn die Freunde böse sein« – als Ablehnung des strategischen Verhaltens: »Ich habe ein zart Gewissen, ich kann so nicht denken.«[8] Diese Absetzung gegen die höfische Kommunikation mündet in der Mitte des 18. Jahrhundert in das Belauschen der unverstellten Natur und dem Berauschen an Naturphantasien, die nicht mehr in einer Utopie des Universalwissens gipfeln, sondern, wie in dem diese Gattung prägenden Roman *Insel Felsenburg* (1731) von Johann Gottfried Schnabel, ein ursprüngliches Wis-

---

[6] Niccoló Machiavelli: Der Fürst, übers. u. hrsg. v. Rudolf Zorn, Stuttgart 1978, S. 2; vgl. Horst Wenzel: Hören und Sehen/Schrift und Bild. Kultur und Gedächtnis im Mittelalter, München 1995, S. 25.

[7] Zur Aisthesis-Tradition vgl. Wolfgang Welsch: Ästhetisches Denken, Stuttgart 1990.

[8] Christian Weise: Die unvergnügte Seele, in: Aus der Frühzeit der Deutschen Aufklärung. Christian Thomasius und Christian Weise, hrsg. v. Fritz Brüggemann, Darmstadt 1966, S. 199.

sen zum Ziel haben, das abseits von individueller Rücksichtslosigkeit die Bildung einer neuen Gemeinschaft ermöglichen soll.

Die Kommunikationssituation, in die Gracián hinein seine Klugheitslehre entwirft, ist die der höfischen Verstellung,[9] welche Thomasius noch in den *Monatsgesprächen* zeichnen kann, wenn der satirische Disput zwischen vier Postkutschenreisenden, Christoph, dem lebenskundigen Kaufmann, Augustin, dem in der großen Welt erfahrenen Kavalier, Benedict, dem gründlichen Gelehrten, und David, dem in Vorurteilen befangenen Pedant, auf die Frage nach politischen Büchern kommt: Sie werden als unnütz abgetan, weil die Klugheit des Privatmanns dem Arkanum des Fürsten immer unterlegen sei. Da es unmöglich ist, »von anderer Leute Gedancken und Absehen aus ihren Actionibus« zu schließen, kann es sogar gefährlich sein, vor »hohen Häuptern, die lange Arme haben, frey und auffrichtig zu schreiben [...], weil Fürsten und Herren ja sowohl menschlicher Schwachheit unterworfen sind, als andere Leute [...].«[10] Bezeichnender Weise endet der politische Diskurs in einem »beschneiten Ende«. Weil der Kutscher eingeschlafen ist, stürzen die vier Reisenden in den Schnee, als Benedict die Dezemberausgabe der *Actis Eruditorum* vorschlagen will, die von Otto Mencke ab 1682 nach dem Vorbild des Pariser *Journal des Savants* herausgegebene Gelehrtenzeitschrift. Thomasius hatte in Leipzig von 1669 bis 1674 Metaphysik bei Valentin Alberti und Politik bei Mencke studiert.

War Machiavelli in seiner zyklischen Geschichtskonzeption davon überzeugt, daß *fortuna* die Menschen zu einem Spielball macht und nicht zu bezwingen ist, sondern Erfolg nur durch das Aufdecken der *occasione* in der Kombination mit der Tatkraft der *virtù* zustande kommen kann,[11] also sich einer List des Moments verdankt, so versucht auch Gracián, die grundsätzliche Verstellung der Kommunikation nicht aufzuheben, sondern mit ihr als »kluger Höflichkeit« umzugehen, ihre Kraft zu nutzen: § 274 »Anziehungskraft besitzen – sie ist ein Zauber kluger Höflichkeit.« Gracián formuliert eine Ökonomie der Zeichen und Gesten, bei der die Schwierigkeit wie bei einer Kriegskunst[12] darin besteht, den anderen in die eigene Strategie einzubeziehen. Da es keine Möglichkeit gibt, direkten Einfluß auf die Umstände auszuüben, noch sich aus

---

[9] Vgl. Ursula Geitner: Die Sprache der Verstellung. Studien zum rhetorischen und anthropologischen Wissen im 17. und 18. Jahrhundert, Tübingen 1992.

[10] Thomasius: Monatsgespräche, Bd. 1, Januarius 1688, S. 110.

[11] Vgl. Joachim Schlobach: Zyklentheorie und Epochenmetaphorik. Studien zur bildlichen Sprache der Geschichtsreflexion in Frankreich von der Renaissance bis zur Frühaufklärung, München 1980, S. 62; Schlobach zeigt überzeugend, daß die Fortschrittsgeschichte des 18. Jh. nicht die Folge unmittelbar säkularisierter christlicher Eschatologie ist, sondern die antiken Zyklentheorien bei den Humanisten gegen die Verfallsgeschichten des späten Mittelalters gerichtet sind, um überhaupt das Selbstbewußtsein einer neuen Zeit einläuten zu können.

[12] Zur »Verhöflichung des Krieges« vgl. Norbert Elias: Über den Prozeß der Zivilisation: Soziogenetische und psychogenetische Untersuchungen, Bern 1969, S. 351ff.

den Umständen herauszuhalten, bleibt nur die Beobachtung des Beobachtet-werdens zur Gewinnung des kommunikativen Wissens übrig. Die Interaktion von dem, was an der eigenen Schnittstelle importiert und verändert exportiert und wieder importiert wird, ist der Gegenstand des Wissens der höfischen Klugheitslehre. Klugheit bedeutet deshalb vor allem, Einsicht in die eigene Situation der subjektiven Perspektive zu haben:

> Narren sind alle, die es scheinen, und die Hälfte derer, die es nicht scheinen. Die Narrheit ist mit der Welt davongelaufen; und gibt es noch einige Weisheit, so ist sie die Torheit vor der himmlischen. Jedoch ist der größte Narr, wer es nicht zu sein glaubt und alle anderen dafür erklärt. Um weise zu sein, reicht nicht hin, daß man es scheine, am wenigsten sich selber. Der weiß, daß er nicht denkt, daß er wisse, und der sieht nicht, der nicht sieht, daß die anderen sehen. Und obschon die Welt voll Narren ist, so ist keiner darunter, der es von sich selbst dächte, ja nur argwöhne.[13]

Graciáns Haltungs- und Kommunikationskunst ist ein subversiver Kampf für das Gute ohne Waffen, eine Rhetorik, die mit den Mitteln der Rhetorik zuletzt nicht nur rhetorische, sondern auch aufklärerische Ziele verfolgt – *militia contra malicia*. Das Motiv von den *Streitern des Herrn*, das Paulus im *Brief an die Epheser* entwirft – »Nehmt den Helm des Heils und das Schwert des Geistes, das ist das Wort Gottes.« (6,17) – wurde bis dahin oft für die mittelalterlichen Kreuz-züge als Rechtfertigung herangezogen. Erst in Erasmus' *Handbüchlein des christ-lichen Soldaten* (lat. Antwerpen: 1503, dt. Basel: 1520) wird gegen diese weltli-che Natur der Waffen vor allem wieder Gebet und Bibelkenntnis empfohlen. Wie Graciáns strategischer Spannungsbogen zwischen einem solchen christ-lichen Wertekodex und einer Verhaltenslehre der Kälte und der Distanz[14] auf-gezogen ist, zeigt vor allem der paradoxe letzte Aphorismus, der den *conceptismo* seinem widersprüchlichen Höhepunkt zuführt: »Mit einem Wort: ein Heiliger sein, und damit ist alles auf einmal gesagt.«[15] War im merkantilen Bereich der Neuzeit der Kapitalismus als Antwort gedacht, die unterschiedlichen Interessen des erstarkenden bürgerlichen Einzelnen durch ein Konkurrenzsystem zu regu-lieren,[16] so sollte die Klugheitslehre die Beförderung des neuen Selbstverständ-nisses des Einzelnen in der hierarchischen Situation des Fürstenhofes als zivili-

---

[13] Gracián: Handorakel, § 201; zum Verhältnis von Graciáns Klugheitslehre und den klassischen Kriegstheorien vgl. Mario Perniola: Militia sine malitia, in: Klugheits-lehre: Militia contra malicia, S. 128–140; zum entscheidungstheoretischen Problem-lösungsansatz von Graciáns *conceptismo* vgl. Dirk Bäcker: Themen und Konzepte einer Klugheitslehre, in: ebd, S. 54–70.

[14] Vgl. Helmut Lethen: Verhaltenslehren der Kälte: Lebensversuche zwischen den Krie-gen, Frankfurt a. M. 1994, S. 55ff.

[15] Vgl. Hans Blumenberg: Die Lesbarkeit der Welt, Frankfurt a. M. 1981, S. 109.

[16] Vgl. Albert O. Hirschmann: Leidenschaften und Interessen: Politische Begründung des Kapitalismus vor seinem Sieg, Frankfurt a. M. 1980; zur dazu nötigen Ersetzung der theologischen *providentia* durch die bürgerliche *fortuna* vgl. Wolfgang Zorn: Hu-manismus und Wirtschaftsleben nördlich der Alpen, in: Humanismus und Ökono-mie, hrsg. v. Heinrich Lutz, Weinheim 1983, S. 31–60.

sierte Konkurrenz ermöglichen. Bei Machiavelli etwa läßt sich der Übergang von Pico della Mirandolas (1463–1494) humanistischer Konzeption der Person als Alles-sein-Können zum appetitiven Alles-haben-Wollen beobachten. Aus der Statik des *summum bonum* der scholastischen Theologie ist die Dynamik des *summum maximum* des modernen Kapitalismus geworden.[17] Eines der zentralen Themen der Klugheitslehre neben den moralischen Schlußfolgerungen und Verhaltensanweisungen aufgrund der neuen Karrieremöglichkeiten ist deshalb die Frage nach dem Umgang mit Kontingenz. Klug wird man aus der Fähigkeit zur Selbstbeobachtung und aus der Beobachtung von Fremdbeobachtung – was man selber nicht beobachten kann – und dem Wissen, daß der eigene Mikrokosmos des Verstandes an der Schnittstelle zu den anderen aufhört. Deshalb ist es nicht mehr nur entscheidend, Rhetorik betreiben zu können, sondern die Kunst »Winke zu verstehen wissen« oder besser »erraten muß man können« (§ 25), um sich im vielgestaltigen Netz der Meinungen zu bewegen: »Denken wie die Wenigsten und reden wie die Meisten.« (§ 43)

Die Struktur der gedanklichen Ordnung der Graciánschen Regeln ist es, zugleich Anschluß an alle bestehenden Zeichenfelder und Diskurse zu behalten und die Vorsicht und schweigsame Gründlichkeit als das Intensive der eigenen Meinung gegen die aufzehrende Extension von Welt zu setzen. Gleichwohl besteht der Fürst, die Hofart, die Gemeinheit, die Lüge, das Gerücht und der Ruf.[18] Zu alle dem muß man sich verhalten, alles das muß aufrecht erhalten werden, das Zentrum der Klugheit aber ist die Geistesgegenwart. Es werden zwei Spiele gespielt: die höfische Zeremonie der Zeichen[19] und die Bewegung zwischen diesen Zeichen. Lebt der Bürger des 18. Jahrhunderts in der Spannung von öffentlich und privat, in welcher der äußere Besitz der Grundlegung des Rechts zugeordnet ist, der natürliche Körper des Bürgers aber zum inneren Besitz gehört, so ist der Körper in der absolutistischen Staatsauffassung gleichzeitig natürlicher und rechtlicher Körper. Der Besitz des bürgerlichen Körpers durch den Fürsten ist die natürliche Existenz als *status civilis*. In der Doppelung des Körpers, die nur im Fürsten selbst aufgehoben ist, stehen sich nicht Natur und Zivilisation gegenüber, sondern zwei sich bedingende künstliche Welten. Der absolutistische Körper ist das beinahe surrealistische Moment, daß der Fürst seine Bürger ist und sich dadurch die kultivierte Situation am Hof für

---

[17] Vgl. Max Weber: Die protestantische Ethik und der Geist des Kapitalismus, in: ders.: Gesammelte Aufsätze zur Religionssoziologie, Tübingen 1947, S. 30ff.
[18] Urszene aller Rhetorik ist Gorgias' Rettung von Helenas Ruf. Die Macht der Rede eröffnet einen Raum, welcher der physischen Macht gleichkommt: »Im selben Verhältnis steht die Wirkkraft der Rede zur Ordnung der Seele wie das Arrangement von Drogen zur körperlichen Konstitution.« Frg. [14], Lobpreis der Helena, hrsg. v. Thomas Buchheim, Hamburg 1966.
[19] Vgl. Horst Wenzel (Hg.): Höfische Repräsentation. Das Zeremoniell und die Zeichen, Tübingen 1990.

den Einzelnen erst ergibt.[20] Die Maximen der Klugheit werden deshalb in der
Konfrontation der Bestimmtheit der höfischen Begriffe mit der Unbestimmt-
heit und der Kontingenz der höfischen Welt, aus der sie hervorgegangen sind,
gewonnen. Klugheit bedeutet, in der Wechselwirkung von Erkennen und Wollen »vom Versehen Gebrauch zu machen wissen« (§ 73), was in der Spannung
von Extension und Intension als Unübersetzbares sichtbar wird. Das Wissen
der Klugheit, das dort operiert, wo die theologisch-scholastische Mikro- und
Makrokosmos auseinandergebrochen sind, ist ein Wissen der Eleganz, eine intellektuelle Reaktion auf die Verweltlichung des Denkens. Es ist geschmeidig,
flexibel, anpassungsfähig, gerade weil es den Supersignifikanten des Fürsten
gleichzeitig bestehen läßt und umgeht[21] und stattdessen vor allem die Gemeinschaft der konkurrierenden Höflinge adressiert. Das Wissen der Klugheit ist
zugleich ein kluges Wissen, da es sich nur in der Spannung von Ästhetik und
Aisthesis, Haltung und Beobachtung, ordnet:

> Die eine Hälfte der Welt lacht über die andere, und Narren sind alle. Jedes ist gut
> und jedes ist schlecht, wie es die Stimmen wollen. Was dieser wünscht, haßt jener.
> Ein unerträglicher Narr ist, wer alles nach seinen Begriffen ordnen will. Nicht von
> einem Beifall allein hängen die Vollkommenheiten ab. So viele Sinne als Köpfe, und
> so verschieden. Es gibt keinen Fehler, der nicht seinen Liebhaber fände, auch dürfen
> wir nicht den Mut verlieren, wenn unsere Sachen einigen nicht gefallen; denn andere
> werden nicht ausbleiben, die sie zu schätzen wissen; aber auch über den Beifall dieser
> darf man nicht eitel werden, denn wieder andere werden sie verwerfen. [...] Man lebt
> nicht von einer Stimme, noch von einer Mode, noch von einem Jahrhundert. (§ 101)

Jede bestimmte Regel, die zu einer konkreten Handlung führen soll, – und
das ist das Strukturprinzip des *conceptismo* – findet auch ihre Gegenregel. Die
Graciánsche Konzeption der Klugheit besteht also nicht nur in einer Ansamm-
lung von erfahrungsorientierten Regeln, sondern in einem Verweissystem von
paradoxen Anweisungen, das den Leser – zuweilen auch durch die Ratverwei-
gerung – zur Navigation zwingen soll und dadurch vom Ratsuchenden zum
Sich-selbst-Ratgebenden emanzipiert. Durch dieses System der verschlungenen
Hinweise versucht der Graciánsche Text in gewisser Weise, die höfische Kommunikation abzubilden, um die Klugheit als ein Vermögen der Beobachtung
erfahrbar zu lehren. Sie legt damit auch eine gewisse situative Gleichheit der
Höflinge in ihrer – sich von der extensiven Vielheit der Welt distanzierender –
Intension nahe, ohne ein allgemeines, gleichgestelltes Subjekt behaupten zu
müssen. Als Theorie eines nötigen individuellen Selbstverständnisses jenseits

---

[20] Vgl. Reinhardt Brandt: Das Titelblatt des Leviathan, in: Thomas Hobbes, Leviathan
oder Stoff, Form und Gewalt eines bürgerlichen und kirchlichen Staates, hrsg. v.
Wolfgang Kerstin, Berlin 1996, S. 35ff; zur symbolischen Funktion des Führers in
Hierarchien als Verantwortungsreduktion vgl. Dirk Baecker: Postheroisches Management, Berlin 1994, S. 31.
[21] Vgl. Slavoj Zizek: Die Pest der Phantasmen, Wien 1998, S. 127–143.

des reinen Funktionszusammenhangs am Hof bereitet sie damit aber die Grundlegung einer Zivilgemeinschaft vor.

Bevor Thomasius 1697 in Anlehnung an Hugo Grotius' (1625) und Samuel Pufendorfs (1672) sein berühmtes Universitätsprogramm formuliert, das Philosophie und Theologie erstmals streng trennt,[22] beginnt seine Laufbahn etwa zehn Jahre früher mit jener spektakulären deutschsprachigen Auslegung von Graciáns *Handorakel*. Die Berufung auf den »Persönlichkeitskult eines Gracián« ist aber keine Verlegenheitsgeste oder Übergangslösung, wie Conrad Wiedemann zu deuten versucht hat.[23] Vielmehr stellt die Bezugnahme auf die höfisch-aufklärerische Tradition der Klugheitslehre von Anfang an nicht nur die rückwärtige Abgrenzung gegen die autoritätshörige Wissenschaft des Barock dar, sondern ist gleichzeitig eine Kritik an dem aufkommenden Rationalismus der staatsorientierten Aufklärung, an ihrem zunehmenden Innerlichkeitsverständnis und ihren Naturprojektionen, wie sie ab 1724 mit Gottsched in Leipzig endgültig Fuß fassen. Thomasius' Ablehnung des Zusammendenkens von Naturrecht und dem sich anbahnenden Denken des »Standes der Unschuld«[24] ist noch stark motiviert vom Kommunikationsmodell der höfischen Verstellung. Der *utilitas,* dem Nützlichkeitsdenken der Frühaufklärung, ist bei Thomasius immer noch das *decorum,* das Zeremonielle der höfischen Adressierung, eingeschrieben: Er besteigt im »Modekleid mit Degen und zierlichem Gehänge« das Katheder.[25] Das ist nicht nur eine verspielte Geste, sondern trägt der Künstlichkeit und sozialen Kontingenz aller Bildung Rechnung. Dem vorangegangen ist sein Bruch mit dem Pietismus, dessen Seelen- und Empfindungsreichtum im – gegen die Äußerlichkeit von Welt gerichteten – Persönlichkeitsverständnis die spätere staatsbürgerliche Aufklärung in Deutschland überhaupt erst möglich machte.[26] Erst mit der kritischen Aufklärung Kants versteht sich die Philosophie aller Seelen- und Zahlenmystik, etwa der jüdischen Kabbala, entgegengesetzt und unterscheidet deutlich zwischen einem empirischen, der funktionalen Welt unterworfen, und transzendentalen, also

---

[22] Thomasius' Leistung innerhalb der Geschichte der Philosophie als Naturrechtler wird vor allem in der Differenzierung von *consilium,* dem Bereich der Moral, und *imperium,* dem Bereich des Rechts, gesehen, das Thomasius auf seine Positivität reduziert; vgl. Christoph Bühler: Die Naturrechtslehre und Christian Thomasius (1655–1728), Regensburg 1991, S. 31ff.

[23] Wiedemann: Polyhistors Glück und Ende, S. 226.

[24] Thomasius: Diskurs von der Freiheit der itzigen Zeiten gegen die vorigen, in: Aus der Frühzeit der Deutschen Aufklärung, S. 25; 1685 hatte Thomasius in seiner Schrift *De crimine bigamiae* zu zeigen versucht, daß sich die Pflicht zur Einehe nicht schlüssig aus dem Naturrecht folgern lasse. Eine solche Diskussion gehört für ihn nicht in den Bereich des *imperium.*

[25] Brüggemann: Aus der Frühzeit der Deutschen Aufklärung, S. 11.

[26] Zum Beitrag der Geheimgesellschaften zur grundlegenden Kategorie des Privaten in der bürgerlichen Aufklärung vgl. Habermas: Strukturwandel, S. 96f.

prinzipiell freien, Subjekt.[27] Bis zur Jahrhundertwende war Thomasius eng befreundet mit dem bedeutenden Vertreter des Pietismus, August Hermann Franke, der 1692 ebenfalls nach Halle übersiedelte. Thomasius selbst hatte sich dem *Enthusiasmus* zugewandt, einer radikalen mystischen Strömung, die der Aufklärung in der Umwertung der Ketzergeschichte gleich war. Gottfried Arnolds Werk *Die unparteiische Kirchen und Ketzerhistorie* (1699–1700) hielt Thomasius für das »nützlichste Buch nächst der Bibel«, dessen Wirkungsgeschichte sich bis zu den Schriften der *Sturm und Drang*-Zeit verfolgen läßt.[28] In seinem Traktat *Vom Wesen des Geistes* (1699), die den Höhe- und Endpunkt seiner Koalition von Aufklärung und Pietismus bildet, knüpft Thomasius an den Naturmystizismus des 16. Jahrhunderts – etwa eines Agrippa von Nettesheim oder Theophrastus Paracelsus – an und verbindet die Stränge des Neuplatonimus und der Kabbala mit einer innerlichen Frömmigkeit, die John Locke 1689 in seinem Kapitel *Über die Schwärmerei* aus dem *Versuch über den menschlichen Verstand* ironisch als das »innere Licht« bezeichnet.[29] Die Gesten des *decorum* und der politischen Klugheit zeigen Thomasius in seinem Ideal des Weltmanns jedoch mehr als einen höfischen Aufklärer im Sinne Graciáns als einen bürgerlich-empfindsamen. Wenn Ernst Bloch mit der moralisch freisprechenden Bezeichnung des »deutschen Gelehrten ohne Misere« Thomasius in die Reihe der intellektuellen Helden der politischen Vernunft des 18. Jahrhunderts stellen will, dann übersieht er, daß für Thomasius das höfische Interaktionsmodell maßgeblich bleibt.[30] Das Archiv der Klugheit denkt das *signum* der Dinge allein von der Kommunikation und ihren Adressaten her. Natur, auch als innere, ist für Thomasius noch nicht mit Wahrheit verknüpft:

> Ja die Seele selbst kann sich ohne Zutuung anderer Menschen so zu sagen nicht forthelfen. Und wir erkennen wohl, daß sie bei denen kleinen Kindern etwas tun müsse; aber ehe sie reden oder zum wenigstens anderer Menschen Reden verstehen, können wir nicht sagen, daß sie so gedenken, weil wir oben behauptet, daß die Gedanken in einer innerlichen Rede bestehen, welche innerliche Rede eine äußerliche praesupponieret. / Dieweil aber die äußerliche Rede eine Anzeige ist der Gedanken anderer Menschen, so folget daraus notwendig, daß die Kinder erst begreifen, was andere Menschen von den Wesen der Dinge gedenken, ehe sie selbst davon etwas zu reden gedenken, oder daß in der zarten Jugend die Gedanken der Kinder von dem Wesen der Dinge sich nach denen Gedanken anderer Menschen richten.[31]

---

[27] Vgl. Kant: Antikaballa. Ein Fragment der gemeinen Philosophie, die Gemeinschaft mit der Geisterwelt aufzuheben, Werke, Bd. II, S. 342ff.

[28] Brüggemann: Aus der Frühzeit der Deutschen Aufklärung, Einleitung; vgl. Stephan Buchholz: Historia Contentionis inter Imperium et Sacerdotium/Kirchengeschichte in der Sicht von Christian Thomasius und Gottfried Arnold, in: Christian Thomasius (Vollhardt), S. 165–178.

[29] John Locke: Versuch über den menschlichen Verstand, hrsg. v. Reinhard Brandt, Hamburg 1981, Bd. 2, S. 409f.

[30] Vgl. auch Thomasiana, hrsg. v. Gertrud Schubart-Fikentscher u. Rolf Lieberwirth, Martin-Luther-Universität, Heft 1, Weimar 1953, Einleitung, S. 9f.

[31] Brüggemann: Aus der Frühzeit der Deutschen Aufklärung, De Praejudiciis oder Von

Thomasius stellt sich gegen die Versuche, die zu Beginn des 18. Jahrhunderts populär werden, an einem »Menschen, der in der Wildnis von der Geburt an, auch in die 20. Jahr sich aufgehalten und daselbst unter den wilden Tieren gelebt hätte«, eine ursprüngliche Wahrheit jenseits von gesellschaftlicher Konvention zu erwarten, auf deren Unerreichbarkeit sich das Archiv des 18. Jahrhunderts gründet. Auf die klassische Frage der Metaphysik »Was ist das?« gibt es für ihn nur die Antwort eines anderen Menschen. Ohne von anderen Menschen »angefeuret« bringt die »Seele in Erkenntnis der Wahrheit« höchstens »merkliche Würkungen« zustande, weil die Menschen eben nicht von Natur aus im Unterschied zu den »Bestien« ein Wissen haben, was ihnen schädlich und was ihnen nützlich ist. Das Wissen des Menschen ergibt sich allein aus dem Unterschied des Wesens und der *signa* der Dinge, welche in der Sozialität gebildet werden. Denken ist das Vermögen, »Konzepte vor sich selbst von anderen Konzepten durch gewisse Zeichen zu entscheiden«[32]. Das Nachdenken über mögliche *principiis moralibus connatis* ist für Thomasius deshalb ein sinnloses Unterfangen, weil allein die Kommunikation die Termini determiniert, die zum *subjecto* und *praedicatio* notwendig sind. Einerseits verweist Thomasius schon auf die Figur des gesellschaftsorientierten Philosophen des 18. Jahrhunderts, der sich das eigene politische Urteil zutraut. Andererseits operiert er ohne den Supersignifikanten Natur, der das Archiv der Sehnsucht steuert, wie im gesellschaftlichen Zeichensystem die bürgerliche Kommunikation ihn als das Transzendente von Kultur setzt.[33] Selbst im philosophischen System Hegels bleibt Natur das große Andere, von dem die Logik nicht mehr als einem lesbaren Buch, sondern als »entfremdetem Geist« ausgeht, einem gerade aufgrund der Heraufkunft der Naturwissenschaften verschlossenen Buch, dessen Rätselhaftigkeit Hegel als den notwendigen Supersignifikanten der Logik zum Programm erheben muß: »Und in all diesem Reichtum der Erkenntnis kann uns die Frage von neuem kommen oder erst entstehen: Was ist die Natur? Sie bleibt ein Problem.«[34]

Für Thomasius ist aber ebenso die Kontroverse des 17. Jahrhunderts zwischen Absolutismus und aufgeklärtem Absolutismus von Jean Bodin (1529–

---

den Vorurteilen, S. 33; der Titel des zusammengestellten Auszugs u.a. aus der *Vernunftlehre* stammt von Brüggemann und soll an Thomasius' *Lectiones de praejudiciis* anklingen; vgl. Werner Schneiders: Aufklärung und Vorurteilskritik: Studien zur Geschichte der Vorurteilstheorie, Stuttgart 1983, S. 93.

[32] Ebd. S. 33f.

[33] Vgl. Bruno Latour: Wir sind nie modern gewesen. Versuch einer symmetrischen Anthropologie, a. d. Franz. v. Gustav Roßler, Frankfurt a.M. 1998, S. 97; »Aus der Asymmetrie zwischen Natur und Kultur wird damit eine Asymmetrie zwischen Vergangenheit und Zukunft. [...] Demnach resultiert die moderne Zeitlichkeit aus einer Überlagerung der Differenz zwischen Vergangenheit und Zukunft mit jener anderen, weit wichtigeren Differenz zwischen Vermittlung und Reinigung.«

[34] Hegel: Enzyklopädie, S. 12; zum Übergang der Lesbarkeit der Natur nicht mehr in Buchstaben, sondern in symbolischer Formelsprache bei Galilei (1623) *Ubi materia, ibi geometria* vgl. Raible: Die Semiotik der Textgestalt, S. 21.

1596), Hugo Grotius (1583–1645), Thomas Hobbes und Samuel Pufendorf
(1632–1694) um die Dignität – die *majestas*[35] – des Supersignifikanten Fürst
keine entscheidende Frage mehr, weil für ihn die Grundlage des Gemeinwesens
schon in der Unhintergehbarkeit der Individuen und ihrer Bemächtigung der
emanzipierenden Sprache besteht.[36] Diese zeichnet sich aber nicht durch die
Innerlichkeit des Privaten aus, sondern gründet in einer kommunikativen Beziehung nach dem Muster höfischer Interaktion, in der das Verhältnis von »König« und »Ratgeber«, von Wille und Verstand in jedem Einzelnen redupliziert
wird. Das Modell des Fürstenhofs, in welchem der Einzelne in die Hierarchie
zwischen Zentrum und Peripherie eingespannt war, wird erst durch die Ver-
tragstheorie abgelöst, die – bei J.-J. Rousseau am deutlichsten ausgedrückt –
den in der Totalität des Bürgerlichen sich aufspannenden Antagonismus von
Natur und Kultur voraussetzt. Für Thomasius aber kann nur die soziale Interaktion ordnungsgebend sein, die an die Stelle der autoritären Wissensordnung
des Barock treten soll, bevor sie als Öffentlichkeit in die Spannung der Ordnung von Staat und Natur eingebettet wird. Thomasius geht deshalb in seinem
Denken der Frage nach, was geschieht mit der »Liebe zu Gott«, mit der Gesamtheit der auf Gott oder einem weltlichen Substitut hingeordneten Kommunikation, die über diesen Supersignifikanten gesteuert wurde, wenn er aus der
Mitte der Kommunikation entfernt wird. Und er verweigert zugleich die Antwort des 18. Jahrhunderts darauf, wenn er die Sittlichkeit der Beziehungen
stiftenden Liebe höher als die Ordnung des Rechts ansetzt.

Wie alle Skeptiker diagnostiziert er das Elend seiner Zeit in der Todsünde
der Selbstliebe, welche die Entfaltung einer symmetrischen Kommunikation
behindert. In seinen Schriften zur Lehre über mögliche Vorurteile unterscheidet
er die »unvernünftige Liebe gegen andere Menschen«, die das *praejudicium auto-*
ritatis zur Folge hat, und die »unvernünftige Selbstliebe«, die das *praejudicium*
praecipitantiae zur Folge hat.[37] In allen Gemeinschaften konstatiert er die Abwesenheit von gleichstellender »Liebe«: Die »Eheliche Gesellschaft« ist »bestia-
lisch«, weil sie meistens der Beförderung des Geldes oder der Belustigung
dient; die »Väterliche Gesellschaft« ist entweder eine »Affenliebe« oder wie zu
Leibeigenen; die »Gesellschaft der Herrschaft und des Gesindes« stellt sich
nicht einmal mehr der Frage, die Seneca noch ernsthaft diskutiert: »An Servus
Domino possit dare beneficum?« Und die Intrigen der »Bürgerlichen Gesellschaft« vermag Thomasius gar nicht auszudrücken: »So ist demnach anstatt

---

[35] Vgl. Jean Bodin: Sechs Bücher über den Staat, 2 Bde, übers. u. m. Anm. vers. v.
Bernd Wimmer, eingl. u. hrsg. v. P. C. Mayer-Tasch, München 1987, Kap. 10, Die
wahren Merkmale der Souveränität.
[36] Vgl. Carl Schmitt: Die Diktatur, Berlin 1994, S. 32; Thomasius: Institutionum Jurisprudentiae divinae, Halle 1708, 1, III, Kap. VI, § 126.
[37] Brüggemann: Aus der Frühzeit der Deutschen Aufklärung, S. 46; vgl. Thomasius:
Ausübung der Sittenlehre, S. 19.

menschlicher Glückseligkeit überall Unglück. Elend bei den Regenten, Elend bei den Lehrern, Elend bei den Hausvätern, Elend bei Hofe, Elend in der Kirche, Elend im Hause und auf dem Lande, ja überall und an allen Orten Elend.«[38] Das »Elend« aller Kommunikationsgemeinschaften entsteht aus einer Asymmetrie ergebenden Anordnung von falscher Liebe und Vorurteilen. »Gott ist es nicht«, so betont Thomasius wiederholt, seine Liebe stellt kein Problem mehr dar. Sondern die Konstellation der einzelnen Kommunikationsakte untereinander und die Beobachtung dieser Kommunikation durch den Einzelnen befinden sich in einem grundsätzlichen Widerspruch. Die Verwirrung des Einzelnen im Übergang von einer ständisch ausgerichteten Gesellschaft zu einer bürgerlich-funktionalen ist die Frage nach dem neuen Verhältnis von »König« und »Ratgeber«. Wer ist was? Führt der erkennende Verstand den appetitiven Willen oder muß der »gute« Wille den Verstand erst zur Erkenntnis bringen? Hatte Graciáns Klugheitslehre unter der Bedingung des Fürsten die innere Rede in ein stabiles Verhältnis zur äußeren Rede zu bringen versucht, so hat es Thomasius mit dem Zentrum des »Unglücks« der Einzelnen, unabhängig von ihrer Position innerhalb der kommunikativen Ordnung, mit der »Unruhe des Gemüts« zu tun. Thomasius' Utopie ist es, ein Archiv des zirkulierenden Wissens zu begründen, aufgrund dessen alle mit allen ohne Vorurteile und ohne Zwang reden können:

> Da keine Gesellschaft ohne Liebe sein sollte, aber wohl ohne Befehl und Zwang sein könnte, aber da zum wenigsten der Zwang sollte der Liebe an die Hand gehen, kehret es sich in unsern Gesellschaften umb, indem die liebreiche Gleichheit in allen Gesellschaften unterdrückt wird, und eines über das andere mit Gewalt zu herrschen trachtet, auch vergnügt ist, wenn es von anderen gehaßt wird, wenn es sich nur für ihm fürchtet.[39]

Die geforderte Umverteilung der »Liebe« ist eine Absage an das Monopol der zentralisierten Kommunikationsordnung. Wenn aber die kommunikative Verstellung am säkularisierten Hof des ehemaligen Reiches als Sonne oder Mond, Kaiser oder Papst, sich in jedem Einzelnen spiegelt, dann bedeutet die Feststellung der falschen Fremd- und Eigenliebe als Ursache der Vorurteile oder des Nichtmiteinanderredenkönnens, daß der Einzelne, wie von Gracián gefordert, seine kommunikativen Schnittstellen nicht kontrollieren kann. »Die Unruhe des Gemüts« ist das Nichtbeherrschen der verschiedenen Rollen, welche die höfische Interaktion nötig machte. Während Souveränität im höfischen Modell sich auf Herrschaftswissen gründete, soll die Öffnung dieses Wissens für alle auf je verschiedene Weise eine neue Form der Souveränität des Einzelnen be-

---

[38] Ebd. S. 48; Zur Tradition der Hausväterliteratur und ihrer Kommunikationsordnung zwischen 1600 und 1800 vgl. Otto Brunner: Adliges Landleben und europäischer Geist. Leben und Werk Wolf Helmhards von Hohberg, Darmstadt 1949.
[39] Ebd. S. 46.

gründen, die gerade die Abhängigkeit von anderen als bezogene »Liebe« positiv
zu denken versucht. Während in der Antike sich das Wollen des Erkannten aus dem Erkennen
selbst ergab, weil die Welt als vom Logos grundsätzlich durchwoben gedacht
wurde, so treten mit der Betonung des Einzelnen in der Moderne Wille und
Verstand auseinander. Das faustische Drängen ist die Tragödie, in der die Einsichtigkeit dem Gewollten stets hinterherläuft. Die Verwirrung des Einzelnen
besteht also darin, daß man sich »den Verstand als einen König des Willens
oder den Willen als einen König des Verstandes vorstellen will.« Die Grundlage der Formulierung dieser Beobachtung bildet bereits der Wille. So wie für
Kant später das Recht erst die Begrenzung herstellt, in der sich die beziehende
»Liebe« entfalten kann und der Wille in der Transzendentalphilosophie an seine
formalen Bedingungen gebunden und im Gesamtgefüge des Staates institutio-
nalisiert ist. Gedacht werden kann, was man von dieser Grundlage her denken
wollen kann. Thomasius zielt hingegen in eine andere Richtung, als die »Unruhe des Gemüts« in einer größeren Ordnung aufzuheben: »Der Mangel ver-
nünftiger Liebe aber saget nicht mehr als eine Beraubung der Bewegung, welche, wenn sie nicht mit einer andern Bewegung vergesellschaftet wäre, den
Willen des Menschen, ja den Menschen selbst gänzlich vernichtigen würde.«[40]

Die frei gewordenen Kräfte des Einzelnen, die zwischen »Ungeduld« und
»Nachahmung« hin und her wanken, suchen sich in der Mobilität der Gesellschaft ihren Ausdruck. Dem Sprichwort »Veränderung bringet Lust« sieht Thomasius eine »ganz andere Deutung gegeben«: »Schwarz auf Weiß belustigt das
Gesichte mehr als Schwarz und Braun oder Grau und Weiß«, »je tiefer man in
dem Gesange fället und je höher man steiget, je mehr gefället es den Ohren«,
»die gewürzten, süßen, sauren, ekelen [Speisen] werden als große Delikatessen
gehalten«, dabei der, der »auf der Post fortfähret und wachet, wird es fast nicht
gewahr, wenn aus Nacht Tag wird, und hat kein solches Vergnügen, als wenn
er bei Nacht eingeschlafen und bei hellem Tag wieder aufwacht.«[41] Thomasius
kritisiert die neue Geschwindigkeit der Zeit als ihre Entdifferenzierung. Die
ehemalige Geschichte der Fürsten scheint zur Geschichte der Untertanen zu
werden: »Wie der König ist, so sind die Untertanen.« Der Einzelne ist über
seine Rolle dem Fürsten und nicht dem Individuum zugewandt. Um die an
den Zentralsignifikanten gebannte Kommunikation für alle zu öffnen, fordert
Thomasius die »Erfindung einer wohlgegründeten und für das gemeine Wesen
höchstnötigen Wissenschaft / Das Verborgene des Herzens anderer Menschen
auch wider ihren Willen aus der täglichen Konversation zu erkennen«.[42] Zusammen mit seiner Vorurteilslehre wird diese »Erfindung«, welche die »tägli-

---

[40] Ebd. S. 51.
[41] Ebd. S. 55.
[42] Ebd. Schreiben an Friedrich III., Kurfürst von Brandenburg zu Neujahr 1692, S. 62.

che Konversation« zum Zentrum des Archiv des Wissens machen soll, der entscheidende Schritt zur Formulierung einer *Politischen Klugheitslehre* – mit dem Ziel, eine nicht-institutionalisierte Möglichkeit zur Selbstaufklärung der Bürger zu leisten.

Thomasius' aufklärerische Vorurteilstheorie im Übergang von der höfischen zur bürgerlichen Welt hat deswegen nicht nur ihren Anwendungsbereich in der Politik oder Ethik, bei welchen es vor allem um die Autonomie des Verstandes in Bezug zu »falschen« Autoritäten oder »falschen« Affekten geht, sondern in der Logik.[43] Ein Vorurteil zu haben, bedeutet nämlich zunächst einmal eine Störung der Erkenntnisfähigkeit. Sowohl im scholastischen Wissensbetrieb als auch in der Meinungsbildung des Einzelnen bezieht sich seine Vorurteilskritik deshalb auf die Fähigkeit zur Unterbrechung und Kritik von Tradition. Denn erkenntnistheoretisch betrachtet ist ein Vorurteil für Thomasius' praktische Logik ein Informationsproblem. Seine Vorurteilstheorie zielt gleichzeitig auf die hierarchischen Informationsquellen der scholastischen Universität und auf die moderne »Neuerungssucht« der naturwissenschaftlich orientierten Aufklärung ab. Vorurteile sind für Thomasius eine Form der Übereilung. Sie unterscheiden sich von Urteilen nicht dadurch, daß die einen falsch und die anderen wahr sind, sondern durch ihr Zustandekommen. Skepsis ist für ihn ein Vermögen der Unterbrechung von tradierten Informationsautoritäten, Kritik ein Vermögen, verschiedene Informationsquellen zu differenzieren und zu selektieren, und das kluge Urteil schließlich ist ein Vermögen, sich selbst in Beziehung zu dem Wissen zu setzen, das letztendlich praktische Anwendung finden soll. Während sich die Vorurteilsarten bei Thomasius vor allem um Informationsdefizite wie »Übereilung«, »Nachahmung«, »Ungeduld«, »übermäßiges Vertrauen« oder »Mißtrauen« gruppieren und damit immer auch ein Kommunikationsproblem formulieren, fokussiert die zweite Generation der aufklärerischen Vorurteilstheoretiker um Christian Wolff vor allem das Problem der wissenschaftlichen Autorität und der logischen Methode eines Urteils.[44] Für Thomasius zeigen Vorurteile Asymmetrien in der Kommunikationsordnung an, während sich die Vorurteilstheorie der späteren Aufklärung um die Sachgemäßheit eines Urteils zentriert. Da Vorurteile als Kommunikationsprobleme immer auch die soziale Dimension einschließen, gibt es für Thomasius somit nicht nur Informationsdefizite des Verstandes, sondern auch des Willens. »Ungeduld« und »Nachahmung« als Vorurteile des Willens und »Übereilung« und »Autorität« als Vorurteile des Verstandes verhalten sich deshalb sogar wie Ursache und Wirkung, so daß eine bessere Information des Verstandes eben nicht nur durch eine sachgerechte Methode, sondern letztlich nur durch eine breitere Kommunikation, also durch die Auf-

---

[43] Vgl. Schneiders: Aufklärung und Vorurteilskritik, S. 92–121.
[44] Vgl. Schneiders: Aufklärung und Vorurteilskritik, Tabellen der Vorurteilsarten, S. 335f.

nahme der »täglichen Konversation« in das Archiv des Wissens, gewährleistet ist. Wissen, auch logisches, ist für Thomasius immer soziales Wissen. Deswegen betont er bereits in seinem frühen philosophischen Entwurf einer praktischen Logik, der *Introductio ad Philosophicam aulicam* (1688), einerseits die Berechtigung des cartesianischen Zweifels als Voraussetzung des subjektiven Denkens, aber formuliert andererseits auch hier schon die Kritik an der Methodik dieses Zweifels. Denn jedes Urteil ist zu einer bestimmten Zeit ein Vorurteil. Das Zustandekommen eines Urteils als Kriterium für seine Richtigkeit sieht Thomasius in erster Linie kommunikationstheoretisch und nicht methodisch fundiert.

Die Karriere der Klugheitslehre im 17. Jahrhundert, die mit Thomasius erstmals aus der höfischen Arkanus-Literatur[45] in eine publizistisch basierte Öffentlichkeit tritt und dadurch eine wesentlich breitere kommunikative Grundlage als etwa Regeln einer praktischen Klugheit oder der Regierungskunst erhält, hat ihren historischen Grund in der zunehmenden Bedeutung der praktischen Philosophie in der frühen Neuzeit.[46] In der *Nikomachischen Ethik* unterscheidet Aristoteles noch fünf Grundhaltungen des Geistes – *habitus intellectuales*: »praktisches Können, wissenschaftliche Erkenntnis, sittliche Einsicht, philosophische Weisheit und intuitiver Verstand«.[47] Die *scientia* beschäftigt sich mit dem Bereich des Seins, der aufgrund seiner erkennbaren Notwendigkeit ewig besteht. Der Gegenstand der *scientia* ist deshalb auch überliefer- und erlernbar. Der Bereich außerhalb der *scientia* ist der Veränderung unterworfen. Hier trennen sich die Bereiche in »die Möglichkeit des Hervorbringens und des Handelns«. Die *ars* ist ein praktisches Können, ein nichtmitteilbares Erfahrungswissen, dessen Gegenstand die Hervorbringung und nicht ein in sich selbst notwendig Daseiendes ist. Im Bereich der Handlungen ist die sittliche Einsicht die Fähigkeit, richtige Überlegung mit der Möglichkeit zu ihrer Ausführung zu kombinieren: »mit richtigem Planen verbundene, zur Grundhaltung verfestigte Fähigkeit des Handelns«. Mit der Nennung von Perikles (500–429) als einem politischen Träger dieses Wissens geht Aristoteles sogar noch auf eine Bestimmung der *Phronesis* (Klugheit, Einsicht) zurück, die vor Platons Ordnung der *Phronesis* mit der Ideenlehre als *Sophrosyne* (Besonnenheit) im Verbund des Staates liegt.[48] In der aufsteigenden Hierarchie der *ars, prudentia, scientia, intellectus* und *sapientia* bildet die »sittliche Einsicht« die antike Schnittstelle von Theorie und Praxis. Sie ist damit das entscheidende Leitprin-

---

[45] Vgl. Habermas: Strukturwandel; zur Dialektik der Arkanpraxis vgl. S. 96.

[46] Vgl. Scattola, Merio: ›Prudentia se ipsum et statum suum conservandi‹: Die Klugheit in der praktischen Philosophie der frühen Neuzeit, in: Christian Thomasius (Vollhardt), S. 333–363.

[47] Aristoteles: Nikomachische Ethik, übers. u. kom. v. Franz Dirlmeier, Werke, hrsg. v. Hellmut Flashar, Bd. 6, S. 124, VI, 5, 1140 a-b 30.

[48] Vgl. ebd. Anm. 127,1, S. 450.

zip eines ethisch geglückten Lebens. Gleichzeitig bezeichnet sie aber auch den
Bereich des Seins, der Zufälle und der Handlungen, von dem sich aufgrund
fehlender Gesetzmäßigkeiten keine konsequente Wissenschaft bilden läßt, was
sie besonders für die Bewältigung eines lebensweltlichen Bereichs auszeichnet.
Die antike *prudentia*-Lehre kann im 17. Jahrhundert deshalb zur »Königin
aller menschlichen Handlungen«[49] werden, weil sie in einer Zeit der extremen
konfessionellen und kriegerischen Auseinandersetzungen und dem Ringen der
Stände um Ausdifferenzierung[50] als einzige theoretische Weltbetrachtung die
Fähigkeit lehrt, auf gesellschaftliche Unsicherheiten zu reagieren. Als *ratio status* bildet die Klugheitslehre in der frühen Neuzeit ein hervorragendes Instrument zur Bemächtigung der eigenen Position. Die *prudentia civilis*, das ehemals
vielfältige lebensweltliche Spektrum der Klugheitslehre, wird deshalb im Laufe
des 17. Jahrhundert auch zunehmend eingeengt auf die mit der Gesamtheit
der modernen Politikauffassung und den Fragen nach der Souveränität identifi-
zierten Regierungskunst. Die Hauptmerkmale ihrer Tradition werden so *arcana
imperii, ratio status* und *potentia*. In einer neuzeitlichen Welt der unaufhaltsamen
Entkoppelung von Theorie und Praxis, in der sich die Garantie des göttlichen
Logos – wie sie noch Descartes für den unaufhebbaren Rest der Identifikation
von Subjekt und Welt behaupten muß[51] – in eine Zwei-Welten-Lehre transfor-
miert, beginnt sich auch das Gute vom Nützlichen deutlich zu trennen. Das
christlich interpretierte aristotelische »Streben nach dem/einem Guten« nimmt
spätestens mit Machiavellis *Principe* seinen Ausgang in eine Relation von Zweck
und Mittel. Graciáns Programm des *militia contra malicia* hat deswegen die
Erfahrung des Feldes der Klugheit als einem unsteten und offenen Meer zur
Voraussetzung, das mit der herkömmlichen aristotelischen Unterscheidung von
Theorie und Praxis nicht mehr zu bewältigen ist.[52] Diese lebensweltliche Erfahrung bildet im ausgehenden 17. Jahrhundert auch für Thomasius den Hintergrund für die Frage nach der gesellschaftlich-praktischen Relevanz von Wissen
und der Suche nach einem neuen Ort von Wahrheit jenseits der Büchergelehr-
samkeit. Während die höfische Klugheitslehre aber auf dieses Problem mit

---

[49] Jakob Bornitz: Discursus de prudentia politica comparanda, ed. Johannes Bornitus,
Erphrodiae 1602, Bl. A 9v; zit. n. Scattola: Die Klugheit in der praktischen Philosophie der frühen Neuzeit, S. 335.
[50] Vgl. Rudolf Stichweh: Der frühmoderne Staat und die europäische Universität. Zur
Interaktion von Politik und Erziehungssystem im Prozeß ihrer Ausdifferenzierung,
Frankfurt a. M. 1991.
[51] Vgl. Descartes: Prinzipien der Philosophie, in: Philosophische Werke, übers. u. erl.
v. J. H. v. Kirchmann, Abt. III, Berlin 1870, § 4, S. 4, S. 20, S. 23; Klugheit ist
dementsprechend der Welt der Täuschung und des Zweifels zugeordnet, die sie selbst
nie überwinden, sondern nur vermehren kann.
[52] Zur Metapher des Meeres in der Literatur der Klugheit vgl. Felice Gambin: Conoscenza e prudenza in Balthasar Gracián, in: Filosofia politica II (1987); für die Spät-
humanisten wie Johannes Caselius oder Justus Lipsius konnte die Klugheit eben
deswegen keine Wissenschaft sein; vgl. Scattola: Die Klugheit in der praktischen
Philosophie der frühen Neuzeit, S. 336.

einer Lehre zur Bemächtigung der eigenen Souveränität durch eine dissimulierte Intension reagierte, so wird diese Souveränität des heroischen Willens für eine bürgerliche Klugheitslehre, die auf die »liebreiche Gleichheit« abzielt, gerade zum Problem.

Adressaten einer gelehrten Klugheitslehre

Folgt man der These, daß in der Geschichte des Fortschritts alles Funktionslose zum Inhalt der Ästhetik wird, so dürfte die Entscheidung von Thomasius, dessen Vater Jacob Thomasius (1622–1684) Lehrer Leibnizens und einer der schärfsten Kritiker der Scholastik war, gegen die Eleganz der Knappheit eines mathematischen Beweises und für das Galante der ausschweifenden Rede, seine Suche nach einem »Mittelweg« zwischen der rationalistischen Methode und der polyhistorischen Stoffanhäufung einem kommunikativen Experiment gleichen. Thomasius ist noch nicht der Philosoph der institutionalisierten Öffentlichkeit, der in der Zirkulation der Information im erstarkenden Zeitschriften- und Zeitungswesen wie Hegel einen »Gottesdienst« und später Nietzsche ihn parodierend einen »Götzendienst« prophezeit, sondern der erste Kommunikationstheoretiker, der in dem Ideal einer Rede aller mit allen eine Problemlösung der Materialfülle sieht. Während etwa die Geschichte des Layouts im Zuge einer ökonomisierten Wissensvermittlung vor allem seit der Scholastik[53] bis hin zum digitalen Icon anhand von Rationalisierungen beschrieben wird,[54] müßte man das barocke ausschweifende Layout parallel zu seiner literarischen Stilbildung nicht als das »Verkünstelte«, das im Unterschied zu allem »Klassischen« »unsystematisch« und »nutzlos« ist,[55] zu beschreiben versuchen, sondern vielmehr von seinem netzartigen Kommunikationsideal als ein Ausdruck der »international« ausgerichteten Bildung in der vornationalen Zeit des Manierismus her verstehen.[56] Denn die Umstellungen des Wissensnetzes des Südens, das an sein katholisches Zentrum in Rom gebunden ist, auf das erste bürgerliche Netzwerk im 17. Jahrhundert mit den Zentren Wien, Prag, Basel, Berlin, Hannover, Leipzig, Den Haag, London und Paris stellt das Ausschweifen des Wissens dar, dessen enzyklopädischer Überblick nicht mehr von einem Menschen geleistet werden kann. Daß im Unterschied zu den fleißigen Enzyklopädisten des

---

53 Vgl. Ivan Illich: Im Weinberg des Textes. Als das Schriftbild der Moderne entstand. Ein Kommentar zu Hugos »Didascalicon«, übers. v. Ylva Eriksson-Kuchenbuch, Frankfurt a. M. 1991, S. 33ff.

54 Vgl. Wolfgang Raible: Zur Entwicklung von Alphabetschrift-Systemen, *Is fecit cui prodest*, Heidelberg 1991, S 22.

55 Vgl. Ernst Robert Curtius: Europäische Literatur und lateinisches Mittelalter, Bern/ Zürich 1969.

56 Vgl. Arnold Hauser: Der Manierismus. Die Krise der Renaissance und der Ursprung der modernen Kunst, München 1964.

17. Jahrhunderts die Enzyklopädieprojekte des 18. Jahrhunderts häufig Gruppenprojekte sind, bei denen gerade die Begrenztheit und das Widerstreitende der Einzelnen für die Gruppe wichtig werden und die als Gemeinschaft dann ihre Anordnung in der gemeinsamem historischen Aufgabe gefunden haben, ist ebenso wohl von der Transgressionsbewegung etwa im Festcharakter des 17. Jahrhunderts vorbereitet worden. Wie Gilles Deleuze analysiert hat, ruft die Obsession und Unendlichkeit der Falte in der Malerei und ebenso in der Philosophie des Barock eine Multi*pli*kation oder Verviel*fäl*tigung der Prinzipien hervor.[57] Diese Emanzipation des Details im Barock hat es überhaupt erst möglich gemacht, die Verräumlichung des Archivs durch das Gedächtnis auf die Zirkulation der Daten und die Medien der Neuheit im frühen 18. Jahrhundert umzustellen. Denn eine Kommunikation zu denken, die eine Rede aller mit allen auf Dauer stellt, ist ebenso schwer und hat ihre Genealogie darin, ein Fest zu veranstalten, das sich keinen Alltag mehr entgegensetzt.[58]

Mit der Abgrenzung des Deutschen als »heiter«, »ernst«, »scharfsinnig« einerseits gegen das Französische, dem alle Attribute der galanten Affektion zugeschrieben werden, und andererseits gegen das Lateinische, das der »Pedanterey« der Gelehrtenrepublik zugeordnet wird, entwirft Thomasius in jener berühmt gewordenen Vorlesung über Gracián zwischen den Polen der höfischen und der universitären Rede eine Kommunikationsordnung, die diese beiden exklusiven Orte nicht nur dem interessierten Laien, sondern für jede »Mannsperson« und jedes »Frauenzimmer« öffnen soll, um ihnen einen »guten Verstand« zu geben.[59] Der »gute Verstand« (Deutschland) in Kombination mit dem »schönen Geist« (Frankreich) bedeutet für Thomasius, die Geschichte der Philosophie, die seit Vossius als die Geschichte ihrer »Secten« begriffen wird, auf eine »praktische« Ordnung umzustellen. Zur Überwindung der Differenz von Leben und Gelehrsamkeit benötigt der neue, gemeinschafts- und konversationsorientierte Gelehrte deshalb ebenso die Fähigkeit, »eine Historie zu schreiben als eine Feldschlacht zu ordnen.«[60] Dazu bedarf es eines neuen *judicium*, das neben dem Ortgeben des gefundenen historischen Materials zunächst einmal überhaupt eine Selektion der gesellschaftlichen Wichtigkeit des Stoffs möglich macht. Im Unterschied zur späteren systematischen Aufklärung von Wolff, Baumgarten und Kant nimmt dieses *judicium* bei Thomasius deshalb wesentlich

---

[57] Vgl. Gilles Deleuze: Die Falte: Leibniz und der Barock, Frankfurt a. M. 1996, S. 49ff.
[58] Vgl. Richard Alewyn: Das große Welttheater. Die Epoche der höfischen Feste, München 1985, S. 14.
[59] Thomasius: Christian Thomas Eröffnet der studierenden Jugend zu Leipzig in einem Discours, Welcher Gestalt man denen Frantzosen in gemeinem Leben und Wandel nachahmen solle? ein Collegium des Gratians Grund=Reguln / Vernünftig / klug und artig zu leben, in: Christians Thomasens allerhand bißer publicirte kleine deutsche Schriften. Nebst etlichen Beylagen und einer Vorrede. Gedruckt und verlegt von Christoph Salfelds Witwe und Erben, Leipzig 1707, S. 14, S. 23.
[60] Ebd. S. 42, S. 39.

mehr Elemente der Stoa auf, bei der das kritische Urteil zum ersten Mal die
Funktion hatte, eine eklektizistische Traditionsaneignung zu leisten, das heißt,
vor allem eine frühe Literaturkritik war. Die Rolle des *judicium* in der Konstruktion der Erkenntnis durch die rationalistische Aufklärung ist dagegen
stärker von der scholastischen Einteilung der Logik in *inventio* und *judicium*
beeinflußt, bei der das *judicium*, dem Bereich des syllogistischen Denkens zugeordnet, einen wesentlich analytischen Charakter erhält. Gegen diese Tradition
des formallogischen Urteils setzt Thomasius sich häufig vehement ab, weil sein
Publikum eben nicht mehr ausschließlich Gelehrte sein sollen.

Hatte die höfische Klugheitslehre ihre Adressaten in einer überschaubaren
Teilnehmerzahl von Höflingen, die sich gleich Wettstreitern um den Fürsten
versammelten, und besaßen die barocken Universitäten ihre eigene »von Tinte
umflossene Stadt«[61], wie es 1612 der spanische Diplomat Diego de Saavedra
Fajardo in seiner satirischen Traumvision *República literaria* schreibt, die in hierarchischen Kollegien die Ständeordnung des absolutistischen Staates reprä-
sentierte, so versucht Thomasius erstmalig, ein heterogenes Publikum anzu-
sprechen. Während die Philosophen des späten 18. Jahrhunderts aber unter
Publikum vor allem ein in seiner Sinnlichkeit vernunftbegabtes Subjekt, also
eine durch Bildung homogenisierte Kernperson, verstehen, rekurriert Thomasius mit der Wiederaufnahme der Klugheitslehre für die grenzüberschreitende
Adressierung auf die individuelle Verschiedenheit der Personen und deren
kriegsähnliche Konfliktpotentiale. Der Stil des *conceptismo*, den er bei Gracián
so bewundert, soll schließlich zum Ziel haben, zwischen entgegengesetzten
Ideen in einer »hervorstechenden Übereinstimmung«[62] durch einen Akt des
Geistes – *ingenium* – zu vermitteln. »Geschichte«, »Menschheit«, »Gattung«,
die großen Singulare des 18. Jahrhunderts, sind für Thomasius nicht das Ziel
dieses Ausgleichs. Seine Glückseligkeits- und Geselligkeitskonzeption – die
»Pflicht zur Rede« – sind, im Sinne Norbert Elias' These zur »Verhöflichung
des Krieges«, zur Verhinderung des realen Konflikts Reaktionen auf den Meinungsstreit, ohne diesen in einer größeren Ordnung der Universalität des Meinens und der redefähigen Subjekte aufzuheben.

Die Öffnung der *res publica litteraria*, die mit den deutschen Flugschriften
Martin Luthers ihren Anfang nimmt, ist für die neuen Selektionsverfahren von
Information der entscheidende Umbruch. Denn die Hierarchie zwischen *literati*
und *illiterati* wird durch die nun erst mögliche allgemeine Adressierung in eine
Wechselwirkung gewandelt. Bestand in der Scholastik die *disputatio* aus der
Meinungsfindung der Gelehrten untereinander, die sich dann an die Nichtge-
lehrten wandten, so entsteht durch die zunehmende Kommerzialisierung bzw.
Ausweitung des Buchmarkts und die Aufhebung der Lateingrenze eine Rück-

---

[61] Vgl. Sebastion Neumeister/Conrad Wiedemann (Hg.): Res Publica Litteraria, S. X.
[62] Vgl. Schröder: Logos und List, S. 113.

kopplung der Gelehrtenrepublik an die allgemeine deutschsprachige Leserschaft. »Öffentlichkeit« als Bildungsinstitution wird deshalb später in der Wissensordnung des 18. Jahrhunderts am deutlichsten durch die neue Figur des Redakteurs symbolisiert, der ähnlich der Aufgabe des Genies eine Selektion und Grenzüberschreitung zwischen der *res publica litteraria* und der *res publica politica* zu leisten hat.

Thomasius, der die Öffnung noch nicht an diese Institution knüpft, sieht vor allem die Möglichkeit, in »schriftlichen Handlungen Politik« zu machen.[63] Er empfiehlt der »studierenden und anwachsenden Jugend« zur eigenen Urteilsbildung – oder wie es Morhof schon gefordert hat, um »auctor sui sermonis«[64] zu werden –

solche politische Schrifften / die von den absehen eines grossen Monarchen vernünfftig raisoniren / oder welche kluge und nachdenckliche Consilia geben / wie ein Werck / daraus einem Staat grosse Ersprießligkeit entstehen könnte / es sey zu Kriegs- oder Friedenszeiten / angefangen und vollführet werden solle; oder endlich / welche ihre Obersten Regenten Gerechtigkeiten und Ansprüche scharffsinnig ausführen / und wider diejenige / so selbige darinnen beeinträchtigen wollen / mit unwidertreiblichen Gründen behaupten.[65]

Neben den *consilia*, dem Bereich einer allgemeinen Moral, welcher erst durch Überwindung der Lateingrenze entstehen konnte, gibt es aber eine zweite Adressierung, die direkte Öffentlichkeit erzeugen soll. Thomasius führt den Bereich der Gelehrtenrepublik und den der höfisch-zeremoniellen Öffentlichkeit, den Habermas als die Vorform moderner Öffentlichkeit sieht,[66] zusammen, indem er die »Grossen bey Hoffe« bittet, ihm bei der Schaffung von »anmuthigen« und »nützlichen« Wissenschaften zu helfen, und zugleich den Bereich der Gelehrsamkeit auf alle Menschen auszuweiten versucht: »zu wünschen« wäre / daß alles Volck die Wahrheit lehrete«[67]. Dieses Ziel, daß jeder selbst denke, rede und schreibe, Leser und Autor zugleich werde, ist es, das Thomasius die höfische Welt der konkreten Adressierung und die Universität als Adressierung der gebildeten Schicht zusammen denken läßt. Entscheidend ist, daß hier das »Volck« nicht als Empfänger einer allgemeinen Bildung betrachtet wird, sondern ebenso als »Lehrer« für die Gelehrsamkeit. Denn das macht auch eine grundlegende Veränderung im Selbstverständnis der Gelehrten und im Denken der Wahrheit nötig. Das Projekt der Gelehrten des 18. Jahrhunderts, daß »Aufgeklärte und Nichtaufgeklärte sich die Hand reichen«, wie es im ältesten Systemprogramm des Deutschen Idealismus heißt oder wie Her-

---

63 Vgl. Heinrich Bosse: Die gelehrte Republik, in: »Öffentlichkeit« im 18. Jahrhundert, hrsg. v. Hans-Wolf Jäger, Göttingen 1997, S. 51–76.
64 Daniel Georg Morhof: Polyhistor, Ed. J. A. Frabricius, Lübeck 1732, S. 718.
65 Thomasius: Monatsgespräche, Bd. 1, S. 65.
66 Habermas: Strukturwandel, S. 17.
67 Thomasius: Ausübung der Vernunftlehre, Halle 1691, Reprint 1968, hrsg. v. Werner Schneiders, S. 76.

der es eindrücklicher fordert: »Du Philosoph und du Plebejer! macht einen
Bund um nützlich zu werden«[68], dieses Projekt, das in der Bildung einer
staatsbürgerlichen Kultur endet, versucht Thomasius, allein von der Berechtigung aller Reden und ihrer jeweiligen Wahrheit her zu legitimieren. Die Beherrschung der klugen, individuellen Kommunikationsstrategien, ihre frühe
Psychologie[69] und die Bildung einer allgemeinen politischen Vernunft treten
bei Thomasius nicht in ein Konkurrenzverhältnis. Denn einerseits verfolgt er
die Ausbildung von Spitzenbeamten, die, juristisch und philosophisch geschult,
dem Souverän als Ratgeber beigesellt werden sollen,[70] andererseits erhebt er
die Forderung nach dem Selbstdenken jedes einzelnen, wie sie durch Kant und
Friedrich den Großen später berühmt werden sollte. Die Gleichzeitigkeit von
Fürstenkritik und Fürstenstilisierung liegt zum einen darin begründet, daß er
sich mit den weltlichen Fürsten gegen die theologisch dominierten Universitäten verbünden mußte, zum anderen darin, daß er die Fruchtbarkeit dieser beiden Wissensbereiche, der Politik und der Universität, nur in ihrer gegenseitigen Rückkopplung begründet sieht.

In *Weitere Erleuterung durch unterschiedene Exempel des ohnlängst gethanen Vorschlags wegen der neuen Wissenschaft, Anderer Menschen Gemüther erkennen zu lernen
[...]* (1692) etwa verteidigt er sich auf satirisch-derbe Weise gegen die theologischen Angriffe, er verstünde nichts von Metaphysik, und macht sein eklek-
tizistisches Verfahren als Interventions- und Streitpolitik deutlich.[71] Dazu gehört auch, daß er an der Entstehungsgeschichte eines ökonomischen Studien-
gangs als Fachdisziplin an den preußischen Universitäten beteiligt war.[72] Daß
er seine eigene wissenschaftliche Produktion an die gesellschaftlichen Verhältnisse zurückbindet, wird von Thomasius selbst in einem Wechselgespräch zwischen »Geist« und »Fleisch« mit dem Titel *Vom Zorn und der bitteren Schreibart
wider sich selbst* (1695) reflektiert. Seinem wirkungsästhetischen Programm folgend − »Man muß die Wahrheit alsdenn nicht wegschmeissen / sondern das

---

[68] Johann Gottfried Herder: Frühe Schriften 1764−1772, hrsg. v. U. Gaier, Frankfurt
a. M. 1985, S. 113 u. 124.
[69] Zur Genese der Psychologie aus der Zeremoniellwissenschaft vgl. Thomas Rahn:
Psychologie des Zeremoniells. Affekttheorie und -pragmatik in der Zeremoniellwissenschaft des 18. Jahrhunderts, in: Zeremoniell als höfische Ästhetik in Spätmittelalter und früher Neuzeit, hrsg. v. Jörg Jochen Berns u. Thomas Rahn, Tübingen
1995, S. 74−98.
[70] Vgl. Wolfgang Weber: Zwischen Fürstenabsolutismus und Räteherrschaft. Zur Rolle
der gelehrten Beamten im politischen Denken des Christian Thomasius, in: Christian
Thomasius (Vollhardt), S. 79−97.
[71] Vgl. Rolf Lieberwirth: Die staatstheoretischen und verfassungsrechtlichen Anschauungen von Christian Thomasius und Christian Wolff, in: Arbeiten zur Rechtsgeschichte, hrsg. v. Hans-Wolf Thümmel, Festschrift für Gustav Klemens Schmelzeisen,
Stuttgart 1980, S. 217−226.
[72] Vgl. Gerald Hartung: Die Sorge um eine ›handgreifliche Politic‹ / Thomasius' Interesse an der Ökonomie als Fachdisziplin an preußischen Universitäten, in: Christian
Thomasius (Vollhardt), S. 99−117.

bittere davon tun / und sie lieblich machen.«[73] – setzt er sich, ähnlich den Schreibstilen Nietzsches, mit der eigenen Einsicht in die Rhetorik aller Wahrheit auseinander. Der engagierten Position des »Fleisches«, die der »großen Vernunft des Leibes« bei Nietzsche im Verhältnis zum Verstand gleicht, wirft der »Geist« vor, daß die Stilfigur des Zorns nur rhetorisch geschickt in der emotionalen Anklage die eigene Selbstgerechtigkeit verdeckt. Die Attribute »bittere«, »beißende«, »spitzfindige«, »grobe« und »harte« Wahrheit seien doch nur Ausschmückungen, um nicht mehr logisch argumentieren zu müssen. Der Disput von »Geist« und »Fleisch« verstrickt sich immer stärker in die Paradoxie, daß die Behauptung, jede Wahrheit sei rhetorisch, selbst schon in dieser Rhetorik gefangen sei, daß also jeder Anklage und Kritik schon eine Ermächtigung zu dieser Rede vorausgehen muß und diese Ermächtigung wiederum – hier der »Zorn« – auf einer Verschleierung der eigenen Redeposition beruht. Die Lösung dieses Disputs ist dann auch eine rhetorische, indem das »Fleisch« den »Geist« um Vergebung bittet und Besserung gelobt. Mit dieser Selbstexemplifizierung führt Thomasius eindrücklich vor, wie sich seine Schriften allein von der Wirkung – ihrem kommunikativen »Nutzen« – her situieren und aufbauen. Denn der Leser weiß, daß das »Fleisch« mit diesem Trick den Disput gewonnen hat.

Lies, Beurteile, Versuche, Ändere

Thomasius' Ansprachen an seine Schüler sind immer von einer Doppelstrategie geprägt. Neben dem allgemeinen aufklärerischen Impetus empfiehlt er wiederholt, »politische Dinge unter Fabeln«[74] vorzustellen. Der Nutzen der Poesie besteht für ihn zunächst in der Einkleidung der »nackten« Wahrheit.[75] Das Gegenstück dieser Wirkungsästhetik ist die Literaturkritik. Wie Nietzsche sich in seinen kulturkritischen Diagnosen als »Arzt« verstanden hat, versteht Thomasius seine philosophische Tätigkeit als Beratung. Um »gute und schlimme / kluge und unkluge Bücher von einander entscheiden«[76] zu können, kündigt er ein *Collegium styli* an. Dabei soll es unabhängig von Zeit und Sprache darum

---

[73] Thomasius: Christian Thomasius Ostergedancken / Vom Zorn und der bitteren Schreib-Art wider sich selbst, in: Christians Thomasens allerhand bißer publicirte kleine deutsche Schriften. Nebst etlichen Beylagen und einer Vorrede. Gedruckt und verlegt von Christoph Salfelds Witwe und Erben, Leipzig 1707, S. 723.

[74] Thomasius: Hochnöthige Cautelen / Welche ein Studiosus juris, der sich zur Erlernung der Kirchen=Rechts=Gelahrtheit / Auff eine kluge und geschickte Weise vorbereiten will / zu beobachten hat. Nebst einem dreyfachen und vollkommenen Register, Halle 1713, S. 101.

[75] Ebd. S. 152.

[76] Thomasius: Christians Thomasens allerhand bißer publicirte kleine deutsche Schriften. Nebst etlichen Beylagen und einer Vorrede. Gedruckt und verlegt von Christoph Salfelds Witwe und Erben, Leipzig 1707, S. 385f.

gehen, alles unter die Perspektive des eigenen Urteils zu stellen und »von den
Büchern nichts zu judiciren / die ich selbsten nicht gründlich verstehe.« Im
gemeinsamen Gespräch soll weder nach dem Vorbild der scholastischen *disputatio* noch nach dem aristotelischen Syllogismus die nützliche Selektion und Bewertung der Bücher vorgenommen werden. Ziel ist es, im freundschaftlichen
Zusammensein, die »drey hauptsächlichlichen Vortrefflichkeiten« der menschlichen Rede zu entwickeln, um zu einem nützlichen Urteil zu gelangen: »mit
Deutlichkeit / mit Artigkeit und mit denen Zierathen der Redner=Kunst«[77].

Hat Thomasius in seiner Naturrechtslehre zunächst zwischen *consilium* und
imperium unterschieden, den Bereichen der Moral und des Ratschlags auf der
einen Seite und der Gesetze und der Entscheidungen auf der anderen, so wird
der Bereich des ethischen Handelns vor allem durch drei Maximen bestimmt,
die Kant später in der Formalisierung durch den »kategorischen Imperativ«
wieder aufnimmt. Die Würde und der Anstand des Menschen, das *honestum*,
zeichnen sich dadurch aus, daß man sich das, von dem man will, das die anderen es sich auferlegen, selbst auferlegt. Die Ehre des *honestum* ergibt sich aus
der selbstauferlegten Pflicht. Bei Kant wird daraus die Tugendlehre, die Voraussetzung für die menschliche Glückseligkeit ist.[78] Das Gerechte, das *justum*,
bezieht sich auf die Vermeidung von ungerechtem Handeln: daß man das, von
dem man nicht will, daß es die anderen einem tun, den anderen ebenso nicht
antut. Das *justum*, formalisiert im Bereich des Rechts, regelt negativ die Freiheit der Individuen. Der traditionelle Gedanke des *justum* begründet später bei
Kant die Rechtslehre, die Ethik oder Moralphilosophie im engeren Sinne.[79]
Während das *decorum*, die Anmut und die Ausschmückung, die normbegrün-
dende Behandlung ist, die man von anderen erwartet, und ihnen deshalb zunächst selbst zukommen lassen muß. Das *decorum* schließlich bildet die eigentliche kluge Politik des Lebens, die im Unterschied zum Bereich des *imperium*
nicht erzwingbar ist, aber für Thomasius die entscheidende Grundlage einer
Zivilgemeinschaft bildet. Im Laufe des 18. Jahrhunderts erscheint das *decorum*
dann nur noch als Anstandslehre und wird als künstlicher Schmuck aus der
Wissensordnung ausgegliedert. Zwischenmenschliche Klugheitslehre, welche

---

[77] Ebd. S. 373; vgl. den Art. ›Ciceroianismus‹ v. F. Tateo, Hist. Wörterb. d. Rhetorik,
hrsg. v. Gert Ueding; hier klingt die Wendung *dilucide, ornate ac graviter* (deutlich,
kunstreich und würdevoll) an, mit der Ciceros Verbindung von Weisheit und Bered-
samkeit in der humanistischen Tradition gelobt wird, was nicht mit der Dreistillehre
genera dicendi verwechselt werden darf.

[78] Thomasius: Fundamenta Juris Naturae, Halle/Leipzig 1705; zur Unterscheidung von
imperium und *consilium* vgl Prooem., §§ 11, 12; zum *honestum* vgl. I 6, § 40, zum
decorum I 6, § 41, zum *justum* I 6, § 42.

[79] Vgl. Werner Schneiders: Naturrecht und Liebesethik: zur Geschichte der praktischen
Philosophie im Hinblick auf Christian Thomasius, Hildesheim 1971, S. 273f; die
Unterscheidung von *justum* und *honestum* meint im Unterschied zu *imperium* und *consilium* nicht die Unterscheidung von Recht und Moral, sondern eine Unterscheidung
innerhalb der Moral, die Thomasius Gerechtigkeit und Ehrbarkeit nennt.

die Kommunikation untereinander regeln sollte, wird durch Staatsklugheit, die das Verhältnis von Bürger und Staat in den Blick nimmt, und Privatklugheit ersetzt. Das *decorum* erhält sich nur noch in allgemein lebenspädagogischen Schriften wie Adolf Knigges *Über den Umgang mit Menschen* (1788).[80] Die andere Seite dieses Erbes spricht Kant aus, wenn er die Klugheit als »zu Gesetzen untauglich« von der Ethik ausschließt, weil sie beim Versuch einer Verwissenschaftlichung in einen *regressus ad infinitum* führen würde. Das Momenthafte der Klugheitsmaximen und ihre Praxiologie der konkreten Lebenssituation können für Kant von einem formallogischen Standpunkt aus nur noch »kümmerlich«, weil je »nach Umständen sehr verschiedentlich ausfallen«[81].

In Ciceros *De oratore* wird das *ornamentum*, die Schönheit des Ausdrucks, und die *amplificatio*, die Ausgestaltung eines Arguments, als Aufmerksamkeit für den jeweiligen Zuhörer bestimmt.[82] Das *decorum*, der Glanz und der Schmuck einer Rede, dienen nicht als zusätzliche Verzierung der logischen Argumentation, sondern zielen auf die *admiratio*,[83] das Bewundern, das Staunen der Zuhörer, um das Interesse an der Kommunikation wach zu halten. Das *decorum*, das im Barock, in den höfischen Festen, in den Schriften des Thomasius oft als das Manieristische wahrgenommen wird, hat seine Vorrangstellung in dem Zweck, ebenso wohl das Fest, das Zeremoniell als auch die Rede auf Dauer zu stellen. Aristoteles hat in seiner *Metaphysik* den Beginn aller Erkenntnis mit dem Staunen über das Unerklärliche verknüpft (982 b). Dieses Staunen hat in der Thomasischen Dreiteilung von »Deutlichkeit«, »Artigkeit« und »Zierath« nicht nur den Zweck der Angemessenheit, das Offizielle in »Bürgerlichen Conversationen« zu wahren oder mit »Politischen Leuten« umzugehen, sondern überhaupt die Beziehung zum Gesprächspartner aufzunehmen. Das »Unerklärliche« des Staunens soll der andere sein.[84] Wie das Gesetz des *imperium* dient die Deutlichkeit der Rede der »menschlichen Einigkeit«[85]; die »Artigkeit« der Gedankenführung ist die Aufrichtigkeit des *honestum*; und der »Zierath« ist die Behandlung des anderen, nicht aus ständischer Höflichkeit, sondern als Aus-

---

[80] Bei Knigge büßt die Klugheit dann allerdings ihre Progressivität ein; vgl. Adolph Frhr. von Knigge: Über den Umgang mit Menschen, 2. Teil., Hannover 1788, S. 40f; »Die beste Aufklärung ist die, welche uns lehrt, mit unserer Lage zufrieden und in unsern Verhältnissen brauchbar, nützlich, zweckmäßig thätig zu sein. Alles Uebrige ist Thorheit, und führt zum Verderben.«

[81] Kant: KpV, S. 228.

[82] Cicero: De oratore, Liber Tertius, 96–103.

[83] Ebd. Liber Tertius, 52–53.

[84] Vgl. Renate Schlesier: Das Staunen ist der Anfang der Anthropologie, in: Literatur und Kulturwissenschaften. Positionen, Theorien, Modelle, hrsg. v. Hartmut Böhme u. Klaus R. Scherpe, Hamburg 1996; in der Dialogtheorie von Erasmus erhält das *decorum* genau diese Funktion; vgl. Dietrich Harth: Philologie und praktische Philosophie. Untersuchungen zum Sprach- und Traditionsverständnis des Erasmus von Rotterdam, München 1970, S. 151ff.

[85] Thomasius: Kleine deutsche Schriften, S. 373.

druck und Angemessenheit der gemeinsamen Kommunikationssituation.[86] Poesie bekommt deswegen bei Thomasius nicht nur den Vermittlungscharakter der Metapher für Wahrheit zugeschrieben – wie ihn schon Platon als »zweitbeste Fahrt« (Phaidon 99 c) sah. Sondern sie wird zum Ort des »Naturells«, der nicht mehr durch die *loci communes* der Dichtung und die »Poetischen Schatzkammern« – wie sie von Harsdörffers *Poetischem Trichter* noch gelehrt wurden – bestimmt ist. Die traditionsverbürgenden *imitationes* sollen durch das individuelle *ingenium* ersetzt werden, das die Fähigkeit lehrt, allgemeines Wissen zu je eigenem zu machen. Gegen die bisherige Rhetoriktradition faßt Thomasius alle positiven Regeln seiner Wissens- und Lektüreanweisungen zum Lesen und Weiterschreiben des Archivs in vier Imperative: »Lies, Beurteile, Versuche, Ändere.«

»Loci communes, Poetische Schatzkasten, Poetische Trichter und dergleichen Bücher«, fährt er die Tradition der *inventio* und *imitatio* gleichermaßen kritisierend fort, »ingleichen die Imitationes helfen denenjenigen, die kein poetisches Ingenium haben, zu weiter nichts, als daß sie Pritschmeister daraus werden.«[87] So entspricht es auch der Hinwendung zur Psychologie von Dichtung und Kommunikation, daß Thomasius in diesem Zusammenhang im Unterschied zur aristotelischen Poetik den Charakter – und nicht die Handlung – in den Mittelpunkt der Komödien und Tragödien stellt.[88] Der bisherigen höfischen, scholastischen oder theologischen Oratorie will Thomasius eine spezifisch demokratische entgegensetzen, in der sich die »Politici« nicht mehr die Reden von den »Pfaffen« schreiben lassen, sondern eine Rede führen, die »deutlich«, »anständig« und »nachdrücklich« der Form einer »freyen Republick« angemessen ist.[89] Thomasius gibt dafür drei Arten der Rede an, die den Einteilungen der *Ausbildung des Redners* von Marcus Fabius Quintilianus (30– 96) folgen: das Genus *demonstrativum, deliberativum* und *judiciae*.

Quintilian hatte die Redeformen in drei grundsätzliche unterteilt: zunächst die Lob- oder Tadelrede, die am Grab, bei Gericht, beim Fest oder auch bei Senatsbewerbungen eine Eigenschaft oder einen Fehler aufzeigt.[90] Dann die Beratungsrede, die anläßlich einer öffentlichen Veranstaltung, bei einer Volksoder Senatsrede eine Entscheidung unterstützen soll. Und zuletzt die Gerichtsrede, die spezifischer als Prozeßrede eine Argumentation nach dem Gerüst der

---

[86] Zur Dreistiltheorie und Decorumlehre im 17. Jahrhundert vgl. Joachim Dyck: Ticht-Kunst. Deutsche Barockpoetik und rhetorische Tradition, Bad Homburg/Berlin/Zürich 1969, S. 91–113.

[87] Thomasius: Kleine deutsche Schriften, S. 153; vgl. Von dem Studio der Poesie, 8. Kapitel der *Höchstnötigen Cautelen für einen Studiosus juris*, in: Brüggemann: Aus der Frühzeit der deutschen Aufklärung, S. 124.

[88] Ebd. S. 157.

[89] Ebd. S. 182, 187.

[90] Marcus Fabius Quintilianus: Ausbildung des Redners, Zwölf Bücher, hrsg. u. übers. v. Helmut Rahn, Darmstadt 1972, Bd. 2, S. 349ff.

Frage, der Begründung und dem Burteilungsgegenstand aufbauen soll. Diese Redeanlässe, geprägt von der antiken Öffentlichkeitsvorstellung als Interessenvertretung, versucht Thomasius, wieder für das Kommunikationsideal einer Rede aller mit allen produktiv zu machen. Entscheidend ist, daß er dafür die teilnehmenden Subjekte nicht auf einen »Stand« zu bringen versucht, wie es die Bildungsanstrengungen des 18. Jahrhunderts intendieren, sondern die spezifische Differenz von Person zu Person und ihres jeweiligen Standes zur Geltung bringen will. In den *Monatsgesprächen* beklagt er sich, daß die »Gesprächs-Schreiber bey uns sich darum wenig bekümmern«, wie »Personen geschicklich in ein anmuthig Gespräch zu verwickeln« sind, sondern »zum öftern Bauern einführen / die von dem gemeinen Wesen nachdencklich judicieren / oder Handwercksleut die aus denen Schrifften derer Philosophen unterschiedenes anzuführen wissen.«[91] Thomasius, der den Beginn seiner nun folgenden Gesprächstechnik dadurch kennzeichnet, daß sich die Gesprächspartner nicht vertrauen und daß keiner von ihnen sich »auff einem Discurs besinnen kunte / woran sie allerseits ein Vergnügen gehabt hätten«, weiß seine Aufgabe, unterschiedliche Menschen ohne staatliche Diskursregelung »geschickt« in ein Gespräch zu bringen, als eine schwierige und ist sich der Paradoxie in der Rolle des Intellektuellen als Aufklärer bewußt. Während die Rede des Aufklärers sich selbst als unverstellt wahrnimmt, ist es gerade die Einsicht in die Paradoxie der Anleitung zum Selbstdenken, die das Verhältnis von Theorie und Praxis, von theoretischer Einsicht und ausstehender oder mißlungener Umsetzung, zu einer Verschiebung genötigt hat, an der die Klugheit als Kommunikationsstrategie einsetzt. Die implizite Praxis von Theorie ist die Schnittstelle von Theorie und Praxis, in der die Praxis nicht nur eine äußerliche Applikation von Theorie ist. Daß Thomasius der tradierten Dreiteilung von *honestum, justum* und *decorum* deshalb erstmalig die *prudentia* gleichstellt, ist der Versuch, an die Stelle des universitären Wahrheitsmonopols eine Kommunikation zu setzen, die den Diskurs nicht nach Standes- oder Bildungshierarchien steuert, ohne allerdings das problematische Ideal eines vernünftigen allgemeinen Menschseins postulieren zu müssen. Mit der *prudentia*, die in der Rhetoriktradition zuweilen auch als Auswahlfähigkeit in Konkurrenz zur *inventio* erscheint, weitet Thomasius den angestammten Bereich der Rhetorik auf die alltägliche bürgerliche Konversation aus. Denn Klugheit, ursprünglich die Lehre der höfischen Verstellung, ist im Unterschied zur Vernunft immer an einen konkreten Adressaten gebunden. »Rath geben« *und* »Rath suchen« ist eine »besondere That«, da nicht »alle Menschen einerley Mittel zu brauchen geschickt seyn wegen Unterscheid ihrer natürlichen Neigung und Kräffte«[92].

---

[91] Thomasius: Monatsgespräche, S. 2.
[92] Thomasius: Kurtzer Entwurff der Politischen Klugheit, sich selbst und andern in allen Menschlichen Gesellschaften wohl zu rathern, und zu einer gescheiten Conduite zu gelangen; Allen Menschen, die sich selbst klug zu seyn düncken, oder die noch

Das Programm der darauf folgenden »Vernunfft=Lehre«, das Thomasius entwirft, ist nicht so sehr an der Bildung eines allgemeinen Menschseins interessiert als an der Fähigkeit, wie der Untertitel der *Ausübung der Vernunfft= Lehre* formuliert, dadurch in seinem Kopf aufzuräumen, daß man die »erkannte Wahrheit anderer beybringen«, »andere verstehen und auslegen«, »von anderen ihren Meynungen« zu urteilen und »Irrthümer« »geschicklich« zu widerlegen lernt. Paragraph 25 der *Politischen Klugheit* (Kap. IX) unterscheidet das Urteil des Ratgebens und das des logischen Denkens durch seine Umgebung:

> Und diese Erinnerung / daß man auff daß Temperament dessen / der uns um Rath fraget / sein Absehen richten müsse / ist nicht nur dem / der Rath giebet / sondern auch dem / der ihn suchet / höchst nöthig / denn wenn man den / der uns um Rath fraget / nicht wohl kennet / und dessen Kräffte / Geschicklichkeit und natürliche Neigung wohl erweget / sondern sich einbildet / was uns leicht und möglich ist / sey ihm ebenfalls nicht schwer / so wird insgemein der gegebene Rath zu Wasser.[93]

Entscheidend ist hier die Adressierung der individuellen »Neigung«, die schon Gracián in das Zentrum seiner Klugheitslehre gestellt hatte. Sie bringt nun aber erstmals eine politische Dimension in die seit der Renaissance geführten Diskussion um das *ingenium* als individuelle Naturanlage. Während die Subjektivität des *ingenium* bisher seine wesentliche Entfaltung in der Frage nach pädagogischen Methoden erfahren hat, wird sie für Thomasius in der Frage nach dem gemeinen Wesen wichtig.

Genealogisch fußt die Idee der modernen Subjektivität auf der Unterscheidung der irdischen und der göttlichen Welt bei Nikolaus Cusanus. Cusanus ist der erste Theoretiker des Individuellen, der die irdische Welt nicht als nur abweichendes und daher fehlerhaftes Abbild der göttlichen sieht. Das Sinnliche, das nach Cusanus immer auch das Differente ist, ermöglicht – zunächst als Fehlerquelle – erst das Individuelle, das nicht mehr in der Spannung von Einzelheit und Allgemeinheit steht.[94] In seiner Dekondeszendenzlehre *De visione dei* (1543) wird die Schauung Gottes nicht mehr als ein überschauender Blick, sondern als eine Herablassung Gottes zum Einzelnen gedacht. Jeder, wo immer er auch steht, wird vom »Bild« Gottes angeblickt. Diese Raumgewinnung des Einzelnen war bei Francesco Petrarca schon sprachlich durch das lyrische Ich ausgedrückt und entwicklungspsychologisch eingeleitet durch seine

---

klug werden wollen, zu höchstnöthiger Bedürffnis und ungemeinem Nutzen, Frankfurt a. M. 1710, S. 245.

[93] Zur Rolle des *consilium* in der klassischen Rhetorik vgl. Erich Zundel: Clavis Quintilianea. Quintilians ›Institutio oratoria‹ aufgeschlüsselt nach rhetorischen Begriffen, München 1989; bei der *inventio* haben *judicium* und *consilium* die Aufgabe, das produktive *ingenium* zu lenken. Aber während sich das *judicium* auf das innere *aptum* des *opus* oder der Rede selbst bezieht, stellt das *consilium* den Bezug der Rede zum Publikum sicher und achtet damit auf das äußere *aptum*, die Redesituation.

[94] Vgl. Nikolaus Cusanus: Die belehrte Unwissenheit, Hamburg 1967, Buch II, hrsg. u. übers. v. Paul Wilpert, S. 94, Buch III, hrsg. u. übers. v. Hans Gerhard Senger, S. 247.

Beschreibung der Bergbesteigung des Mont Ventoux (1336), in der ein und derselbe Mensch von einer Lebenshaltung in eine andere wechselt.[95] Diese Wandlung, genauer, dieser Sprung vom *subiectus*, dem Zugrundeliegenden, der unwandelbaren Substanz, zum Subjekt, welchen Petrarca in der heroischen Einsamkeit einer Bergspitze in der Nähe zu Gott darstellte, beschreibt Giordano Bruno (1548–1600) in den *Heroischen Leidenschaften (Degli eroici furori*, 1585) als das Vermögen der Phantasie, der Mittlerin aller anderen Seelenvermögen, deren Anschauung nicht diskursiv, sondern plötzlich, intuitiv geschieht.[96] Diese neue »Liebe« oder Verbindung zu Gott, entweder des Heroen oder des Künstlers, ist die Möglichkeit, den Abstieg Gottes, den Cusanus als Hinwendung zum Einzelnen charakterisiert, aufsteigend zurückzugehen. Der Künstler als hervorragende Subjektivität besitzt nach Bruno die Fähigkeit, durch den »hohen Gegenstand« seiner »Liebe« sich selbst zum »Göttersein« zu »entrükken«. Von der Figur des Märtyrers über den Renaissancekünstler des 16. Jahrhunderts und den Heroen des 17. Jahrhunderts ist auf diese Weise eine Linie zum Genie des 18. Jahrhunderts zu ziehen. Moderne Kategorien wie »Autor« und »Werk« sind erst auf der Grundlage einer sich in ihrer schriftlichen *Schöpfung* ausdrückenden Individualität möglich. Petrarca beschreibt in *De vita solitaria* eindrucksvoll, wie er sich mit Büchern gleichsam als Freunden umgibt, die ihm Gesellschaft leisten und »beredte Gefährten« sind.[97] Denn ein Autor ist nur aufgrund seiner Individualität überhaupt mit einem Werk identifizierbar. So kann erst im Zuge der Wiederentdeckung von Handschriften antiker Autoren in der Renaissance das Schriftuniversum, das bislang nach seiner Kommentarfunktion geordnet wurde, als Universum von individuellen Autoren begriffen werden. Einen Text zu schreiben, bedeutet von nun an immer auch, sich mit anderen Autoren im Medium des Drucks als virtuelle Gemeinschaft von Individuen zu versammeln.[98] So ist die Frage nach der Individualität früh an die Frage nach der Gemeinschaftsbildung und dem dazugehörigen Medium gekoppelt. Das humanistische Netzwerk aus Druckern, Bibliotheken, Herausgebern und Autoren bildet das erste Buchuniversum, in dem das Wissen nach

---

[95] Vgl. Hans Blumenberg: Die Legitimität der Neuzeit, Frankfurt a. M. 1973, S. 142ff.
[96] Giordano Bruno: Heroische Leidenschaften und individuelles Leben, hrsg. v. Ernesto Grassi, München 1950; vgl. Gerhart von Graevenitz: Mythos: zur Geschichte einer Denkgewohnheit, Stuttgart 1987, S. 23.
[97] Zit. n. August Buck: Das gelehrte Buch im Humanismus, in: Gelehrte Bücher vom Humanismus bis zur Gegenwart, hrsg. v. Bernhard Fabian u. Paul Raabe, Wiesbaden 1983, S. 2.
[98] Zur medialen Gemeinschaftsbildung der Humanisten vgl. etwa Moritz Czaky: Die »Sodalitas litteraria Danubiana«: historische Realität oder poetische Fiktion des Conrad Celtis?, in: Die Österreichische Literatur, hrsg. v. Herbert Zeman, Bd. 2, Graz 1986; Jan-Dirk Müller: Konrad Peutinger und die Sodalitas Peutingeriana, in: Der polnische Humanismus und die europäischen Sodalitäten, hrsg. v. Stephan Füssel u. Jan Pirozynski, Wiesbaden 1997.

der Originalität eines Autors archiviert wird.[99] So beruhen etwa Giorgio Vasaris *Lebensläufe der berühmtesten Maler, Bildhauer und Architekten* (1550) im Unterschied zu den antiken Viten schon auf der Differenzierungsgrundlage eines Geniebegriffs.[100]

In Graciáns Anleitung zum souveränen Einzelnen *El Heroe* (1637), in dem alle *Großen Gaben zur Maschinerie eines Helden* zusammengefaßt sind, wird in der *Dritten Meisterschaft* eine plötzliche Unsicherheit dieser Verbindung stiftenden Begabung angedeutet, die das ganze höfische Zeremoniell, das inszenierte menschliche Leben als perfekte Maschinerie zu betrachten, gefährdet:

> Der Große Türke [Mohammed II, Eroberer von Konstantinopel] hatte einmal die
> Gnade, sich von seinem Balkon dem Volke zu zeigen, eher in einem Garten als auf
> einem Platz, Gefängnis der Majestät, Fesseln der Schicklichkeit. Er begann, ein Papier
> zu lesen, das – zum Spott oder zur Enttäuschung der größten Souveränität – der
> Wind verwehte von den Augen ins Laub. Da stürzten alle Pagen, ihm und einan-
> der nacheifernd die Treppe hinab auf Flügeln der Schmeichelei. Einer von ihnen, ein
> gewitzter Ganymed, wußte, eine Abkürzung durch die Luft zu finden. Er sprang vom
> Balkon, flog, griff es und ging hoch, als die anderen herunterkamen. Und das war
> ein besonderes Hochkommen, ein Aufstieg, denn der Fürst fürwahr geschmeichelt
> erhob ihn in seiner Gunst.[101]

Diese *Meisterschaft* trägt den Untertitel: *Die größte Gabe eines Helden*. Eine »Abkürzung durch die Luft« zu finden, das ist die Individuum konstituierende Aufgabe des *ingenium*, das später als Geist, Witz, Ironie oder Esprit das entscheidende Movens des Denkens im späten 18. Jahrhundert sein wird. Das Genie wird alle diese Fähigkeiten vereinigen. In eben dieser *Meisterschaft* will Gracián die »zwei Potenzen« der Philosophie – Erinnern und Verstehen, *memoria* und *intellectu* – in der Politik durch die Unterscheidung von einerseits Urteilskraft und Witz und andererseits Unterscheidungsvermögen und Scharfsinn ersetzen. Seine durchgängig verwendeten Begriffe lauten *juicio* (*judicium*) und *ingenio* (*ingenium*): »Thron der Klugheit ist die Urteilskraft, der Witz die Sphäre des Scharfsinns.« So wie bei Bruno der Künstler fähig ist, durch die spiegelbildliche Umkehrung seiner »Liebe« zu Gott, eine direkte überspringende Nähe zu Gott herzustellen, liefert das *ingenium* die Möglichkeit, zwei Gedanken zu einem neuen zusammenzufügen: »Die ingeniösen Schlagfertigkeiten sind so glücklich wie zufällig die willentlichen. Sie sind Flügel für die Größe, mit

---

[99] Vgl. Hans Widmann: Die Wirkung des Buchdrucks auf die humanistischen Zeitgenossen und Nachfahren des Erfinders, in: Das Verhältnis der Humanisten zum Buch,
hrsg. v. Fritz Krafft u. Dieter Wuttke, Boppard 1977.

[100] Zur Geschichte der griechischen *enthousiasmós*-Lehre, ihrer Transformation zum rhetorischen *ingenium* und dem seit der Renaissance auftretenden Gegensatz von Regel
und Begabung vgl. den Art. ›Ingenium‹ v. J. Engels, Hist. Wörterb. d. Rhetorik,
hrsg. v. Gert Ueding.

[101] Baltasar Gracián: Der Held, a. d. Span. v. Elena Carvajal Diaz u. Hannes Böhringer,
Berlin 1996, S. 20; vgl. Emilio Hidalgo-Serna: Das ingeniöse Denken bei Baltasar
Gracián, München 1985.

denen viele sich aus dem Staub glanzvoll zur Sonne erheben.« Und daß diese Fähigkeit der individuellen Urteilskraft früher in der Politik als in der Wissenschaft zum Leitvermögen wird,[102] aber ihr folgend dann auch in der *res publica litteraria,* zeigt, wie entscheidend die Öffnung der Gelehrtenuniversität auf ein nicht-akademisches Publikum für ihren Wandel wird. Gracián schließt diese Meisterschaft gegen den Maschinengedanken des 17. Jahrhunderts mit einer Neuformulierung der Souveränität ab: »Scharfsinn verdient Mitherrschaft, wenn nicht Herrschaft.« Für Thomasius ist dann die Fähigkeit, durch das *ingenium* eine »Abkürzung durch die Luft« nehmen zu können, also Verbindungen zu sehen, die vorher nicht gesehen werden konnten, nicht nur die Frage eines Stiles, wie etwa beim *conceptismo,* oder die Frage eines neuen politisch-klugen Wissens, sondern die einzuübende Grundlage des »gemeinen Wesens«, welche die Fähigkeit lehren soll, Menschen jenseits von Stand oder Funktion in ein Gespräch zu bringen. Dieses Gespräch einerseits als neues »medium cognoscendi« und andererseits als Ort einer neuen Gemeinschaftsbildung löst damit auch den humanistisch-barocken Ort der Wahrheit in gelehrten Büchern und der exklusiven Gemeinschaftsbildung durch Bücherbesitz und Bücherschreiben ab. Wahrheit kann sich nach Thomasius deshalb gar nicht mehr an einem privilegierten Ort – etwa in einem gelehrten Buch – oder überhaupt in einem einzelnen Denken artikulieren, sondern nur in der täglichen Konversation gefunden werden. Nicht mehr die Verwaltung des Archiv des Wissens ist deshalb die Aufgabe des Gelehrten, sondern seine Beobachtung.

Während sich im Laufe des 18. Jahrhunderts in der bürgerlichen Konversation aber zunehmend Natur als innere Schöpfung durch das Herz oder in der Kunst durch das Genie ausspricht und nicht mehr auf Verstellung und Künstlichkeit basiert, sondern auf normativ-moralische Wahrheit hin verpflichtet wird, bleibt der Naturbegriff der individuellen »Neigung« bei Thomasius in der Tradition des Naturrechts nur dadurch an Wahrheit geknüpft, daß Gott die unbedingte Ursache für das kontingente Sein ist. Diese Trennung der Einsicht in die beschränkte menschliche Welt und der Zurechnung der Kontingenz

---

102 Zur Rolle des *ingeniums* in der polyhistorischen Ordnung als Didaktik der Naturanlagen vgl. Helmut Zedelmaier: Bibliotheca universalis und Bibliotheca selecta. Das Problem der Ordnung in der frühen Neuzeit, Köln/Weimar/Wien 1992, S. 191– 213; während bei Cicero und auch bei Quintilian die natürliche Begabung (*natura atque ingenium*) nur im Zusammenwirken mit *ars* und *doctrina* den *orator perfectus* ausmacht, tritt das *ingenium* spätestens seit der Renaissance in Konkurrenz zur *imitatio.* Im *Ciceronianus* (1528) etwa fordert Erasmus einen Ausgleich zwischen der *imitatio* und der auf das *ingenium* gestützten *inventio.* Den traditionellen Vergleich der Arbeit eines Schriftstellers mit dem Fleiß der Bienen deutet Erasmus dahin gehend um, daß das Neue des Sammelns wie bei den Bienen gleich einem Fötus durch die *creatio* entsteht. Schon hier erscheint der Schreibprozeß als ein mystischer Schaffensprozeß. In seiner *Encyklopaedia* (1630) definiert Alsted das *ingenium* als natürlichen Antrieb zur Poesie: »Ingenium poeticum est impetus naturalis, quo homo fertur ad orationem ligatam [...].« Lib. X, Cap. II, S. 510.

führt bei Thomasius und ebenso auch bei Pufendorf dazu, daß die Gnadenordnung, das ewige Glück des Menschen, der die Weisheit zugeordnet ist, und die Naturordnung, das endliche Glück des Menschen, der die Klugheit zugeordnet ist, voneinander geschieden betrachtet werden können.[103] Natur als Gesamtheit wird bei Thomasius noch in der Tradition der *theologia naturalis* gedacht, auch wenn der kosmologische Gottesbeweis bei ihm nicht mehr den Sinn hat, die Existenz Gottes nachzuweisen, sondern allem, was geschaffen ist, seine Existenzberechtigung zu geben.[104] Da von Gottes Wollen selbst nichts mehr als der jetzige Zustand der Welt ausgesagt werden kann, das heißt, Natur mit Gottes freiem Willen gleichgesetzt ist, kann aus der Naturordnung nicht mehr auf eine durch menschliche Einsicht erkennbare Ordnung geschlossen werden. Diese radikale Trennung, der die Zweiregimenterlehre von Luther zugrunde liegt, führt dazu, daß sich die Naturrechtslehre nicht mehr aus substantieller Erkenntnis, sondern nur noch aus einem Voluntarismus speisen kann, der aber erstmals die Möglichkeit einer ins Zentrum der Beobachtung rückenden Kommunikationsordnung des Wissens eröffnet. Während Grotius sich noch an der thomistisch-scholastischen Naturrechtslehre orientieren konnte, ist bei Thomasius die Frage des guten Handelns allein auf den Willen gegründet und im Glauben gerechtfertigt. Das Recht selbst wird daher seit Thomasius' im Sinne des *imperium* zum positiven Recht. In den Mittelpunkt des Rechtswesens rückt deshalb der Gesetzgeber, der den Wert eines Gesetzes nicht mehr nur an seiner inneren Rechtmäßigkeit, sondern vor allem an der äußeren Durchsetzbarkeit messen muß. Diese Subjektivierung der Ordnung gerade aufgrund des entsubstantialisierten Naturbegriffs eröffnet aber zugleich auch die Möglichkeit einer sozialen Ordnung, in der die Gerechtigkeit nicht mehr als Gottesgerechtigkeit, sondern als gemeinsame Rechtssetzung zu denken möglich wird. Schon bei Wolff wird die Reproduktion der göttlichen Natur im einzelnen Geschöpf zur Legitimation eines durch Vernunft zu errichtenden »vollkommenen Staates«. Die vernünftige Universalität beerbt in der fortgesetzten staatsorientierten Aufklärung die theologische.[105]

Die Frage, die sich deshalb zentral für eine bürgerliche Klugheitslehre stellt, ist die Frage nach der Struktur und der Art dieser neuen Gemeinschaft, inwie-

---

[103] Vgl. Thomasius: Des Herrn Christiani Thomasii, Königl. preußischen Rates und Professoris Juris Ordinarii auf der Universität zu Halle, Vorrede von der Historie des Rechts der Natur bis auf Grotium; von der Wichtigkeit des Grotianischen Werks und von dem Nutzen gegenwärtiger Übersetzung, in: Walter Schätzel (Hg.): Die Klassiker des Völkerrechts in modernen deutschen Übersetzungen, Bd. I, Tübingen 1950.

[104] Vgl. Hubert Rinkens: Die Ehe und die Auffassung des Menschen im Naturrecht bei Hugo Grotius, Samuel Pufendorf und Christian Thomasius, Frankfurt a.M. 1971, Diss., S. 189f.

[105] Vgl. Christian Wolff: Vernünftige Gedanken von dem gesellschaftlichen Leben der Menschen und insonderheit dem gemeinen Wesen, Halle 1721, Vorrede unpag.

fern sich zugleich das Differente der individuellen »Neigung« und die Gemeinsamkeit denken läßt, ohne die »Neigung« auf eine höherstehende Gemeinsamkeit hinordnen zu müssen. Zwar würdigt Thomasius den »israelitischen Staat«
als den besten,[106] weil dort im Unterschied zu den griechischen und römischen
»überaus klugen Einrichtungen ihrer Republiquen« nicht die Institution, sondern die Gemeinsamkeit im Zentrum steht, insgesamt spricht er sich dennoch
nie für eine ideale Staatsform aus. Nicht das Institutionelle ist das Ziel seiner
Überlegungen, sondern allein die Frage, wie der einzelne Mensch mit anderen
Menschen primär auf der Grundlage von ziviler Geselligkeit zusammenleben
kann: »Es befleißige sich nur ein jeder selbst / wie er für seine Person seine
eigene schädliche Affecten dämpffe und denen anderen mit guten Exempeln
vorgehe / auch / wenn er dermaleinst zum Lehramt / die Lehre der Wahrheit
freudig und getrost vortrage / so wird sich die Reformation des gemeinen Wesens zu ihrer Zeit schon von sich selbst ergeben.«[107]
  Der entscheidende Umbruch, der sich durch die Überwindung des objekti-
vistischen Zugs im Naturrecht und in der Rechtsauffassung bei Thomasius
ergibt, ist die Subjektivierung des Gesetzgebers und demzufolge die stärkere
Bezogenheit der Gesetze auf die Gemeinschaft aller, ohne Standesgrenzen, was
Thomasius ebenfalls am israelitischen Staat besonders hervorhebt. Für die konkrete Rechtsfindung bedeutet dies, daß die Legitimation eines Gesetzes direkt
an seine Verwirklichung gebunden ist und damit unmittelbar die Praxis der
Einzelnen betrifft. Was in der Wissenordnung bei Gracián das *ingenium* lei-
stete, ermöglicht bei Thomasius in der Frage nach der Gerechtigkeit des Ge-
meinwesens die *prudentia legislatoria*, nämlich die Rückkopplung von Theorie
und Praxis in der Kommunikation. Die ingeniöse Klugheit tritt erstmalig als
Rechtsklugheit auf und zwar genau dann, wenn Natur nicht mehr als göttliche
Natur der Garant des Gesetzes sein kann und noch nicht als innere Natur die
Subjekte des Staates geformt hat.

Klugheit als Außenseite der Weisheit

Das Kommunikationsideal einer Rede aller mit allen, das Thomasius entwirft,
ist im Unterschied zur empfindsamen Sprache des Herzens an die Sichtbarkeit
des einzelnen Sprechers gebunden. Thomasius legt den *Rede daß ich Dich sehe-*
Topos aus, um zu zeigen, daß es neben den unlesbaren und verstellten Zeichen
des menschlichen Ausdrucks immer auch die gibt, die der Gesprächspartner

---

[106] Thomasius: D. Melchiors von Osses Testament gegen Hertzog Augusto Churfürsten
zu Sachsen, Anm. 256, S. 508.
[107] Zit. nach Wolfgang Wiebking: Recht, Reich und Kirche in der Lehre des Christian
Thomasius, Hannover 1973, Diss., S. 133.

nicht beherrschen kann. Die Fähigkeit, »daß ein scharfsinniger Mensch zum
öfteren dasjenige, was ein anderer noch so sehr zu dissimulieren und zu verber-
gen sucht, dennoch zu penetrieren geschickt ist«[108], darf allerdings nicht verwechselt werden mit der Lehre der Physiognomie, sondern es geht allein um
die Konversation, aus der heraus die Psyche des anderen erkannt werden soll.
Thomasius ist bemüht, die Erfindung der Wissenschaft, die aus gezwungener
Konversation ungezwungene machen soll und wie die Affektlehren seiner Zeit
tatsächlich eher auf die kommende Psychologie denn auf populäre Schädelleh-
ren verweist, vom Maschinendenken des 17. Jahrhunderts zu unterscheiden.
Ihm schwebt keine Dekodierungsmaschine vor, wie sie als »bezauberte Maschine« dem Kardinal und Staatsmann Armand-Jean du Plessis und Herzog
von Richelieu unterstellt wurde. Da dieser, so Thomasius, »an allen Orten und
in allen Vestungen Leute unterhalten« und infolgedessen gut informiert war,
ging das Gerücht um, er hätte eine Maschine, »kraft welcher er alles, was in der
Ferne geschehe, erfahren könnte.« Thomasius führt Richelieu als ein Beispiel
besonderer Klugheit an. Denn als Richelieu auf einen Mann an seinem Hof
aufmerksam wurde, der seit drei Jahren ihn fast täglich »ganz modest in seinen
Diskursen« um eine Anhörung bat, und ihn endlich erhörte, schickte er diesen
nach Rom, zum »klügsten und verstelltesten Hof«, mit der Auflage, ihm wö-
chentlich Informationen zu bringen, da er annehmen mußte, daß dieser Mann
vom Papst selbst auf ihn angesetzt worden war.

Thomasius nennt seine psychologische Wissenschaft das »vornehmste Stück
Politik«, das »allein bei Hofe erlernet werden müsse«, weil »bishero kein
Mensch auf Universitäten dieselbe gelehret«[109]. Um dies aber möglich zu machen, muß zunächst einmal die Trennung der wissenschaftlichen Prinzipien der
»Physicis, Chemicis und Algebra« auf der einen Seite und der Sittenlehre auf
der anderen geleistet werden. War bisher neben den drei Hauptfakultäten
Theologie, Medizin und Jura die Philosophie eine Art methodologische Hilfs-
wissenschaft, so geht es Thomasius darum, die unter dem cartesianischen Einfluß erstarkende Philosophie zurückzudrängen und die Sittenlehre zusammen
mit der Naturrechtslehre in das Zentrum einer praktischen Ausrichtung des
philosophischen Wissens zu stellen. Die Erfindung der »Wissenschaft anderer
Menschen Gemüt zu erkennen« sollte als »Politische Wissenschaft«[110] ein
Kernstück dieses Programms sein, deren »Grund=Lehren« aus der Sittenlehre
hergeleitet werden sollten.

Seit Aristoteles war die *prudentia* der praktischen Vernunft Gegenstück der
auf die unveränderlichen Dinge zielenden *sapientia*. Erst mit Francis Bacons
Induktionslehre des *Novum Organum* (1620) gewinnt die Klugheit als Fähigkeit,

---

[108] Brüggemann: Aus der Frühzeit der Deutschen Aufklärung, S. 71.
[109] Ebd. S. 73.
[110] Ebd. S. 79.

durch Erfahrung ein wissenschaftliches Urteilsvermögen zu bilden, eine zentrale Stelle in der philosophischen Erkenntnistheorie.[111] Parallel zu Machiavelli, dem die *prudenzia* als eine individuelle Anlage erscheint, aus der eigenen Erfahrung und dem Studium der *historia* praxiologisches Wissen für die Handlungsfähigkeit zwischen *virtù* und *fortuna* zu gewinnen, erhält die Klugheit ihre neue Aufmerksamkeit im Zusammenhang experimenteller Erkenntnis. Auch nach Hobbes ist Klugheit das, was nicht durch Philosophie, sondern durch Geschichte gewonnen werden kann: »Klugheit ist nur Erfahrung, die alle Menschen, die sich gleich lang mit den gleichen Dingen beschäftigen, gleichermaßen erwerben.«[112] Wie Klugheit Voraussetzung für Weisheit war, ist nun Erfahrung Voraussetzung für Wissen. Klugheit selbst aber ist nur ein Instrument, eine notwendige Bedingung, die Wissen bzw. Weisheit ermöglicht. Die »unsaubere Klugheit«, die List, ergibt sich für Hobbes aus dem Gebrauch von »unrechtmäßigen oder unehrenhaften Mitteln, auf die die Menschen gewöhnlich aus Furcht oder Not kommen.«[113] In Hobbes' Morallehre hat die Klugheit eine zentrale Rolle, weil sich in ihr das Verhältnis von Erfahrung und Wissen sowie von Klugheit und Weisheit im Fokus einer drohenden Macht, der klug machenden Angst vor dem gewaltsamen Tod, am deutlichsten zeigt. In allen empirischen Erkenntniszusammenhängen wirkt sie deshalb zunächst als ein reaktives Vermögen. Nietzsches Stichwort der kulturellen »Verfeinerung« scheint hier am treffendsten die Ausbildung dieses Vermögens zu beschreiben. Während Klugheit bei Aristoteles und ebenso im höfischen Zusammenhang mit Unsicherheit umzugehen lehrt, ist sie in der philosophischen Wissensordnung des 17. Jahrhunderts dasjenige, was sich erst in der Auseinandersetzung mit der Empirie bildet, also ein lernfähiges Vermögen. Ab der Mitte des 18. Jahrhunderts verschwindet die Klugheit als Fürstenratgeber, als Staatsklugheit, Weltklugheit sowie als Privatklugheit und überlebt nur noch als kulturelle Anstandslehre.[114] So scheint die Klugheit innerhalb der philosophischen Erkenntnisordnung das vorwegzunehmen, was im Laufe des 18. Jahrhunderts das Progredieren der Vernunft ausmacht. Ein Grund für das Verschwinden der Klugheitslehre im 18. Jahrhundert könnte folglich sein, daß die Vernunft sich nun selbst als der Evolution fähig begreift. Im Unterschied aber zur historischen Vernunft etwa des Deutschen Idealismus oder der Romantiker ist der

---

[111] Vgl. etwa Francis Bacon: Neues Organon, übers. u. erl. v. J. H. von Kirchmann, Berlin 1870, S. 104, 120.

[112] Thomas Hobbes: Leviathan, hrsg. v. Iring Fetscher, übers. v. W. Euchner, Hamburg 1966, Kap. 16, S. 94.

[113] Ebd. Kap. 8, S. 55.

[114] Bis ins 19. Jahrhundert hinein heißen die kirchlichen Kardinaltugenden: »Klugheit«, »Gerechtigkeit«, »Starkmuth«, »Maessigkeit«; vgl. Franz X. Massl: Christliche Tugendschule oder Unterweisungen in den christlichen Tugenden: Kanzel-Vortraege an Monatsonntagen; ein Beitrag zum Damme gegen die hohe Fluth der Entsittlichung unserer Zeit, Schaffhausen 1851.

Blickwinkel der Klugheit auf die Geschichte selbst nicht überzeitlich. Klugheit bildet sich nicht aus der Geschichte, sondern anhand von Einzelbeispielen der *historia* und der Empirie als *magistra vitae*, während die historische Vernunft die Einzelbeispiele in die Geschichte entläßt und die empirische Vernunft das Gegebene schematisiert. Um Geschichte beschreiben zu können, muß immer ein möglicher Anfang und ein mögliches Ende in den Blick genommen werden. Nicht ohne Grund zieht sich das Problem des Anfangs und der Teleologie durch die gesamte idealistische Philosophie.[115] Während die Klugheit ihren Bereich notwendiger Weise nicht systematisieren kann, da sie von ihm als einem unbestimmten Bereich abhängt und so jederzeit droht, in ein »Hererzählen von vielerlei Meinungen« zu zerfallen, bleibt die historische Vernunft überzeitlich und unkonkret, weil sie ihre Kontinuität nur durch die Kontinuität ihres Gegenstandsbereichs erlangen kann. Das Reaktive der Klugheit ist so zugleich ihre Stärke, da ihr Gegenstand auf diese Weise Kontingenzen und Sprünge aufweisen kann.

Mit Leibnizens berühmter Formulierung *Scientia optimi sapientia est ut scientia boni Prudentia* wird noch einmal Neues mit Altem verbunden, indem er die Einheit von *vir bonus* und *vir sapiens* bzw. *prudens* postuliert.[116] Erst Thomasius löst die Klugheit aus ihrer reinen Kompensationsstellung zur Weisheit,[117] wenn er die Klugheit als eine »Neigung zum Guten, welche von der Neigung zum Bösen oder von der Furcht des Bösen bestritten wird«, beschreibt, im Unterschied zur »Weißheit«, die »eine lautere Neigung zum Guten ohne eintzige Neigung zum Bösen« sein soll.[118] Klugheit wird zur Verbindung zwischen Vergangenem und Zukünftigem, den Lehren der *historia*, die zur Urteilsbildung, dem »Rath« für die Zukunft, dienen sollen.[119] Eine zweite wesentliche Bestimmung gewinnt die Klugheit in der Ethik, in der Vernunft und Gefühl in einer »Amor ex prudentia« kluge Handlungen sicher stellen sollen.[120] Die thomasiussche Klugheitslehre operiert auf drei Feldern: der höfischen Rhetorik, der Liebesethik und der aufklärerischen Urteilsbildung. Alle drei Ebenen, so wird sich bei der Betrachtung seines Versuches, im kommunikativen »Schließen« der Klugheit »Wahrheit zu finden«, herausstellen, dienen dazu, ein Wissen zu formulieren, das sich im Unterschied zum reinen Selbstdenken allein durch die symmetrische Kommunikation mit anderen generiert,

---

[115] Vgl. Hegel: Geschichte der Philosophie, S. 12.
[116] Vgl. Leibniz: Neue Abhandlungen über den menschlichen Verstand, übers. u. erl. v. C. Schaarschmidt, Leipzig 1904, S. 525f.
[117] Zur grundlegenden Unterscheidung von irdischer Klugheit und göttlicher Weisheit vgl. Aurelius Augustinus: Gegen die Akademiker, in: Frühdialoge, eingl. übers. u. erl. v. Bernd Rainer Voss, Zürich 1972.
[118] Thomasius: Entwurf der politischen Klugheit, Kap. 1, § 11.
[119] Ebd. § 27.
[120] Vgl. Schneiders: Naturrecht und Liebesethik, S. 58.

bei dem also die tägliche Konversation als »medium cognoscendi« dem rationalen Subjektivismus vorausgeht. Bei Wolff ist die Klugheit der *sapientia* wieder untergeordnet. H. A. Meissners *Philosophisches Lexikon aus Christian Wolffs sämtlichen Deutschen Schriften* (1737) faßt den § 436 seiner *Philosophia moralis* kurz zusammen: Klugheit ist die »Fertigkeit, weislich erwehlte Mittel wohl auszuführen«. Zwar gilt noch *experientia est mater prudentia*, aber die Aufgabe der Klugheit ist es, mit dem Verstand Erkanntes durch den Willen umzusetzen. Schon der zur gleichen Zeit mit Thomasius in Halle lehrende Theologe Johann Franz Budde unterteilt die Klugheit in seiner Systematik der praktischen Philosophie *Elementa philosophiae practicae* (Halle: 1697) in Staatsklugheit und Privatklugheit. Budde will die aristotelische Trichotomie der praktischen Philosophie von Ethik, Ökonomie und Politik durch die Hinzunahme einer Naturrechtslehre als Pflichtenlehre überwinden, wodurch es ähnlich wie bei anderen zeitgenössischen Klugheitslehren zu einer Aufspaltung der Klugheit in mehrere Bereiche kommt. So etwa bei Bernhard Julius von Rohr in seinen parallelen Ausarbeitungen *Klugheit zu leben* (Leipzig: 1715) und der *Einleitung zur Staatsklugheit* (Leipzig: 1718). Der Anfang des Auseinandergehens der Klugheit in Pflichtenlehre und Anstandslehre ist also schon zeitgleich mit Thomasius' Versuch, die Klugheit als Kommunikationstheorie zu entfalten.

Auch Andreas Rüdiger, der berühmteste Schüler des Thomasius, ordnet in seiner *Philosophia synthetica* (Leipzig: 1708) die Klugheit dem praktischen Teil zu, der sich als Ethik von Affektenbekämpfung und als Politik von Staatskunst und Privatpolitik versteht.[121] Mit Bezug auf Budde führt Rüdiger diese Verbindung noch einmal deutschsprachig mit seiner Schrift *Klugheit zu leben und zu herrschen* (Leipzig: 1722) sehr eingängig vor.[122] Ludwig Philipp Thümming, ein Wolff-Schüler, unterteilt dann wiederum in seinen *Institutiones philosophia Wolfianae* (Leipzig: 1726) die praktische Philosophie in eine theoretische und eine praktische, deren Naturrechtslehre sich in ein *jus naturale ehticum* und ein *jus naturale politicum* aufspaltet, denen jeweils eine Klugheitslehre als Ethik und als Politik zugeordnet werden. Die *Politische Wissenschaft* wird dadurch in Staatsweisheit und Staatsklugheit verdoppelt. Als solche verlieren sie sich ab

---

[121] Vgl. Schneiders: Thomasius politicus. Einige Bemerkungen über Staatskunst und Privatpolitik in der aufklärerischen Klugheitslehre, in: Zentren der Aufklärung I. Halle / Aufklärung und Pietismus, hrsg. v. Norbert Hinske, Heidelberg 1989, S. 108f.

[122] Vgl. Jutta Brückner: Staatswissenschaften, Kameralismus und Naturrecht. Ein Beitrag zur Geschichte der Politischen Wissenschaften im Deutschland des späten 17. und frühen 18. Jahrhunderts, München 1977; vgl. Gotthardt Frühsorge: Der politische Körper, Stuttgart 1974; vgl. Karl-Heinz Mulagk: Phänomene des politischen Menschen im 17. Jahrhundert, Berlin 1973; zur Wiederaufnahme der Klugheit im 18. Jahrhundert als theoriefeindliche Skepsis vgl. Detmar Doering: Die Wiederkehr der Klugheit. Edmund Burkes und das »Augustan Age«, Würzburg 1990.

der Mitte des 18. Jahrhunderts in der empirischen Staatswissenschaft oder
Rechtsklugheit und verlassen somit den Bereich der Philosophie, während die
Privatklugheit in einer Alltagsethik aufgeht. In den politikfernen metaphysischen Rechtslehren des Deutschen Idealismus ist für das Weisheits- oder
Klugheitsideal dann kein Platz mehr, weil sie nicht im formalen Sinne zu
verwissenschaftlichen sind. Mit der Loslösung der Klugheit aus ihrem Erkennt-
niszusammenhang – wie ihn sowohl Tacitus, Machiavelli, Bacon, Gracián als
auch Thomasius noch reflektieren – gerät die Klugheitslehre zunehmend unter
den Verdacht der »Machiavellisterey«. So unterscheidet Christian A. Heumann
in seiner Schrift *Der politische Philosophus, das ist vernunftmäßige Anweisung zur
Klugheit im gemeinen Leben* (Frankfurt a.M.: 1724) in der Einleitung zwischen
wahrer Klugheit (*prudentia*) und Scheinklugheit (*calliditas*).[123] Die Klugheit
ohne Moral ist »arglistigkeit, diese aber eine art thorheit«, so die Kritik einer
rein strategischen Klugheit in A. F. Müllers *Einleitung in die philosophischen Wissenschaften* (1728).[124]

Auch Kant kennt die Klugheitslehre nur noch als »Geschicklichkeit«, entweder als Welt-Klugheit, »auf andere Einfluß zu haben, um sie zu seinen Absichten zu gebrauchen«, oder als Privat-Klugheit, »alle diese Absichten zu seinem dauernden Vorteil zu vereinigen.«[125] Natürlich wirkt der Weltkluge ohne
die Privatklugheit, das heißt ohne seine Klugheit auf Dauer stellen zu können,
etwas dümmlich: »er ist gescheit und verschlagen, im Ganzen aber doch unklug.« Klugheit wird im 18. Jahrhundert schnell mit einem falsch verstandenen »Machiavellismus« bzw. »Tacitismus«[126] gleichgesetzt, bei denen aufgrund
einer völlig anderen Geschichtskonzeption Klugheit als *ratio status* der Selbst-

---

[123] Zur Entwicklung der politischen Klugheit vgl. Wilhelm Adolph von Feist: Hand-
    buch der Fürsten und Fürstlichen Beampten: worinnen Der rechte Kern der Politi-
    schen klugheit aus den vornehmbste verscheidenen newen, sowol Latein. als Franz.
    Polit. Schreiberen, kurtz zusammen gezogen, u. verfassetin dieses Tractaetlein, Bre-
    men 1660; vgl. August Pfeiffer: Klugheit der Gerechten: in 8 Catechismus-Predig-
    ten, Lübeck [u.a.] 1697; vgl. Franz Albrecht von Schoenau Pelzhoffer: Neu entdecte
    Staats-Klugheit: in hundert politischen Reden oder Discursen und ungemeinen An-
    merkungssprüchen [...]; Franckfurt/Leipzig 1710; vgl. Philippus Maria Bensheimen-
    sis: Die Klugheit als ein wahre und nöthige Fürsten-Tugend [...], [Leichenpredigt
    auf Franz Georg Kurfürst und Erzbischof von Trier, gest. 18. Jan. 1756], Dat. 1756.
[124] In dieser Zeit gibt August Friedrich Müller auch das *Handorakel* deutschsprachig
    heraus; [Oraculo manual, y arte de prudencia] [Oracul, das man mit sich fuehren,
    und stets bey der Hand haben kan] Balthasar Graciáns Oracul, das man mit sich
    fuehren, und stets bey der Hand haben kan: das ist: Kunst-Regeln der Klugheit /
    vormahls von Amelot de la Houssay [...] ins Frantzoesische, anietzo aber aus dem
    span. Original [...] ins Deutsche uebers., mit neuen Anmerckungen, in welchen die
    maximen des Autoris aus den gruenden der Sittenlehre erklaeret [...] werden von
    August Friedrich Muellern, 2. Aufl., Leipzig 1733.
[125] Kant: Werke, Bd. 4., S. 416; vgl. auch Hegel: Enzyklopädie, § 6.
[126] Vgl. Wilhelm Kühlmann: Gelehrtenrepublik und Fürstenstaat, Tübingen 1982; zu
    tacistischen Schriften vgl. S. 61f; zur Geschichte der Tacitus-Rezeption vgl. Paul
    Joachimsen: Tacitus im deutschen Humanismus, in: ders: Gesammelte Aufsätze,
    eingl. v. Notker Hammerstein, Aalen 1970.

vergewisserung und Sicherung der eigenen Position diente. Während Bacon in seinen Essays Tacitus und Machiavelli noch als unvoreingenommene Beobachter menschlichen Verhaltens würdigen kann, darf im Jahrhundert der Bildung durch Tugend und Herz eine solche Klugheit der *arcana imperii* und *ratio potentia*-Tradition nur noch als Machtstrategem wahrgenommen werden.[127] Während aber Machiavellis Klugheit als politische Klugheit und *prudentia civilis* zugleich ein neues Personenverständnis artikuliert, überhaupt erst einen beweglichen und ständeübergreifenden Menschen formuliert, der sich nicht durch seine Innerlichkeit, sondern durch seine Fähigkeit zur Situierung innerhalb des politisch-höfischen Gebildes auszeichnet, so bildet dieses Denken im 18. Jahrhundert die Negativfolie für eine bürgerliche Variante von Klugheit, die sich außerhalb des Verhältnisses von Staat und Individuum Vorteile zu verschaffen erhofft. Vernunft, Pflicht, Recht, Tugend als großes Haus und Familie, Sprache, Herz und wahre Liebe als kleines Haus regeln das Selbstverständnis des Bürgers.[128] Sich der Klugheit zu bedienen, hieße dann, beide Häuser zu verlassen.

In seinem *Abriß einer allgemeinen Historie der Gelehrsamkeit* (1751) faßt Johann Andreae Fabricius die wichtigsten Autoren der Klugheit noch einmal zusammen: Platon, Aristoteles, Salust, Cicero, Plutarch, Tacitus und in neuerer Zeit Johann Calvin, Bartholomäus Keckermann, Johann Heinrich Alsted, Gabriel Maudaeus, Hermann Conring, Just Gerhard Rink, Johann Heinrich Boecler, Gebhard Theodor Meier, Conrad Samuel Schurzfleisch, Daniel Hartnack, Daniel Georg Morhof, Christian Thomasius, Johann Franz Budde, Andreas Rüdiger, Christian Gottfried Hofmann, Jacob Friedrich Reimmann und Johann Tobias Wagner. Sie alle, so Fabricius, haben es nicht geschafft, der »Weitläufigkeit dieser Wissenschaft« eine »ordentliche vollständige Historie der Politik zu geben«[129]. Deshalb versucht Fabricius, die historische Genese und systematische Anordnung in Einklang zu bringen. Insgesamt ist die Klugheit die Fertigkeit, »weislich erwehlte Mittel wohl anzuwenden, in erlaubten und gleich gültigen Dingen seinen Nutzen zu befördern«. Sie ist nach Fabricius in »Privatpolitik oder Kunst zu leben« und »Staatspolitik oder Kunst zu herrschen« unterteilt. Die Privatpolitik wiederum setzt sich aus der »Lehre vom Wohlstand«, der Lehre des *decorum*, zusammen und der Lehre, »in kleinen Gesellschaften klüglich zu wirthschaften und Haus zu halten«, der »Haushaltungskunst«. Die eine bezieht sich auf die Klugheit »vor sich betrachtet« und die andere »in dem Ungange mit andern«. Parallel unterscheidet die Staatspolitik die »innere Verfassung« und das »Verhältnis eines Staates gegen andere«. In der Geschichte

[127] Vgl. Manfred Beetz: Frühmoderne Höflichkeit: Komplimentierkunst und Gesellschaftsrituale im altdeutschen Sprachraum, Stuttgart 1990, S. 36f.
[128] Vgl. Friedrich A. Kittler: Dichter, Mutter, Kind. Deutsche Literatur im Familiensystem 1760–1820, München 1991.
[129] Johann Andreae Fabricius: Abriß einer allgemeinen Historie der Gelehrsamkeit, Leipzig 1752, S. 409f.

der Klugheitslehren, die Fabricius vor allem von den »Hebräern« (Adam,
Noah, Joseph, Moses, Salomon) und den Theoretikern der antiken Polis herleitet, nennt er »Machiavellisten« und die »Monarchiestürmer« »zween Ab-
wege«[130]. Beide, Machiavelli und die Monarchomachen, übertreten den moralisch erlaubten Rahmen der Klugheitslehre, die für Fabricius nicht mehr die
notwendige Bedingung für Weisheit ist, sondern in der die »Weltweisheit [...]
den höchsten Gipfel erreiche«[131]. Klugheit, so beendet Fabricius seine *historia*,
steht zuletzt nur noch den großen Männern der Geschichte zu. Sie speist sich
aus ihren Taten und ihren philosophischen Weisheiten. Im Unterschied zur
Klugheit *in abstracto*, die als Theorie »wie ein Diamant, er mag in der Hand
eines Fürsten oder eines Bauern seyn« unveränderlich ist, steht die Klugheit *in*
concreto nur den »Weltweisen« zu. Bei allen anderen führt sie zur »sectirischen«
und nicht zur »wahren freyen Philosophie«. Der »Krieg« zwischen der scholastischen Philosophie und den neuen politischen Philosophen, der sich bei Fabricius schon gegen die »gelehrten Nachbeter« und zugunsten der »wahren Weltweisen« entschieden hat, entläßt die Klugheit dort, wo sie mit Machiavellis
Begründung von bürgerlichen Karrieren begonnen hatte. Ist es das Vorhaben
von Thomasius, einen jeden mit der Fähigkeit der Klugheit auszustatten, also
das höfische Modell eines Gracián auf eine gesellige Gemeinschaft auszuweiten,
erscheint die Klugheit nun wieder als singuläre Anlage, nicht gemeinschaftsfä-
hig, sondern vorzüglichen Einzelnen vorbehalten, die ähnlich der Konzeption
des Genies durch ihre Weltweisheit auch das Recht erhalten, die Ordnung der
Vernunft und der Sittlichkeit aus esoterischen Gründen zu überspringen. Alles
andere, so warnt Fabricius, führt zur Sektenbildung, zum Eigensinn, bringt das
große Haus durcheinander. Und deshalb soll die große Menge der Menschen
nicht Machiavelli lesen. Der bewegliche Mensch ist im Jahrhundert der zwei
Häuser nicht mehr gefragt.

Ein neuer Philosophentypus: Dr. politicus

Der neue gesellschaftsorientierte Philosophentypus, den das 18. Jahrhundert
hervorbringt, ist bislang vornehmlich an dem universitären Wirken von Thomasius festgemacht worden.[132] Allein Thomasius' Biographie zeigt, in welchem Maß seine Karriere als Universitätslehrer und Gründungsrektor immer
wieder durch seine politischen Aktionen bestimmt war.[133] Nachdem er 1690

---

[130] Ebd. S. 414.
[131] Ebd. S. 419.
[132] Vgl. Helmut Holzey: Initiiert Thomasius einen neuen Philosophentyp?, in: Christian
Thomasius (Schneiders), S. 37–51.
[133] Zur Biographie von Thomasius vgl. Max Fleischmann (Hg.): Christian Thomasius.
Leben und Lebenswerk, Halle 1931; Friedrich Hoffmann: Effertur funus illustris
Christiani Thomasii, ad quod advocat Academia Rector, Halle 1728; Joann Petr. de

seine Vaterstadt Leipzig, wo er als *Dr. privatus* und *juris practicus* gearbeitet hatte, verlassen mußte, weil er sich durch seine berühmte deutschsprachige Vorlesung sowohl an der Universität als auch am Hof unbeliebt gemacht hatte, erhielt er durch den Hofhistoriker Pufendorf die erste Professur in Halle, wo es zu der Zeit noch gar keine Universität gab, außer einer kleinen Ritterakademie. Friedrich der III. ernannte Thomasius zu einer Art Gründungsprofessor, der zunächst in einem Privathaus unterrichten sollte. Thomasius, mit einer guten Redegabe ausgestattet, lockte tatsächlich so viele Studenten nach Halle, daß er bald die Stadt auffordern mußte, ihm den großen Saal im stadteigenen *Haus der Waage* zu überlassen und dort ein Katheder zu errichten. Als Lutheraner, der für die Reformierten eintrat, war den Hallensern Thomasius und die von ihm geforderte Gleichberechtigung von Anfang an suspekt.[134] Die Stadt mußte dem Verlangen zwar zustimmen, aber behielt sich — rechtlich richtig — vor, den Saal auch für Viehhändler und durchziehende Komödianten zu nutzen.[135] Der Kurfürst entschied, daß der Saal zwar von nun ab Vortragssaal wurde, das Katheder aber nicht fest installiert werden durfte. Vielleicht ist diese Anekdote auch die deutlichste Metapher für seine Art und Wirkung als Universitätsprofessor.

In seiner wissenschaftlichen Arbeit lassen sich drei Phasen unterscheiden,[136] die erste von 1684 bis 1692. Bis zum Tod des Vaters im Jahr 1684 verlief Thomasius' akademische Tätigkeit in den üblichen Bahnen. Ab 1684 war sein Studium vor allem durch die Lektüre der Schriften Pufendorfs gekennzeichnet. 1688 erschien sein erstes größeres wissenschaftliches Werk *Institutiones jurisprudentiae divinae* (1709 deutsch: *3 Bücher der göttlichen Rechtsgelahrtheit*), das an Pufendorfs *Natur- und Völkerrecht* anschloß und neben anderen kleineren Schriften über Mängel an den Universitäten vor allem gegen die herrschende Theologie gerichtet war.[137] Von 1688 bis 1689 erschienen die *Monatsgespräche*, die er

---

Ludewig: Memorias viri illustris Christiani Thomasii — scripsit, Halae Magd. 1728; Werner Schmidt: Ein vergessener Rebell. Leben und Wirken des Christian Thomasius, München 1995; zur Bibliographie vgl. Rolf Lieberwirth: Christian Thomasius. Sein wissenschaftliches Lebenswerk. Eine Bibliographie, Weimar 1955.

[134] Vgl. Thomasius: Erklärung und Vertheydigung der Lehre; über die Frage: Ob denen Lutheranern von ihren Lehrern mit gutem Gewissen könne untersaget werden, mit denen Reformirten keine Gemeinschaft zu halten, noch ihre Predigten zu besuchen?, Halle 1690, in: Kleine deutsche Schriften.

[135] Vgl. Schneiders: Thomasius politicus, S. 92.

[136] Zu abweichenden Einteilungen vgl. Gunter E. Grimm: Literatur und Gelehrtentum in Deutschland. Untersuchungen zum Wandel ihres Verhältnisses vom Humanismus bis zur Frühaufklärung, Tübingen 1983, S. 347.

[137] Thomasius: Christian Thomasius eröffnet der studirenden Jugend einen Vorschlag, wie er einen jungen Menschen, der sich ernstlich fürgesetzt, Gott und der Welt dermahleins in vita civili rechtschaffen zu dienen, und als ein honnet und galant homme zu leben, binnen dreyer Jahre Frist in der Philosophie und singulis jurisprudentiae partibus zu informiren gesonnen sey, Leipzig 1689, in: Kleine deutsche Schriften.

unter anderem auch zum Gelderwerb herausgab. Ab 1691 arbeitet er in Halle
an seiner Vernunftlehre und seiner Sittenlehre.[138] Die erste der fünf Auflagen
der *Ausübung der Vernunfft=Lehre* erschien noch im gleichen Jahr.[139] Gleich ein
Jahr darauf lag schon die *Einleitung zur Sittenlehre* vor.[140] Thomasius brachte es
einerseits durch seine exklusive Stellung als *senior academiae* und andererseits
durch seine umfangreiche schriftstellerische Tätigkeit zu einem kleinen Vermögen, mit dem er sich bald ein Haus auf dem Land kaufen konnte. Hinzu kam
eine geschickte Heirat, die ihm einen gewissen Luxus zuteil werden ließ. Dieser
Frühphase seiner Schriften widmen sich vor allem die Arbeiten zum politischen
Thomasius.

Die zweite Phase – 1692 bis 1702 – ist durch die Annäherung an den
Pietismus und das Ende der Auseinandersetzung mit August Hermann Francke
datiert. Seine gegen den Atheismus gerichtete Zeitschrift *Historie der Weisheit
und der Klugheit* erschien nur im Jahr 1693 (Theil 1–3, 205 S., 192 S., 358 S.).
Neben Francke kam ein Jahr später auch Franz Budde nach Halle, mit dem er
die gelehrte lateinische Zeitschrift *Observationes* als Universitätsorgan herausgab
(1700–1705). Ihnen folgten Joachim Lange und Christian Wolff, den Thomasius selbst berufen hatte. Zwischen Wolffs neuer Philosophie, die Thomasius
als Wiederbelebung der Scholastik ansah, und Franckes oder Langes Pietismus,
den Thomasius als ketzerisch begriff,[141] sah er sich schnell eingekeilt. Beide
griffen ihn als Freigeist an. Der Zwist aber drehte sich vor allem um verschiedene Auffassung der Lehrtätigkeiten.[142] Mit den Pietisten mußte sich Thomasius friedlich einigen, da der Soldatenkönig hinter ihnen stand. Christian Wolff
wurde 1723 durch »kgl. Kabinettsordre« seines Amtes enthoben und aus Halle
und des Landes verwiesen.[143] 1697 erscheint die *Ausübung der Sittenlehre* (spätere
Auflagen: 1704, 1707, 1715, 1720, 1726; lateinische Ausgabe: *Praxis Philosophiae Moralis*). Den Höhepunkt seiner Koalition zwischen Aufklärung und

---

[138] Thomasius: Einleitung zu der Vernunfft=Lehre, worinnen durch eine leichte und
  allen vernünfftigen Menschen, waserley Standes oder Geschlechts sie seyen, verständige Manier der Weg gezeiget wird, ohne die Syllogistica das wahre, wahrscheinliche
  und falsche von einander zu entscheiden, und neue Wahrheiten zu erfinden, nebst
  einer Vorrede, Halle 1691; [spätere Auflagen 1699,1705,1711, 1719; lateinisch unter
  dem Titel: Introductio ad Logicam et praxin logicae, ex idiomate Germanico in latinam linguam translate. Frankfurt/Leipzig 1693.]
[139] Lateinische Fassung: Praxis logices, seu breviora perspicua ac bene fundata compendia, Frankfurt/Leipzig: 1694.
[140] Lateinische Fassung: Introductio in Philosophiam moralem, sive de arte rationaliter
  amandi, Halle 1706.
[141] Thomasius: Kurze Abfertigung derer in der Ausführlichen Beschreibung des Pietistischen Unfugs enthaltenen Lästerungen, Halle 1693, in: Kleine deutsche Schriften.
[142] Thomasius: Bericht von Einrichtung des Pädagogii zu Glauchau an Halle, nebst der
  von einem gelehrten Manne verlangten Erinnerung über solche Einrichtung, Frank-
  furt/Leipzig 1699.
[143] Vgl. Bruno Bianco: Freiheit gegen Fatalismus. Zu Joachim Langes Kritik an Wolff,
  in: Zentren der Aufklärung I. Halle / Aufklärung und Pietismus, hrsg. v. Norbert
  Hinske, Heidelberg 1989, S. 111f.

Pietismus bildete die 1699 erschienene Schrift *Vom Wesen des Geistes*, in der er die »natürliche Wissenschaft« zur Grundlage seiner Sittenlehre zu machen versuchte.

In der dritten Phase – 1702 bis 1728 – nahm Thomasius seine früheren Vernunftansätze wieder auf und formulierte vor allem einen bürgerlicheren Ansatz der Klugheitslehre im Gegensatz zu der früheren höfischen, die von Gracián inspiriert war. Neben kritischen Arbeiten zu Fragen der Zauberei und des Aberglaubens, die den Weg zur modernen Behandlung des Fauststoffes im 18. Jahrhundert ebnen werden, und Dissertationen zur Folter erschien 1705 eine Umarbeitung und Ergänzung seines naturrechtlichen Hauptwerkes unter dem Titel *Fundamenta juris naturae* (1709 deutsch: *Grundlehren des Völkerrechts*). In diese Zeit fallen auch Thomasius' Arbeiten zur *Politischen Klugheit* (1705). 1707 schrieb Thomasius die Vorrede zur ersten deutschen Ausgabe von Hugo Grotius' *Recht des Krieges und des Friedens,* später mit zusätzlichen Kommentaren und »dienlichen Anweisungen« versehen. Seine berufliche Karriere fand 1710 ihren Höhepunkt, als er nicht nur Geheimer Justizrat des preußischen Königs wurde, sondern kurze Zeit später offizieller Direktor der Universität, *Professor primarius* und *Ordinarius* der Fakultät. 1710–1713 entwarf Thomasius mehrere Grundlagenprogramme, um das Studium der Rechtsstudenten zu reformieren.[144] Die Ausarbeitung eines Generalplans für ein allgemeines Landrecht auf »allerhöchste Ordre« fand 1714 unter seiner Leitung statt. 1717 erschien Thomasius' Ausgabe mit Anmerkungen zu *D. Melchiors von Osses Testament gegen Hertzog Augusto Churfürsten zu Sachsen. Sr. Churfürstl. Gnaden Räthen und Landschaffte. 1556. Zum Gebrauch des Thomasischen Auditorii.* In seiner Vorrede führt Thomasius als Grund für die Aktualisierung der Schrift an, daß es ihm nicht darum geht, dieselbe gegen das »Papstthump« zu richten, sondern: »damit ich den Gelehrten von unserer Religion die Augen öffnen möchte / besser / als leyder bisher geschehen / zu erkennen / wie tieff wir noch bißer in dem Politischen Papstthumb gesteckt [...].« Noch in dieser Schrift, die Thomasius für seine letzte Drucklegung hielt, geht es ihm darum, das »sämtliche gemeine Wesen« dahingehend zu reformieren, daß das Fortleben der *arcana politica* im Zentrumsgedanken des päpstlichen Rechtssystems durch eine Umverteilung der Macht zum bürgerlichen Gesetz und zur Kommunikation verhindert werden kann. In den Jahren vor seinem Tod erschienen 1720/21 *Ernsthafte, aber doch muntere und vernünfftige Thomasische Gedancken und Erinnerungen über allerhand außerlesene Juristische Händel* (Teil 1–4) und 1723 *Vernünfftige und Christliche, aber nicht scheinheilige Thomasische Gedancken und Erinnerungen über allerhand ge-*

---

[144] Thomasius: Cautelae circa praecognita jurisprudentiae in unsum auditorii Thomasiani, Halle 1710; Thomasius: Hochnöthige Cautelen / Welche ein Studiosus juris, der sich zur Erlernung der Kirchen=Rechts=Gelahrtheit / Auff eine kluge und geschickte Weise vorbereiten will / zu beobachten hat. Nebst einem dreyfachen und vollkommenen Register, Halle 1713.

mischte Philosophische und Juristische Händel (Teil 1–3). Am 23.9.1728 starb
Thomasius in Halle. Am 22.4.1724 wurde Kant geboren und Lessing am
22.1.1729.

In seinem *Summarischen Entwurf derer Grund=Lehren* (1699), in dem Thomasius sein zukünftiges universitäres Programm den Studenten vorstellt, formuliert er auch das neue Ethos eines nützlichen Studiums. Er bietet nicht nur
ärmeren Studenten eine kostengünstige Unterweisung an und spricht sich für
einen grundsätzlich kollegialen Umgang aus, wobei Kritikfähigkeit eines der
neuen Lernziele sein sollte, sondern greift schon auf die zukünftige Pluralität
der Lehre voraus:

> Damit sie aber nicht meinen / als wollte ich sie mit Studiren überhäuffen, wäre mein
> unmaßgeblicher Rath / daß sie in der Woche den Tag in drey Theile theileten / acht
> Stund zur Ruhe anwendeten / acht Stunden zu läßlichen Erquickungen des Leibes
> und Gemüthes anwendeten / und acht Stunden dergestalt studireten / daß sie nebst
> deren zwey Stunden bey mir / drey Stunden bey anderen Herren Professoribus und
> Doctoribus und Magistris Collegia hielten und die übrigen zu repetiren destinierten /
> jedoch daß sie nicht so wohl memorirten / als daß sie dem was sie gehöret nach
> dachten / denn die Gelahrtheit bestehet nicht im Gedächtnis sondern in Judicio &
> meditatione.[145]

Nicht nur an dieser Aufforderung gegenüber den Studenten, sondern auch auf
der Ebene des Stils läßt sich zeigen, inwiefern der neue Philosophentypus, den
Thomasius als einer der ersten verkörpert, eine Gewichtsverlagerung vom gelehrten System des Wissens auf das Subjekt des Wissens vornimmt. Neben
dem Selbstdenken und kritischen Überprüfen des universitären Stoffs und der
Pluralität der Lehre weist Thomasius die Studenten an, sich nicht ausschließlich
mit dem Studium zu beschäftigen. Die unscheinbaren »läßlichen Erquickungen
des Leibes und Gemüthes« zielen auf den Charakter der Studierenden. Das
Entscheidende des neuen Wissens ist nicht mehr das Selbstverständnis des Philosophen als »Gelehrter«, sondern seine Beschäftigung mit dem, was für andere
»nützlich« sein kann. Und das heißt, daß der Charakter des Studierenden von
Anfang an ein gesellschaftlich interessierter sein muß. Wenn Nietzsche später
fragen wird, wie der Student mit der Universität verbunden sei, und darauf
antwortet, mit dem Ohr,[146] dann weist er erneut auf diesen Zusammenhang
von Gedächtnis und Charakter hin. Thomasius wendet sich vor allem gegen
den scholastischen Schematismus und die philosophische »Sektenbildung«, ob
es nun Pyrrhonisten, Ramisten, Cartesianer oder Eklektiker sind, um die Studenten zu einem politischen Wissensbegriff anzuleiten.

---

145 Thomasius: Summarischer Entwurf derer Grund=Lehren / Die einem Studioso Juris
zu wissen nöthig / nach welchen Christian Thomas. künfftig / so Gott will Lectiones
privitissimas zu halten / in vier verschiedenen Collegiis anzustellen gesonnen ist,
Halle 1699, S. 54.
146 Nietzsche: Über die Zukunft unserer Bildungsanstalten. Sechs öffentliche Vorträge,
Bd. 1, S. 650f.

Semantisch läßt sich der Terminus *Philosoph* für die Frage nach einem neuen Philosophentypus zum Ende des 17. Jahrhunderts allerdings nur schwer fassen. Thomasius selbst gebraucht ihn einerseits so weit, daß nicht nur der allgemein Gelehrte und Weltweise, sondern auch jeder Professor der philosophischen Fakultät darunter fallen würde, und andererseits so eng, daß im strengen Sinne nur die theologische Metaphysik das Gebiet der Philosophie sein könnte.[147] Der wichtigste Umbruch in der Kultur des Universitätsgelehrten aber ist die Einschränkung des reinen Bücherstudiums. Wahrheitssuche wird nicht mehr mit einer weltabgewandten Haltung, sondern mit Austausch, Reise und Gespräch verbunden. Bei Thomasius zeichnet sich dieser Umbruch vor allem durch sein gezieltes Engagement für die Studenten und seine über die Universität hinausgehenden gesellschaftlichen Aktivitäten aus. Das Ideal des Weisen, das lange Zeit durch die antike Lehre der Stoiker vorgebildet ist und die Heraushebung des Einzelnen eben nicht durch Reichtum, Ehre oder Sinnlichkeit, sondern durch die Freiheit von weltlichen Lastern preist,[148] erfährt bei Thomasius einen grundsätzlichen Wandel. Anders als bei der häufigen Entgegensetzung von Wissenschaft und Weisheit im 17. Jahrhundert, bei welcher der Gelehrte als pedantisch, eitel und unehrlich beschrieben wird, geht es Thomasius darum, das Ideal der Weisheit wieder mit der Wissenschaft auszusöhnen. Schon im *Discours* von 1687 hatte er das Ideal des Weltmanns in die Gelehrtenrepublik einzuführen versucht. Im Unterschied jedoch zu der neuen Generation von Naturwissenschaftlern, deren empiristische Methoden ohnehin ein neues Selbstverständnis als analytische Beobachter mit sich bringen, oder den Rationalisten, deren Selbstbeschreibung als Voraussetzungslosigkeit des Denkens ihre Identität in der Methode findet, hält Thomasius an dem Primat des Philosophen als Wortwissenschaftler fest. Seine Abgrenzung gegen die humanistisch-barocke Auffassung der ordnungsgebenden Sprache findet wesentlich stärker in dem konversationsorientierten Umgang mit der Polymathie statt. Im europäischen Vergleich – etwa mit den englischen Theoretikern – müßte man Thomasius sogar als konservativ beschreiben. Denn, wenn er als historischer Initiator der Aufklärung genannt wird, muß man in ihm auch ihren ersten Kritiker sehen. Selbstbewußt im Ton des Neuen ist er zwar der schärfste Kritiker der reinen Gelehrsamkeit, hält aber im Unterschied zur späteren Aufklärung an ihrem polyhistorischen Ideal fest. Sein Ziel ist es nicht, das Wissen durch die rationalistische Methode einer sachlichen Reduktion zu unterziehen, sondern gerade auch das Alltagsdenken und das Erfahrungswissen, das in den barocken Enzyklopädien versammelt war, zu kommunizieren. Für Thomasius ändert sich weniger prinzipiell an dem Inhalt des Wissens etwas als an den Subjekten und

---

[147] Vgl. Holzhey: Initiiert Thomasius einen neuen Philosophentypus?, in: Christian Thomasius (Schneiders), S. 41.

[148] Vgl. etwa Baruch de Spinoza: Tractatus de intellectus emendatione, in: Opera, hrsg. v. C. Gebhardt, Bd. 2, Heidelberg 1925, S. 5f.

dem Ort dieses Wissens. Der Inhalt der statuarisch-barocken Systematik sollte in ein Netz von kommunizierenden Subjekten überführt werden, wodurch sich im Unterschied zur wissenschaftlichen eine gesellschaftliche, praxisorientierte Selektion ergeben sollte. Gerade die Vielfalt der Stilarten und Textgattungen, mit denen Thomasius sehr unterschiedliche Adressaten in die Gelehrsamkeit zu integrieren versucht, zeugt davon, inwiefern er sich den Polyhistoren Alsted und Morhof wesentlich näher fühlte als den Systematikern wie Wolff. Daß Thomasius dennoch zur Markierung eines neuen Denkens dienen konnte, liegt vielmehr an seiner frühen Sensibilität für eine gesellschaftlich notwendige Reformation und Aktualisierung des Wissens, die er selbst als Problemlösung des unter Selektionsdruck stehenden Gelehrtenstandes zielbewußt anstrebt.[149] Denn so wie er eine Gelehrsamkeit für das »allgemeine Volck« für nötig erachtet, befindet er auch die Beschäftigung des Gelehrten mit der Sprache und dem Wissen des »allgemeinen Volcks« für nötig. Er formuliert damit die deutlichste Zäsur in der Geschichte des gelehrten Wissens. In Johann Matthias Schröckhs *Allgemeiner Biographie* von 1778 wird sein Porträt von 130 Seiten dem fünften Band vorangestellt. Der Grund dafür ist nicht so sehr die nachhaltige Wirkung der Originalität seiner Philosophie als vielmehr die Reformation des Alten, das heißt, die Umschichtung und Zirkulation des gelehrten Archivs in den neuen Medien des deutschen Büchermarkts und der Zeitschriften. Schröckh beendet deswegen seine Lobpreisung mit einem historischen Vergleich: »Ihm [Thomasius] gebührt ohne Zweifel der ehrwürdige Name eines *Reformator* [...].«[150]

Klugheit durch Fremdbeobachtung

Während sich in Johann Heinrich Alsteds polyhistorischer *Encyklopaedia* des Universalwissens als oberste Disziplinen der Wissensordnung und der *habitus intellectuales* die *Hexiologia*, die *Technologie*, die *Archeologia* und die *Didactica* finden, ist der Bereich der einzelnen *artes* durch die *Lexica*, die *Grammatica*, die *Rhetorica*, die *Logica*, die *Oratoria* und die *Poetica* gegeben, die zusammen die *Philologia* bilden.[151] Der *scientia* sind die *Metaphysik*, die *Pneumatica*, die *Physica*, die *Arithmetica*, die *Geometria*, die *Cosmographia*, die *Uranometria*, die *Geographia*, die *Optica* und *Musica* zugeordnet. Der Übergang zum Handeln ist durch die *Ethica* als *prudentia honestè vivendi*, die *Oeconomica* als *prudentia bene constituendi &*

---

[149] Vgl. Michael Maurer: Christian Thomasius oder: Vom Wandel des Gelehrtentyps im 18. Jahrhundert, in: Christian Thomasius (Vollhardt), S. 431f.

[150] Johann Matthias Schröckh: Leben des Königlich-Preußischen Geheimen Rathes Christian Thomasius, in: J. M. Schröckh: Allgemeine Deutsche Biographie, Bd. 5, Berlin 1778, S. 266f.

[151] Johann Heinrich Alsted: Encyklopaedia, Septem tomis distincta, Herborn 1630, S. 2–26.

administrandi familiam, die *Politica* als *prudentia bene constituendi & administrandi rempublicam* und die *Scholastica* als *prudentia bene constituendi & administrandi scholam* gekennzeichnet. Diese beiden Bereiche der *scientia* und der *prudentia* bilden als theoretische und praktische die *Philosophie*. Die *Theologia* wird als *doctrina* einem eigenen Bereich zugeordnet, während die *Jurisprudentia* als zweite und die *Medicina* als dritte der oberen Fakultäten ebenfalls zu den *artes* gerechnet werden. Neben diesen nehmen die *Artes Mechanicae* und die *Mechanographia* eine Sonderstellung ein, die zusammen mit der *Archelogia* die Gesamtheit der Anordnung der Enzyklopädie bestimmen. Unterstützend sind dabei die *Mnemonica* als *ars bene excolendo memoriam*, die *Historica* als *prudentia de modo recte scribendi & legendi historiam* und die *Chronologia* als *scientia de temporis emendatione*. Die *prudentia* tritt also in fünf Zusammenhängen auf: in der Ethik, der Politik, der Ökonomie, im Lehrbetrieb und beim Schreiben und Lesen der Historie, dem eigentlichen Gebiet des konkreten Wissens.[152] In diesen Bereichen setzen auch Thomasius' verschiedene Fassungen der Klugheit ein. Während die Klugheit in der Neuzeit als moralisches Instrument von der Naturrechtslehre auf dem Gebiet der Philosophie verdrängt wird, führt Thomasius sie überall dort als Außenseite der Weisheit wieder ein, um Erfahrungswissen analog zur empiristischen Naturwissenschaft in die Ordnung des philosophischen Wissens zu integrieren. Zwar wird auch bei Thomasius die praktische Philosophie von der Naturrechtslehre formuliert, aber den einzelnen Bereichen *justum* (später Rechtslehre), *honestum* (später Tugendlehre) und *decorum* (später Anstandslehre) wird eine spezifische Klugheit zur Seite gestellt.

Die juristische Klugheit wird zum ersten Mal von Thomasius in seiner Vorlesung *De prudentia legislatoria* als entscheidende Reduktions- und Beteiligungsleistung am modernen Gesetz herausgestellt.[153] Im ersten Kapitel der Vorlesung unterteilt er die juristische Klugheit nach den jeweiligen beteiligten Akteuren am juristischen Verfahren in eine gesetzgeberische, eine richterlich entscheidende und eine beratende; letztere ist der Aufgabe des Advokats zugeordnet (§ 1). Die Betonung liegt auf der gesetzgeberischen, die zu verstehen lehren soll, wie ein Gesetz von seinem Sinn und seiner Wirkung her zu konzipieren ist. Sie hat die Aufgabe, die praktischen Auswirkungen eines Gesetzes selbst in der Gesetzgebung zu reflektieren und zu integrieren. Auf die Frage, warum diese Klugheit bisher nicht gelehrt worden ist, gibt Thomasius den Hinweis, daß der

---

[152] Die von Christoph Mylaeus, dem Begründer der neuzeitlichen Polyhistorie, in seiner Schrift *De scribenda universitatis rerum historia* vorgenommene Dreiteilung des Allwissens in *historia naturae, sapientiae* und *litteraria* bzw. *scientia, sapientia* und *prudentia*, die sich bis zu Kants Dreiteilung seiner Kritiken durchhält, ist auch bei Alsted wirksam; vgl. Schmidt-Biggemann: Topica Universalis, S. 23ff.

[153] Thomasius: De prudentia legislatoria, hrsg. v. Gottlieb Stolle, Halle 1740, vgl. Helga Tubies: Prudentia legislatoria bei Christian Thomasius, Diss., München 1975; Rolf Liberwirth: Christian Thomasius und die Gesetzgebung, in: Christian Thomasius (Schneiders).

Streit um das Primat des Willens (Theologie) oder der Vernunft (Scholastik) es
verhindert habe, ein Gesetz zu entwerfen, das allen Beteiligten dient. Die *prudentia consultatoria* ist deshalb auch diejenige, welche den Überblick und die Einteilung der Gesetze vermitteln soll. Der Hauptgegenstand der *prudentia legislatoria*
ist folglich das *lex humana*. In der Gesamtordnung der Klugheit von ratgebender
und urteilender ist sie eine Unterart der ratgebenden (Cap. IV, § 1). Seit Thomas
von Aquins *Traktat über die Klugheit* der *Summa Theologica* ist Thomasius der
erste, der die Klugheit wieder im Bereich der Gesetzgebung anwendet, um
der Genese und dem gesellschaftlichen Zustandekommen von Gesetzen mehr
Geltung zu verschaffen. Ihre vornehmliche Aufgabe ist nicht das Judikative,
sondern die Gesamtheit des Systems einer Gesetzgebung in den Blick zu bekom-
men: »Ein Gesetz soll die Diskussion anregen.« (Cap. XII, § 9) Dazu ist es nicht
nur nötig, eine Reduktion der vielen verwirrenden Gesetze anzustreben, sondern
auch eine allgemeinverständliche Sprache zu benutzen, im besonderen Fall die
Sprache der Beklagten: »Solange bei der Gesetzgebung keine klugen Menschen
als Ratgeber herangezogen werden sondern gelehrte, meist mit den Prinzipien
des päpstlichen Klerus vollgestopfte Leute, solange darf man sich auch keine
klugen Gesetze erhoffen.« (§ 12) Die Klugheit erhält hier ihre bestimmende
Aufgabe in der Rückkopplung der theoretischen Vernunft an die Praxis. Ihre
Notwendigkeit im ausgehenden 17. Jahrhundert besteht für Thomasius vor allem darin, aus der Fülle der Gesetze die gesellschaftlich relevanten zu selektieren,
da der Gesetzeskatalog wie der gelehrte Schriftraum ins Unendliche angewach-
sen sind und gerade deshalb keine Wirkung mehr entfalten können. Es gilt:
»Selbst ungeschriebene Gesetze vermögen größere Wirkung zu haben als ge-
schriebene.« (§ 8) Die Aufgabe der *prudentia legislatoria* ist es, das System der
Gesetzgebung von einem fremden Standpunkt aus zu beobachten. Theologische
oder scholastische Legitimationen, das heißt Legitimationen der inneren Systematik, sind für die *prudentia legislatoria* keine Kriterien ihrer Selektion. Sie beobachtet die Gesetzgebung allein vom Standpunkt der Nützlichkeit für die Gesell-
schaft her und schafft so einen fremden Blick, der seine Beratung nicht aus dem
System von innen her, sondern durch eine Kommunikation mit einem anderen
Teilsystem und dessen Kriterien durchführt. Die Klugheit, so könnte man formulieren, importiert Informationen von einem Bereich zur Beobachtung und
Reformation eines anderen. Die *prudentia legislatoria* ist insofern ein weiteres
Beispiel dafür, inwiefern Thomasius' eklektizistische Philosophie nicht in einem
Sammeln und Auswählen, sondern vielmehr in einer Überblendung besteht. An
den jeweiligen Grenzen der Teilgebiete ist die Klugheit das Konnektiv ihrer
Schnittstellen. Die Beurteilung der Nützlichkeit eines Bereichs ist die Frage
nach der Möglichkeit der Zirkulation von Informationen innerhalb mehrerer
Bereiche. Die Klugheit nimmt daher im Unterschied zur Vernunft, welche die
Zirkulation der Informationen durch Homogenisierung der Teilbereiche erhöht,
eher eine Übersetzungsleistung wahr.

Der prominenteste Ort, an dem Thomasius seine Klugheitslehre entfaltet, ist die im Jahr 1705 publizierte Schrift *Primae lineae jureconsultorum prudentia consultoria, in quibus docetur, quid sit prudentia, quid consultoria, qua ratione ea ad Jctos pertineat, quid observet prudentia tam in dirigendi actionibus propriis, in conservatione quotidiana et selecta, in societate domestica et civili, quam quoad ipsa consilia aliis danda et ab iis petenda, fere ubique ex sensu communi deductae in usum auditorii Thomasiani* (Halle und Leipzig). Während die lateinische Ausgabe noch zum Teil auf der Vorlesung über die *prudentia legislatoria* basiert, legt die deutsche Übersetzung mit der Bezeichnung der Klugheit als *Politische Klugheit* jetzt eindeutig den Schwerpunkt auf ihre ratgebende Funktion. Der vollständige Titel der Schrift lautet: *Kurtzer Entwurff der Politischen Klugheit, sich selbst und andern in allen Menschlichen Gesellschaften wohl zu rathen, und zu einer gescheiten Conduite zu gelangen; Allen Menschen, die sich selbst klug zu seyn düncken, oder die noch klug werden wollen, zu höchstnöthiger Bedürffnis und ungemeinem Nutzen* (Frankfurt a. M.: 1710). Während Thomasius zwar auch in dieser Schrift noch ein besonderes Vorrecht der Klugheit für die Juristen sieht, so behandelt die *Politische Klugheit* das Verhalten in bestimmten Kommunikationssituationen, von der alltäglichen Konversation bis zur häuslichen und bürgerlichen Gesellschaft und der Freundschaft. Das Schwergewicht der Klugheitslehre besteht nun in der Bestimmung der Klugheit als der Fähigkeit, Rat zu geben *und* Rat zu suchen, die in den letzten Kapiteln fast nur noch als Anhang behandelt wird. Hatte die Klugheit in ihrer bisherigen Geschichte vor allem die Aufgabe, den Bereich der Praxis und des Erfahrungswissens abzudecken, so wird sie nun zum Instrument von Information und ihrer neuen Wege. In der *Introductio ad Philosophicam aulicam*, die Thomasius 1688 im Selbstverlag herausgegeben hatte und die deutschsprachig bei Johann Michael Rüdiger noch im gleichen Jahr unter dem Titel *Einleitung zur Hoff-Philosophie* erschien, war es Thomasius darauf angekommen, die Philosophie hoffähig zu machen sowie die Kommunikationsstrategien der höfischen Klugheitslehre auf den Bereich der Philosophie zu übertragen. Im Unterschied zur Kunst der Verstellung sollte diese Überlagerung eine offene und zirkulierende gesellschaftliche Kommunikation hervorrufen. Schon in einem Brief vom 24.3.1688 hatte Pufendorf ihn als Reaktion auf das »Teutsch programmata über den Gratian« dazu aufgefordert, »daß nach dem man das ienige, so justum heißt, zu guter perfection gebracht, man auch die ienige praecepta moralia in formam artis redigiren könnte, die darzu dienen, daß man für einen klugen, vorsichtigen und höflichen menschen in der welt passire; und ob nicht gewisse principia zufinden, darauß man alles deduciren könnte, und gewisse abtheilungen, dahin man alles referiren könte, und also das gantze wesen gleichsam untuitu haben.«[154] Die Anknüpfung an Gracián wird also von Pufendorf keineswegs als rückwärtig verstanden, sondern geradezu als Möglich-

---

[154] Samuel Pufendorf: Briefwechsel, hrsg. v. Detlef Döring, Bd. 1, Berlin 1996, S. 187.

keit, aus der Form höfischer Gesellgkeit Regeln für ein neues Gemeinwesen abzuleiten. Das Projekt einer Erkennungskunst des anderen läßt sich so auch als Antwort der entstehenden Bürgerlichkeit auf die höfische Verstellungskunst verstehen.[155] Erwartet man unter dem späteren Titel der *Politischen Klugheit* nun eine Ausformulierung einer Staatsklugheit, diesmal unter bürgerlichen Vorzeichen, so wird man zunächst mit einer reinen Privatklugheit konfrontiert:

> Die rathgebende Klugheit ist entweder allgemein oder bürgerlich. Jene lehret alle Menschen, sie mögen seyn in was vor Stande oder Gesellschafft sie wollen, wie sie ihr Tun und Vorhaben wohl ausführen sollen [...]. Die bürgerliche Klugheit aber siehet vornehmlich auff die Regierung einer Republic und alle Theile der Majestät, dahero man sie auch die Klugheit Gesetze zu geben nennen pfleget, weil die vornehmste Sorge eines Regenten seyn soll, seinen Unterthanen Gesetze zu geben und die Regeln der Gerechtigkeit festzusetzen.[156]

Die bürgerliche Klugheit, die im 18. Jahrhundert im Anschluß an das *honestum* den Bereich der Tugenden als Pflichtenlehre und »pragmatische Anthropologie« formulieren wird, ist nicht die *Politische Klugheit*, die Thomasius ins Zentrum seiner Überlegungen stellt. Denn »politisch« ist hier in einem ganz unpolitischen Sinne gebraucht. Unabhängig von den jeweiligen Gesellschaftsordnungen ist der öffentliche Raum gemeint, in dem die Klugheit agieren soll. Die bürgerliche Klugheit als analoge Ausformung zur höfischen, so Thomasius lakonisch, will er anderen überlassen.[157] Wie schon das *decorum* bei Thomasius weder die reine Zier der Rede noch die spätere Anstandslehre meint, ist die *Politische Klugheit* ein Programm des kommunizierenden Denkens, das im Unterschied zum Selbstdenken der Aufklärung auf die Gleichzeitigkeit von Ratsuchen und Ratgeben setzt, also in gewisser Weise als publizistisches Denken verstanden werden kann, das den Austausch des Wissens nicht als Zusatz, sondern als bedingend ansieht. Schon in der Formulierung von Urteilen und Selbstdenken als Sich-selbst-Rat-geben wird deutlich, wie grundsätzlich Thomasius die Ablösung des kontemplativen Weisheitsideals durch eine interaktive Lebenshaltung sieht. Hegel wird diese Denkfigur später als notwendige Entfremdung des in sich versenkten Subjekts für die bürgerlich-staatliche Ordnung nutzen. Nicht mehr die substantielle Weisheit wird betont, die zudem praktisch und klug umgesetzt werden muß; vielmehr ist die Weisheit von der Klugheit als Beziehung auf das Wissen anderer abhängig. *Politische Klugheit* bedeutet deshalb vor allem zu wissen, welche Konversation man führen und wo man Rat suchen sollte. Das Nachschlagen in polyhistorischen Enzyklopädien wird ersetzt durch die Fähigkeit, aus der allgemeinen gesellschaftlichen Kommunikation eigenen Vorteil zu gewinnen. Klug ist, wer sich in dieser Kommunika-

---

[155] Vgl. Karl-Heinz Göttert: Kommunikationsideale. Untersuchungen zur europäischen Konversationstheorie, München 1988, S. 93–96.
[156] Thomasius: Politische Klugheit, S. 39.
[157] Ebd. S. 40.

tion auskennt. Politisch ist der Raum dieser Klugheit insofern, da sich die
Teilbereiche von Einzelkommunikationen überlagern.

Der Wahlspruch des publizistischen Gelehrten

Als einen der wichtigsten Beiträge zum Projekt der *Politischen Klugheit* muß
man die von Thomasius zwischen 1688 und 1689 herausgegebene Zeitschrift
Monatsgespräche betrachten. Gelehrte Zeitschriften wie etwa das *Journal des Scavants*, das zuerst 1665 in Paris erschien, hatten zunächst ihre Aufgabe darin,
die schnelle Abfolge von Neuerscheinungen überschaubar zu machen. Als In-
formationsorganisationen haben solche Zeitschriften zugleich eine kommen-
tierende und selektierende Funktion für den unübersichtlich gewordenen
Buchmarkt. Die zweite Aufgabe der gelehrten Journale ist die Publikation von
Nekrologen, die nicht nur der sozialen Reputation, der Herausbildung einer
gelehrten Schicht, sondern vor allem der Zurechnung von Wissen auf Autorschaft dient.[158] Denn Beiträge in Zeitungen und Zeitschriften sind bis dahin
nur selten mit dem Autorennamen gezeichnet. Die dritte Funktion betrifft vor
allem die Beobachtung von Neuerungen des wissenschaftlichen Fortschritts,
zunächst und vor allem auf dem Gebiet der Naturwissenschaften. Die Herausbildung von Gelehrtenzeitschriften ist daher auch von der zunehmenden gesellschaftlichen Bedeutung des Wissens her zu verstehen. Dem entspricht es, daß
etwa der Herausgeber des *Journal des Scavants,* Denys de Sallo, selbst kein Gelehrter, sondern ein adliger Parlamentsrat war, dem es um die Vermittlung von
Wissen ging.[159] Während sowohl das *Journal des Scavants* als auch die 1665 in
England von der *Royal Society* gegründete Zeitschrift *Philosophical Transactions*
nationalsprachlich sind, bleiben die berühmten *Acta Eruditorum*, ab 1682 in
Leipzig herausgegeben, an die Lateingrenze gebunden. Wie die schon früher
von der 1652 gegründeten *Akademia Leopoldina* in Schweinfurt herausgegebenen
Miscellanea curiosa medico-physica mußten die deutschen Zeitschriften sich aufgrund des uneinheitlichen Kulturraums noch nach dem Lateinisch lesenden
Publikum ausrichten. Dennoch sind Thomasius' *Monatsgespräche* weder die erste
deutschsprachige Zeitschrift noch die erste, die neben den Gelehrten auch ein
allgemeines Publikum ansprachen und deshalb keinen eindeutig gelehrten

---

[158] Ein eindrucksvolles Beispiel für diese neue Verknüpfung von Autorschaft und Biographie ist das Titelblatt der *Biblia Testamenti Veteris illustrati* von D. Abraham Calovius
(Frankfurt a. M. 1672), das im Gegensatz zu barocken Buchallegorien nur die Werke
des Verfassers zeigt und so eine Art Biobibliographie darstellt; vgl. Walter Menn:
Ein Kupfertitel als Personalbibliographie, in: Gutenberg-Jahrbuch (1958).

[159] Vgl. Otto Dann: Vom Journal des Scavants zur wissenschaftlichen Zeitschrift, in:
Gelehrte Bücher vom Humanismus bis zur Gegenwart, hrsg. v. Bernhard Fabian u.
Paul Raabe, Wiesbaden 1983, S. 65.

Diskurs führen. Man betrachte etwa die *Analecta Miscella Menstrua Eruditionis Sacrae & Profanae* von Matthias Zimmermann (Meißen 1673/74), die ebenfalls modische Belletristik nicht aus ihrem Programm ausschloß. Auch die ab 1684 erscheinenden *Monatlichen Relationen und Universalhistorien, darin alle Estats- und Kriegsgeschichten vorgestellet werden* versuchen, allgemeine Leser für das gelehrte Wissen zu interessieren. Das Konzept der Gelehrten als Redakteure und Herausgeber machte mit der *Europäischen Fama*, die seit 1702 in Leipzig erschien, und den *Gesprächen im Reich der Toten,* seit 1718 von David Fassmann herausgegeben, in denen jeweils eine lebende mit einer verstorbenen Person ins Gespräch gebracht wird, sogar eine regelrechte Karriere bis weit ins 18. Jahrhundert hinein.[160] Seriösere Gegenstücke wie das von dem Jenaer Bibliothekar und Historiker W. G. Struve ab 1718 herausgegebene *Neueröffnete historische und politische Archiv* verfolgten ebenfalls die Gleichzeitigkeit von Berichterstattung über Urkunden aus Politik und Rechtsprechung und wissenschaftlichen Abhandlungen.

Das Entscheidende an Thomasius' Konzept der *Monatsgespräche* ist sein frühes Interesse nicht für die Bücher, sondern für die Fragen, welche die Bücher aufwerfen. Weniger das gelehrte Wissen als vielmehr die Thematisierung der Nützlichkeit dieses Wissens für die Gesellschaft steht dabei im Vordergrund. Nützlichkeit bedeutet aber nicht nur im praktischen Sinne Anwendbarkeit, sondern den kommunikativen Effekt, den die Bücher auslösen. Die *Monatsgespräche* leben davon, daß mit jeder Kritik, mit jedem Streit und mit jeder Disputation auch die Gesamtheit von gesellschaftlicher Kommunikation in den Blick zu nehmen versucht wird. Schon die wechselnden Untertitel der *Monatsgespräche* wie auch die verschiedenen Textgattungen, von unterhaltenden Rezensionen, auch von Moderomanen, bis zu komplexen theologischen Disputationen, lassen keine einheitliche Adressierung mehr erkennen.[161] Während der erste Jahrgang von 1688 mit dem Untertitel *Schertz= und Ernsthaffter / Vernünfftiger und Einfältiger Gedancken über allerhand Lustige und nützliche Bücher und Fragen / Erster Monath oder Januarius, in einem Gespräch vorgestellet von der Gesellschaft der Müßigen* tatsächlich im wesentlichen die Textgattung des Gesprächs präferiert, enthält der zweite, ebenfalls zwölf Monate umfassende Jahrgang von 1689 nur noch eine lose Folge von Buchbesprechungen. Zusammen mit dem begonnenen Jahrgang von 1690, den er durch Jakob van Ryssel besorgen ließ, publizierte Thomasius zum Abschluß noch einmal die Ausgaben der Jahre 1688 und 1689 mit dem Untertitel *Freymüthige, Lustige und Ernsthaffte, jedoch Vernunfft= und Gesetzmäßige Gedancken oder Monats=Gespräche / über allerhand,*

---

[160] Zum Überblick vgl. Joachim Kirchner: Das deutsche Zeitschriftenwesen. Seine Geschichte und seine Probleme, 2 Bde., Wiesbaden 1958/1962.

[161] Zur Einordnung der *Monatsgespräche* vgl. Herbert Jaumann: Untersuchungen zur Literaturkritik zwischen Quintilian und Thomasius. Leiden/New York/Köln 1995, S. 276–303.

fürnehmlich aber Neue Bücher durch alle zwölf Monate des 1688. und 1689. Jahrs durchgeführet von Chrstian Thomas. In der Vorrede vom Januar 1690 bemerkt Thomasius abschließend die Differenz zu den Leistungen der Gelehrtenjournale: »Und habe ich auch meines Orts die Correspondentz nicht darzu / daß ich mir so viel neue Bücher an die Hand schaffen / und so viel Zeit auf excerpirung derselben spendiren könte.«

Zur Unterscheidung gegenüber den *Acta Eruditorum* spielt er sogar mit den Mustern der Gelehrsamkeit und gibt an, daß er »dawider feyerlichst protestire«, ein »Journal von gelehrten Büchern in teutscher Sprache schreiben« zu wollen. Er fordert die »collectores« der *Acta* dazu auf, »an Statt / daß sie dieses mein Vorhaben übel deuten [...] vielmehr mir mit denen Büchern / die sie nicht mögen / aus Höffligkeit an die Hand gehen«.[162] Während den Gelehrten sowie den Kaufleuten oder den Damen der Gesellschaft Zeitschriften ihrem jeweiligen Stande entsprechende Dienstleistungen sind, setzen die *Monatsgespräche* auf die selbständige Aneignung des Wissens durch das Raisonnement des Lesenden. In dem Moment, da es darum geht, wie man sich etwas durch Beurteilung aneignet, ist es im Grunde sogar irrelevant, was man beurteilt. Zur Bildung der Kritikfähigkeit dienen Thomasius ebenso Liebesromane wie apologetische Texte über Aristoteles aus dem scholastischen Lehrbetrieb. Es geht ihm um die Rezeptionshaltung des Lesenden, um die Bildung eines kritischen Charakters, der sich in allen Lebenslagen bewähren muß und nicht nur in einer Fachdisziplin, soll er zur politischen Klugheit anleiten. Buchrezensionen werden nicht einfach zur Information geschrieben, sondern in eine lebensweltliche Situation gestellt. Man liest von handelnden Charakteren, die sich zufällig in einer Postkutsche begegnen und in ein Gespräch über Bücher geraten, die sich verabredet haben, zu spät kommen und schließlich von etwas ganz anderem reden, als sie sich vorgenommen haben. Nicht Bücher werden in erster Linie beobachtet, sondern das Bücherbesprechen wird beobachtbar gemacht und damit die Rolle von Büchern bzw. Wissen in der Gesellschaft thematisiert. Die *Monatsgespräche* fokussieren das, was die Klugheit als Instrument der Selektion von Wissen leisten soll. Ähnlich wie im Hörsaal spricht Thomasius die Fähigkeit an, Wissen nicht als ein besonderes, gelehrtes Wissen zu gebrauchen, sondern als politisches, und das heißt gesellschaftliches, zu verstehen. »Wenn man lauter gute Bücher anschaffen wolte, würde die Bibliothec sehr klein werden«, und dann hätte man nicht die Möglichkeit, das nützliche Buch vom unnützen zu unterscheiden, denn dafür muß man auch über das Gegenteil eines guten Buches Bescheid wissen.[163]

Während traditionell im Unterschied zur *eruditio* die drei gelehrten Anlagen *ingenium*, *judicium* und *memoria* nicht dem menschlichen Willen unterliegen,

---

[162] Thomasius: Monatsgespräche, März 1688, S. 263ff.
[163] Ebd. März 1688, S. 312.

betont Thomasius gerade durch die Lektüre auch von schlechten Büchern die Erlernbarkeit dieses Vermögens.[164] Die Differenz von Gelehrsamkeit und Erfahrung, die seit dem 16. Jahrhundert zugunsten des Bücherstudiums entschieden war,[165] wird nun im Umgang mit Büchern in einer spezifischen gemeinschaftsstiftenden Buchempirie aufgehoben. Und hier liegt auch der Unterhaltungswert, den Thomasius im Unterschied zu den neutralen Kommentaren der Gelehrtenzeitschriften sieht. Es gibt eine Kritiklust, eine Lust, mit anderen zu diskutieren, so daß es »sehr schwer sey / seine praejudicia und affecten zu supprimiren / daß man sie so fidel extrahire / als die Scribenten würden gethan haben.«[166] Im Wechselspiel von *ingenium* und *judicium*, von Synthese und Analyse, soll sich der neue Leser nicht mehr als reiner Informationsempfänger fühlen, sondern seine »Belustigung« haben, indem sein »iudicium afficiret«[167] wird oder, wie erst später die Zeitungstheoretiker die Parallele zur Naturwissenschaft ziehen werden, indem er sich als Chemiker von Informationen fühlt.

Der Übergang von Büchern zu Themen ist die entscheidende neue Form der Selektion, die auf den größeren Zusammenhang der Zeitungsentwicklung seit dem Anfang des 17. Jahrhunderts verweist.[168] Innerhalb der vor allem in Deutschland geführten Zeitungsdebatte zwischen 1674 und 1724 wurde zwar verspätet, aber deutlich die neue Auswahlfunktion des Wissens durch Zeitungen thematisiert. Zeitungen und Periodika erfüllen ab dem Anfang des 17. Jahrhunderts insbesondere Aufgaben der Nachrichtenerstattung. Hervorgegangen aus den Berichten über die Jahresmessen und Halbjahresmessen, den Meßrelationen, erfüllen Wochenzeitungen wie die Straßburger *Relationen* (ab 1609) und die Wolfenbütteler *Avisio* einerseits die steigenden informationstechnischen Anforderungen des rhythmisierten Warenverkehrs und andererseits lasten sie die Druckmaschinen besser und kontinuierlicher aus als der Buchdruck. Nach dem Dreißigjährigen Krieg explodiert der Zeitungsmarkt in Deutschland geradezu, was die Vermutung nahe legt, daß der »heiße Krieg der Feuerwaffen durch den kalten Krieg der parteilichen Meinungswaffen unterstützt und gelegentlich auch ersetzt werden konnte.«[169]

---

[164] Vgl. August Buck: Juan Luis Vives' Konzeption des humanistischen Gelehrten, in: Juan Luis Vives. Arbeitsgespräch in der Herzog August Bibliothek Wolfenbüttel vom 6. bis 8. November 1980, hrsg. v. August Buck, Hamburg 1982, S. 18.

[165] Vgl. etwa Enea Silvio Piccolominis Diktum: »Nie wirst du in der Erfahrung so viel erleben, wie du im Lesen lernen kannst.«, Briefwechsel des Ae. S. Piccolomini, hrsg. v. R. Wolkan, Wien 1909–1918, Bd. I, 99, S. 229.

[166] Thomasius: Monatsgespräche, Februar 1688, S. 229f; vgl. Jaumann: Literaturkritik, S. 284; die *Monatsgespräche* liefern einen der frühesten Belege für *critisiren*.

[167] Thomasius: Monatsgespräche, Februar 1688, S. 238.

[168] Vgl. Jörg Jochen Berns: Zeitung und Historia. Die historiographischen Konzepte der Zeitungstheoretiker des 17. Jahrhunderts, in: Daphnis. Zeitschrift für Mittlere Deutsche Literatur, Band 12, Heft 1 (1983), S. 87–110; im folgenden beziehe ich mich auf Berns Interpretation des Verhältnisses von Zeitung und *historia*.

[169] Ebd. S. 94.

War das Wissen durch die Bibliothek als zusätzliches Erkenntnisinstrument unter der polyhistorischen Anleitung der *memoria*-Modelle schon mechanisiert worden, so läßt sich an der Art, wie die Aufnahme und Darstellung von Stoff im Medium Zeitung geschieht, eine *Chemisierung* der *historia* als Materialsammlung feststellen. In seinem 1688 publizierten Buch *Erachten Von Einrichtung Der Alten Teutschen und neuen Europäischen HISTORIEN* beschreibt Daniel Hartnack, neben Kaspar Stieler einer der wichtigsten Zeitungstheoretiker des ausgehenden 17. Jahrhunderts, die neue Wissensselektion durch Zeitung und Zeitschrift von der *historia*-Sammlung bis zur Menschheitsgeschichte als einen chemischen Prozeß:

> Sintemahl nicht eben mit der ersten destilation die Chymici ihre Sachen zur Volkommenheit bringen: sondern erst die Materialen sameln / in einem Kolben müssen maceriren lassen / sodann durch das Feuer nach und nach den subtilen Spiritum davon ab ziehen / und dieses Letzte zwar so oft / als biß derselbe seinen völligen Grad erlanget hat. Die Nouvellen vergleiche ich hierhin der ersten Collection oder Sammlung der Materien, die halbjährigen Relationes der ersten / das bißherige Diarium und noch itzige Theatrum Europaeum der andermahligen Destillation.[170]

Zeitungen oder »Novellen« stellen das Archiv auf Aktualität und Publizität um. Zeitschriften »destillieren« dieses Material dann erneut im Verhältnis zu ihrer eigenen Periodizität bis hin zum Jahresperiodikum, das die Menschheitsgeschichte schreiben kann. In seiner Rezension von Hartnacks Buch beschwert Thomasius sich, daß die Rolle der Zeitungen für die Zeitschriften als Vorselektion nicht genug gewürdigt wurde und sieht in Hartnack einen Kritiker der Novellen:

> Und warum martert er sich doch so sehr mit denen Novellen / weiß er nicht daß ihre aestime auf der Historie selbst beruhet / wer diese verachtet muß jene auch verachten / denn sie haben keinen andern Endzweck / als diese selbsten hat / sie continuiren seine jedwede Historie / sie mag Nahmen haben / wie sie will. Sind doch selbst die Acta Eruditorum und die Französischen Journal Zeitungen aus dem gelehrten Reiche. Ich meine ja dieses wenige wäre genug gewesen / damit man die Feinde der Novellen hätte abweisen können.[171]

Thomasius zielt auf die Hierarchie der Einzelselektionen ab. Was schon auf die endgültige Umstellung von *historia* auf den Singular der Geschichte verweist, kritisiert Thomasius im Hinblick auf den Sinn der Selektion. Das *judicium* als Analyse steht für ihn vor dem Verständnis des *ingenium* als dem »Feuer« der Synthese. Für ihn geht es bei der zweiten Ebene der Selektion von Wissen durch Zeitschriften nicht um eine Vertikale, sondern um die Kritkfähigkeit,

---

[170] Daniel Hartnack: Erachten Von Einrichtung Der Alten Teutschen und neuen Europäischen HISTORIEN, Celle 1688, S. 60; vgl. Johannes Weber: Daniel Hartnack – ein gelehrter Streithahn und Avisenschreiber am Ende des 17. Jahrhunderts. Zum Beginn politisch kommentierender Zeitungspresse in: Gutenberg-Jahrbuch (1993).
[171] Thomasius: Monatsgespräche, Bd. V, S. 277–284, hier S. 283f.

die eine horizontale Kommunikation ermöglichen soll. Denn in dieser Beschreibung der Selektion als Perfektion oder besser »Perfektibilität« bis zur höchsten Purifizierung der Information deutet sich schon der Umbau des rhetorischen Systems zum poetischen an, in dem sich die Stufen dieser Selektion als Hierarchie der poetischen Gattungen wiederfinden lassen. Aus der Unterscheidung nützlich bzw. nicht nützlich, auf der die *Politische Klugheit* aufbaut, wird die Unterscheidung wahr bzw. nicht wahr, auf der sowohl das philosophische wie auch das poetische System des 18. Jahrhunderts fußen.

Folgerichtig wird Hegel als Übersichtsstrategie dann auch die organologische Konsequenz aus dieser Selektion ziehen: Während dem mechanischen Weltbild auf dem »Gebiet der geistigen Welt« mechanische Tätigkeiten wie Lesen, Schreiben und vor allem die äußerliche Verbindung von Wissen durch das Gedächtnis entsprechen,[172] liegt für Hegel der Fortschritt im Übergang zum chemischen Weltbild in der Prozeßhaftigkeit des Denkens, dem analog zur »Funktion« des Wassers »im Körperlichen« das »Zeichen« oder überhaupt näher die *Sprache*« zugeordnet ist.[173] Der »chemische Prozeß« beginnt im Unterschied zum mechanischen, in dem der Wissende mit dem Wissen nur äußerlich verbunden ist, mit der Relation der »Verwandtschaft« der Stoffe und endet mit dem »Urteil«, dem Trennen und neuen Zusammenfügen. Im »Lebendigen« steht das Geschlechterverhältnis unter diesem Schema, so wie es auch für die geistigen Verhältnisse der Liebe, Freundschaft usf. die formale Grundlage ausmacht.«[174] Im Chemismus findet der Übergang von der »Verwandtschaft« der Elemente zur Unterscheidung von ihrer Existenz und ihrer Beziehung auf andere statt, welcher wiederum in dem dazugehörigen Gesellschaftsentwurf die »Mitteilung« ist, »worin sie in äußerliche *Gemeinschaft* miteinander treten.« Und hier darf nicht vergessen werden, daß für Hegel ebenso wie später für Freud die »Störung« der Familie als Relationssystem den Anfang der sozialen Gesellschaft bildet. Aber so, wie der Selektionsprozeß für Thomasius in der unendlichen »Perfektibilität« letztlich zum Ende der Kommunikation führt, ist der chemische Prozeß in seinem Produkt »erloschen«. Das Produkt interessiert sich nicht mehr für seinen Werdegang. Die Beziehung des Wissenden zu seinem Wissen fällt als äußerliche wieder von ihm ab. Um das neue Wissenssystem von Analyse, Kritik und Mitteilung auf Dauer zu stellen, das Problem seiner »negativen Unendlichkeit« zu lösen, fehlt für Hegel noch der Übergang zum organologischen bzw. teleologischen Weltbild, welchem auf dem geistigen Gebiet die »Philosophie des Lebens« als ewige Synthese und auf sozialem Gebiet die Idee des Staates entspricht: »Wie das Sonnensystem, so ist z.B. im Praktischen der Staat ein System von drei Schlüssen. [...] Es ist nur durch die

---

[172] Hegel: Enzyklopädie, S. 354.
[173] Hegel: Wissenschaft der Logik, S. 431.
[174] Ebd. S. 429.

Natur dieses Zusammenschließens, durch diese Dreiheit von Schlüssen derselben *terminorum*, daß ein Ganzes in seiner Organisation wahrhaft verstanden wird.«[175]

Die Idee des Staates speist sich bei Hegel also nicht mehr wie noch bei Hobbes aus der Idee einer Mathematizität der Organisation, sondern aus dem Übergang der Selbstbestimmung des Denkens zu seiner Selbsterhaltung. Erst wenn das Individuum seinen »Lebensprozeß« als »Prozeß der Gattung« verstanden hat, verwandelt sich das Ganze mit dem »mechanischen und chemischen Konflikt seiner Glieder« – der Meinungsstreit – aus der Produktion von Wissen, »welche als solche das Übergehen in ein Anderes sein würde«, in die Reproduktion, »in der das Lebendige sich *für sich* identisch mit sich setzt.«[176] Aus dem Eintritt der Kommunikation in die mechanischen Verfahren des Wissens bei Thomasius ist über den Umweg der *Destillation* des Wissens durch das eigene Urteil die neue organologische Einheit geworden, die an die Stelle der Kommunikation durch die Mitteilung des Einzelnen eine komplexe Einheit von Identität und Nichtidentität aller Einzelnen setzt. Oder einfacher ausgedrückt, erst im organologischen Weltbild erhalten die Einzelakte der Kommunikation einen Rahmen, der die wirkliche Dauer garantiert: die Institution oder der Staat als Diskursgemeinschaft. Überblick, so könnte man folgern, läßt sich im modernen Wissenssystem nur durch einen größeren Körper, größer als der Wissende selbst ist, herstellen.

Das Kommunikationsangebot, das Thomasius in den *Monatsgesprächen* macht, fragt nicht so sehr nach dem Funktionieren von Kommunikation, sondern nach ihren Abbrüchen. Die vorangestellten Kupferstiche einer jeweiligen Ausgabe, die »sich aber auff keine in den Discursen enthaltene Historie beziehen / sondern ein aenigma fürstellen sol«[177], worüber sich der Leser nach »Gefallen« »den Kopff zerbrechen« kann, zeichnen jeweils eine zusammengebrochene Kommunikationssituation: etwa die in den Schnee gefahrene Postkutsche, einen Gast, der beim Mittagstisch mit seinem Stuhl umfällt, einen Gelehrtenstreit bei Hofe, einen einsamen Denker mit einem Buch vor einer Landschaft, eine mißlungene Liebeswerbung, ein Gespräch auf dem Marktplatz im Vorbeigehen etc. Der Pedantismusstreit, den Thomasius in den *Monatsge-*

---

[175] Hegel: Enzyklopädie, S. 356.

[176] Hegel: Wissenschaft der Logik, S. 483.

[177] Thomasius: Monatsgespräche, Bd. III, Januarius 1689, S. 32; vgl. auch Bd. I, Januarius 1688, Erklärung des Kupfer=Titels; »Die Menschen finden ihre größte Belustigung bey anderen Menschen. Dannenhero afficiren uns die Comoedien und Operen so sehr / weil sie uns menschliche Actions vorstellen. Solcher Gestalt habe ich mich revolviret / bey ieden Monat eine dergleichen Action, die in dem Gespräche erklärt würde / darzu stechen zu lassen. Ich bin nicht in Abrede / daß zum öftern der Leser wird betrogen werden / wenn er sich aus Anschauung des Kupffers etwas sonderliches einbilden wird / und hernach siehet / daß die Beschreibung der Action manchmahl in zwei Worten bestehet / und solche Sachen in sich begreifft / die gemein sind und taeglich fuerfallen.«

sprächen häufig anfacht, klagt deshalb nicht so sehr die fachliche Qualifikation, sondern die Unfähigkeit der Gelehrten an, einen politischen Diskurs zu führen. In der Selbstbeschreibung seines Vorhabens gerät er nicht zufällig »tieff in die allegorie von Kriege«[178]. Während er von den Attacken seiner »pedantischen« Gegner berichtet, zeigt es sich, daß sie alle fehlschlugen, weil die »kluggefasten Krieg=Regeln der Frau Pedanterey« eben nicht richtig zu zielen anleiten und statt des »Hertzens mir eine Sole vom Absatz weggeschossen«. Weil die »Pedanten« nicht zwischen wichtig und unwichtig unterscheiden können, also »ohne Commando eine That verrichten wollen«, können sie erst recht nicht das kritisieren, worum es Thomasius geht, nämlich das Kritisieren. An dieser Kriegsallegorie zeigt sich einmal mehr, wie die Umstellung des Wissens auf Nützlichkeit in der Frühaufklärung von den höfischen Klugheitslehren beeinflußt ist, welche ihrerseits von den antiken Kriegstheorien inspiriert wurden.

Die Journale der »Pedanten« unterscheiden sich dann auch von den *Monatsgesprächen* darin, das jene eine vollständige Abbildung der gelehrten Welt vornehmen müssen, »ein complet Journal« mit fleißigen Excerpta, während Thomasius seine eigenen Gedanken und seine subjektive Auswahl dem Leser präsentieren möchte, um sich »zu keines Menschen Sclaven zu machen«[179]. Während die gelehrten Journale möglichst alle Bücher aus allen Fakultäten besprechen müssen, betont Thomasius, daß sein Unternehmen ein Einzelunternehmen ist, das er allein »bey denen Abend-Stunden« verfertigen muß, das aber auch deshalb als einziges neben den *excerpta* ein *judicium* fällt bzw. fällen muß. Die »Censur«, so resümiert er seinen Vergleich, sei bei beiden gegeben, bei jenen allerdings »schmeichlerisch«, bei ihm dagegen »deutlich«, so daß sich der Leser selbst eine Meinung über ihn bilden kann. Der Unterschied in der »Schreibart« der Journale ist deshalb eine Folge ihrer Funktion. Thomasius referiert Erasmus' *Colloquiis*, um das Gespräch als die adäquate Textgattung eines polylogischen Denkens herauszustellen.[180] Obwohl er selbst diese Gattung in der weiteren Entwicklung der Zeitschrift aufgibt, weil sie zu umständlich sei und zu oft »satyrisch« aufgenommen würde und deshalb einen »Discurs formiren«[181] will, bleiben seine Buchbesprechungen immer Streitgespräche mit dem jeweiligen Autor. In der neuen Zurechnung des Wissens auf die Person und der angestrebten Zirkulation dieses Wissens liegt dann auch der Grund, warum alle Angriffe aus der gelehrten Welt, die Thomasius ins »Verderben« bringen sollen, zu seinem »Vortheil ausschlagen«[182] mußten. Denn die »Pe-

---

[178] Ebd. S. 13f.
[179] Ebd. S. 28.
[180] Vgl. Frank Grunert: Von polylogischer zu monologischer Aufklärung. Zu den Monatsgesprächen von Christian Thomasius, in: Die Philosophie und die belles lettres, hrsg. v. M. Fontius u. W. Schneiders, Berlin 1996.
[181] Thomasius: Monatsgespräche, S. 27.
[182] Ebd. Zueignungs=Schrift an meine Feinde, c 3.

danten« haben eben nicht verstanden, daß je häufiger sein Name fiel und je heftiger die Diskussion geführt wurde, die auf seine Publikationen erfolgte, ob im positiven oder negativen Sinne, er sein Ziel der Kritik erreicht hatte. Thomasius schließt die dem Gesamtabdruck der *Monatsgespräche* hinzugefügte *Zueignungs=Schrift an meine Feinde* mit der ironischen Bemerkung, daß er bei einer Zueignung an seine Freunde unzählige Exemplare hätte verschenken müssen, bei seinen Feinden aber sicher sein könne, daß sie die Exemplare ohne sein Zutun lesen werden. Der Wahlspruch des publizistischen Gelehrten lautet in Anlehnung an Erasmus' humanistische Losung folgerichtig: »Fürchte Gott. Ehre den König. Thue recht. Scheue niemand.«[183] Aus der Hierarchie der Gelehrtengesellschaft, der es zu schmeicheln galt, ist die Aufmerksamkeit eines gezielten Angriffs geworden. Allein deshalb darf ein »Politicus kein Pedant« sein, denn entscheidend ist der Zeitpunkt, der einen »Klugen« von einem »Dummen« unterscheidet. Niemanden zu scheuen, bedeutet, zur richtigen Zeit einen Kommunikationsabbruch zu riskieren, um einen viel größeren Kommunikationseffekt zu erzielen.

Navigation, Rationalismus, Selbstdenken

Die Ablösung der hierarchischen Barockwissenschaften bis hin zur Hochaufklärung und zum Deutschen Idealismus findet in drei entscheidenden Schritten statt.[184] Die *philosophia electica* ist die erste Wissensorganisation, in der Wahrheit nicht mehr das Privileg einer Gruppe ist, sondern jedem auf seine spezifische Weise zugetraut werden kann. Das eigene Urteil ist in der *philosophia electica* dann ein kluges Urteil, wenn es dem Urteilenden angemessen ist und er sich dadurch nicht mehr in Beziehung zu einer Partei oder einer »Secte« setzt, stattdessen für andere als einzelner Kommunikant sichtbar wird. Die Wahrheit des Urteils ist hier aber ausschließlich vom Urteilenden her gedacht − von seiner Meinung, die Hegel später als die Eitelkeit des Einzelnen diffamiert. Die *philosophia systematica* bildet mit ihrem wichtigsten Denker Christian Wolff die zweite Etappe des Selbstdenkens. Mit der *cognitio philosophica* tritt die Transparenz der Einsicht in den Begründungszusammenhang und die Formulierung des eigenen Urteils in den Mittelpunkt. Selbstdenken bedeutet zunehmend auch der Ausweis der Fähigkeiten zur Urteilsbildung. Dieser Ausweis besteht nicht nur in der Systematik des Meinens, sondern vor allem in der zugleich mitgelieferten formalen Ordnung des Denkens. Wahre Urteilsbildung, die prinzipiell jedem zusteht, kann aber insofern nur in der Wissen-

---

[183] Ebd. e 3.
[184] Vgl. Norbert Hinske: Eklektik, Selbstdenken, Mündigkeit − drei verschiedene Formulierungen einer und derselben Programmidee, in: Eklektik, Selbstdenken, Mündigkeit, hrsg. v. Norbert Hinske, Hamburg 1986.

schaft tatsächlich gelingen. Die *philosophia critica* formuliert deshalb folgerichtig
den Imperativ des Selbstdenkens als moralisches Sollen. Durch Aus- und Selbst-
bildung soll jeder dazu befähigt werden, auf der Grundlage der kritischen Wissenschaft vernünftige Urteile zu fällen. Während in der *philosophia electa* das
vielgestaltige Netz des Meinens und die Verbindung der Kommunizierenden
den Mittelpunkt bilden, steht in der kritischen Philosophie das mündige Subjekt zur Disposition. Selbstdenken und Selbsttun, wie es im *Streit der Fakultäten*
bei Kant heißt, sollen dadurch eine Einheit bilden, daß der »Probierstein der
Wahrheit« allein im einzelnen Subjekt liegt. Sich im Denken zu orientieren,
heißt vor allem, mit seinen eigenen logischen Kriterien in Einklang zu sein.
Wer dann nicht seiner eigenen Maxime auch folgt, fällt in den Bereich der
empirischen Psychologie. Die einhergehende Betonung des staatsbürgerlichen
Voluntarismus hat zur Folge, daß mit jedem einzelnen Meinen nun zugleich
auch immer nach der Einheit des meinenden Subjekts gefragt werden muß.
Nietzsche wird später genau dieses Subjekt in Frage stellen, wenn er die Grammatik dafür verantwortlich macht, daß zu jeder »Tat« im Nachhinein auch
immer ein »Täter« gefunden werden muß. Das empirische Subjekt ist für
Nietzsche allein eine Folge der Zurechnung und Ordnung der Welt nach dem
Urteil des transzendentalen Subjekts.[185] Während sich die *cognitio philosophica*
vor allem von der *cognitio historica* als zufälligem Meinen absetzt, setzt sich das
kritische Selbstdenken von der reinen Systematik Wolffs durch die ausweisbare
Mündigkeit des Meinens als Kriterium einer Anthropologie des Menschseins
ab. Mündigkeit bedeutet insofern nicht nur, eine bestimmte Rationalität zu
entwickeln, sondern vor allem einem moralischen Auftrag nachzukommen. In
Kants Unterscheidung von »öffentlichem« und »privatem« Gebrauch der Vernunft spiegelt sich die ethische Pflicht und der gesellschaftliche Auftrag des
Selbstdenkens in der Regelung der einzelnen Sprechakte wieder:

> So würde es sehr verderblich sein, wenn ein Offizier, dem von seinen Oberen etwas
> anbefohlen wird; im Dienste über die Zweckmäßigkeit oder Nützlichkeit dieses Be-
> fehls laut vernünfteln wollte; er muß gehorchen. Es kann ihm aber billigerweise nicht
> verwehrt werden, als Gelehrter über die Fehler im Kriegsdienste Anmerkungen zu
> machen und diese seinem Publikum zur Beurteilung vorzulegen.[186]

Aus der *res publica litteraria* ist die Gelehrtengemeinschaft der Kritik geworden,
welche die Gesellschaft kompetent kommentiert. Daß diese Kompetenzzu-

---

[185] Vgl. Josef Simon: Grammatik und Wahrheit. Über das Verhältnis Nietzsches zur
        spekulativen Satzgrammatik der metaphysischen Tradition, in: Nietzsche-Studien,
        Bd. 1, Berlin 1972; Josef Simon: Schrift und Subjekt, in: Zu einer Theorie der Ortho-
        graphie, hrsg. v. Christian Stetter, Tübingen 1990; Josef Simon: Der gewollte Schein.
        Zu Nietzsches Begriff der Interpretation, in: Kunst und Wissenschaft bei Nietzsche,
        hrsg. v. Mihailo Djuric u. Josef Simon, Würzburg 1986.
[186] Kant: Beantwortung der Frage: Was ist Aufklärung? [Dezember-Nummer der *Berli-
        nischen Monatsschrift* von 1783], in: Was ist Aufklärung?, hrsg. v. Ehrhard Bahr, Stutt-
        gart 1974, S. 12.

schreibung, die aufgrund des notwendig historischen Progresses der Aufklärung nur wenigen zukommen kann, auch wenn sie prinzipiell ausgeweitet werden soll, geradezu das Gegenteil der *philosophia electica* ist, die ja gerade die spezifische Urteilsbildung jeder Position und jedes Interesses betont, liegt an den verschiedenen Funktionen, die das Urteil als Form des Wissens hat. Während die Urteilsbildung der Klugheit auf die persönliche Aneignung des Wissens gerichtet ist, soll das philosophische Urteil des Selbstdenkens das Subjekt dieses Wissens gesellschaftsfähig machen. Politisch ist das erste Urteil insofern, als es eklektizistisch vorgeht, das heißt, sich aus verschiedenen Bereichen unter dem subjektiven Nutzaspekt strategisch bedient. Gesellschaftlich ist das zweite Urteil, insofern es sich damit der Gemeinschaft der Urteilenden zurechnet, das heißt, eine moralische Gemeinschaft erzeugt.[187] »Politische Schriften«, so differenziert Thomasius seinen Politikbegriff, »für die vortrefflichsten zu halten«, bedeutet nicht, »dergleichen Bücher« gut zu heißen, »die einen Menschen anweisen / wie er in gemeinen Leben und Wandel geschicklich sich fortbringen könne / und nach der Philosophischen Redens= Art ein Politicus werden solle [...]«, sondern die Bücher dadurch politisch zu machen, daß sie dem Selbstverständnis des Einzelnen nutzen: »so würde nicht alleine / wie allbereits erwähnet / das gemeine Beste vortrefflich befördert werden / sondern es würden auch die Bürger insgesamt selbst den Nutzen davon haben / daß sie in fleißiger Lesung dieser Bücher ihren Verstand schärfften / und nach und nach zu klugen und weisen Staatsmännern würden [...].«[188]

Während die ersten Ausgaben der *Monatsgespräche* noch mit einem Register »Derer merckwürdigen Sachen« versehen sind und so im Umbau des Wissens vom Barock zur Aufklärung mit der Kategorie des »Kuriosen« auf die neue Aufmerksamkeitswertung des Lesers setzen, verschiebt sich dieser Zugang zum Text gleichzeitig mit dem Übergang vom Gespräch zur Besprechung in den »Summarischen Inhalt«, wo jeweils eine kurze Inhaltsangabe zu den Kapiteln zu finden ist. Thomasius begründet beide Veränderungen mit der Orientierung des Lesers: ein Gespräch sei zu fingiert und der Autor würde weit ausholen

---

187 Daß Thomasius weder im strikten Sinne ein Eklektiker ist, der sich allen Sekten überlegen wähnt, sich ihrer durch Auswahl bedient und sie insofern auch bestätigt, weil er keine neue gründen will, noch ein »Selbstdenker« im Sinne Kants, deutet auf die Zwischenstellung der Klugheit, die ihr Auswahlverfahren durchaus mit dem Eklektizismus teilt, aber als Vermögen der Selektion und des Transfers von Wissen ebenso urteilt. Thomasius' Frontstellung gegen den Aristotelimus und die »cartesianische Sekte« wird nur aus dem spezifischen Urteil der Klugheit heraus deutlich. Sonst muß man, wie Michael Albrecht es tut, ein Schwanken von Thomasius zwischen dem »freien« Denken und einem mißverstandenen Eklektizismus annehmen, das dann nur noch als Vorwegnahme des späteren »Befehls zum Selbstdenken« interpretiert werden kann; vgl. Michael Albrecht: Thomasius – kein Eklektiker?, in: Christian Thomasius (Schneiders), S. 73–94.
188 Thomasius: Monatsgespräche, Bd. I, S. 64.

müssen, um die »connexion« nicht gar zu gezwungen erscheinen zu lassen.[189] Beides sind also Rationalisierungsmaßnahmen, welche die »connexion« der Themen, ihre Struktur, den Aufbau, die Argumente und ihre Anordnung deutlich machen sollen. In dem Postkutschengespräch der ersten Ausgabe der *Monatsgespräche* läßt Thomasius Christoph, den lebenskundigen Kaufmann, den Menschen mit einem Buch vergleichen: »Mensch scilicet, und sind die Allusiones, die er in vergleichung des Menschen mit einem Buche angeführte / nicht unlustig; den er spricht / der Mensch sey ein Buch / aber zu Leipzig beschrieben / zu Schweinfurth gedruckt / zu Ach eingebunden / zu Sostnitz feyl / und zu Lausnitz zu erfragen.«[190]

Der Mensch, noch nicht zusammengesetzt aus seinen verschiedenen Lektüren wie im romantischen Modell, aber schon ein Ergebnis der verschiedenen Druckorte, soll durch den klugen Menschen ersetzt werden, der das Informationssystem nicht nur kennt, sondern selbst bedienen kann. Politisch ist die Klugheit, insofern sie ein Instrument zur Selbstbestimmung ist, ohne allerdings die Bildung des Menschen durch die pädagogischen Institutionen des Staates voraussetzen zu müssen. Zwischen dem Urteil des Eklektizismus und dem des Selbstdenkens liegt die Entdeckung der Leistungsfähigkeit der Universitäten für den Staat. »[W]enn ein jeder richtig dächte, das wäre sehr gut«, heißt es in Friedrichs Kabinetts-Schreiben an den Minister v. Zedlitz vom 5. September 1779: »Die Rhetorik und Logic ist für alle Stände, alle Menschen haben sie gleich nöthig, nur muß die Methode des Unterrichts ein bischen reformiret werden, damit die jungen Leute besser lernen [...]. Wer zum besten raisonniren kann, wird immer zum weitesten kommen, besser als der, der nur falsche Schlüsse zieht.«[191]

»Richtiges« Denken kommt nicht mehr in erster Linie dem Einzelnen, sondern dem Untertanen eines vernünftigen Staates zugute, der dadurch seine Regierung verstehen kann und nicht mehr zum Gehorchen gezwungen werden muß. Schon in Kants Aufklärungsschrift fällt der Befehl des Herrn und die Pflicht des Untertanen in eins: »Der Offizier sagt: räsonnirt nicht, sondern exercirt! Der Finanzrath: räsonnirt nicht, sondern bezahlt! Der Geistliche: räsonniert nicht, sondern glaubt! Nur ein einziger in der Welt sagt: *räsonnirt*, soviel ihr wollt; *aber gehorcht!*«[192] Der staatliche Auftrag an die Universitäten, die Studenten zu einem methodologischen Studium anzuweisen, ist in den Vorlesungskonzepten der kritischen Philosophie in die Tat umgesetzt worden. Die

---

[189] Ebd. Bd. III, S. 25.
[190] Ebd. S. 13.
[191] Jürgen Bona Meyer (Hg.): Friedrich's des Großen Pädagogische Schriften und Äußerungen (Bibliothek pädagogischer Klassiker), Langensalza 1885, S. 170; vgl. Heinrich Bosse: Der geschärfte Befehl zum Selbstdenken, in: Diskursanalysen 2. Institution Universität, hrsg. v F. A. Kittler u.a., Opladen 1990, S. 35f.
[192] Norbert Hinske/Michael Albrecht (Hg.): Was ist Aufklärung? Beiträge aus der Berlinischen Monatsschrift, Darmstadt 1981, S. 455.

gesellschaftliche »Pflicht« des Selbstdenkens, durch deren Mitte der gleich-
namige staatliche »Befehl« verläuft, organisiert nach dem Militärwesen, dem
Finanzwesen, der Kirche nun auch den intellektuellen Bereich seiner Staatsbür-
ger. Die Universität als Gelehrtengemeinschaft, deren Umbau zur Ausbildungsstätte für den Einzelnen Thomasius im Sinn hatte, wird zwangsläufig zur
Fabrik der Staatsbürger. Die von Thomasius als Geselligkeit konzipierte
»Pflicht zur Rede« wird in der »Pflicht zum Selbstdenken« zum zwingenden
Gemeinsinn. Die »geschärften Anweisungen an die Professoren« durch den
Fürsten beinhalten alle Forderungen und Argumente, welche die Frühaufklä-
rung gegen die autoritäre Barockwissenschaft ins Feld geführt hat: »der Studi-
renden Verstand und Judgement zu formiren und sie zum Selbstdencken und
Selbsturtheilen anzuführen«, statt »Memorie« »Examen, Übungen und eigene
Ausarbeitungen«, nur »solide und nützliche Wissenschaften«. Allein die
»Fleißlisten« zeigen noch den Unterschied zum kollegialen Umgang und der
klugen Persönlichkeitsbildung, die Thomasius in den Vordergrund stellte. Die
politische Selektion des Wissens nach der individuellen Nützlichkeit wird ersetzt durch die Selektion der Menschen nach ihrer staatlichen Befähigung:

> Auf den Fleiß und Conduite der Studirenden, müßen die Professoren aufmerksam
> vigiliren, und alle halbe Jahr, zwey Listen, eine, von den durch vorzüglichen Fleiß
> und Conduite sich distinguirenden, die andere, von den liederlichen und unfleißigen
> Studenten einsenden; damit nicht allein dadurch Emulation erwecket, sondern auch
> die Väter oder Vormünder der Liederlichen von hier aus avertiret werden: Daß, wenn
> keine baldige Beßerung erfolge, ihre Söhne und Pflegebefohlne, des bösen Exempels
> willen, von der Universität weggeschaft werden und zu keiner Bedienung jemahls
> gelangen würden.[193]

Das Ineinssetzen des Befehls und der Pflicht zum Selbstdenken führt dazu, daß
alle Philosophie der Gesellschaft seit Kant ihre entscheidenden Pole im Verhältnis von Staatstheorie und Anthropologie hat. Die »Secten«-Zugehörigkeit, die
der Übergang vom Eklektizismus zum Selbstdenken vermeiden sollte, führt zu
einer viel größeren Sektenbildung, die keinen Ausschluß mehr zuläßt. Die Diktion der Botschaft »Sei frei!« von oben nach unten verändert den Charakter der
Botschaft und führt so zu einer »dauernden Verhaftung«.[194] Aus dem kritischen Polyhistor, der Thomasius vorschwebte, ist der homogene Denker geworden, der sich, wenn der Charakter seines Denkens »richtig« ist, in die Logik
der Staatsform einpaßt. Der Streit zwischen den Sektierern und den Eklektikern
ist auf eine elegante Weise durch eine Synthese ihrer Wissensordnungen gelöst
worden: es gibt nur eine Sekte und deren Organisationsform ist die geschichtliche Abfolge ihrer jeweiligen Auswahl. »Jedes Prinzip hat eine Zeitlang die

---

[193] Heinrich Bosse: Der geschärfte Befehl zum Selbstdenkens, Abdruck der »Anweisungen an die Professoren«, S. 60–62.
[194] Vgl. ebd. S. 47; vgl. Paul Watzlawick (Hg.): Menschliche Kommunikation. Formen,
Störungen, Paradoxien. Bern: 1969.

Herrschaft gehabt«, formiert Hegel die historische Vernunft, bis es zur Dek-
kung von Wirklichkeit und Vernunft in der staatlichen Ordnung kommt, zur
umfassenden Erinnerung des Geistes und seiner größten Ausbreitung: »Die
Prinzipe sind enthalten, die neueste Philosophie ist das Resultat aller vorhergehenden Prinzipe; so ist keine Philosophie widerlegt worden. Was widerlegt
worden, ist nicht das Prinzip dieser Philosophie, sondern nur dies, daß dies
Prinzip das Letzte, die absolute Bestimmung sei.«[195]

Aus dem »unordentlichen Haufe von Meinungen« ist das geworden, was als
Herrschaft aus ihm hervorgegangen ist und ihn deshalb vereinnahmen kann.
Der Krieg des Wissens ist durch den Minister des Wissens ersetzt worden.
Schon Thomasius wollte ja den Streit zwischen den *Philosophi Sectari* und den
Philosophi Electici von einem Minister lösen lassen: Polydor, »ein kluger Staats
Minister an einem berühmten Teutschen Hofe«[196] läßt sich von zwei Gelehrten
beraten. Sie heißen Clarindo und Nicanor, spiegeln die »cartesianische Sekte«
und einen »schulischen« Eklektizismus wider und wetteifern um die Gunst
des Ministers. Nicanor ist lieber gesehen, weil er ohne allzu großes Feuer überall gut Bescheid weiß, während Clarindos »Maul in völligen Gallop« geht,
wenn man ihn auf die »Cartesianer« bringt. Von beiden Buchberichterstattern
ein wenig enttäuscht, fragt der Minister, ob sie noch etwas Neues vorzubringen
hätten. Sich bisher zurückgesetzt fühlend kramt Clarindo eine zweiseitige Liste
mit Büchern hervor, die er zuletzt gelesen hat. »Ich dencke / setzte Nicanor
hinzu / ich will mit diesen Büchern des Clarindo seinen schon die Wage halten / und bin ebenso bereit / als Clarindo, Euer Excell. Befehle in referirung /
was sie daraus verlangen / in Genügen zu leisten.« Der Minister dankt, zufrieden mit den Informationen, die er aus dem Gespräch für sich ziehen konnte.
Bevor er von beiden dazu gezwungen wird, ihren Streit zu entscheiden, verschiebt er das Gespräch auf einen späteren »Bescheid«.[197] Die beiden Protagonisten sind gezwungen, ihren Streit fortzusetzen. Thomasius kommentiert die
Situation seiner Protagonisten im Vorwort:

> Also / nachdem ich bey dieser Bewandniß für keinen gelehrten passiren kan / bemühe
> ich mich noch über dieses / daß ich anderen Leuten / auch denen / die als Gelehrte
> zu mir kommen / ihre Gelehrsamkeit benehmen / und diese ignoranz beybringen /
> auch sie dazu anhalten möge / daß sie in dem wenigen / so ein Mensch durch seinen
> Verstand begreifen kan / allezeit einen rechten Grund zu suchen / im übrigen aber
> sich zu befleissigen / wie sie bei Zeiten sich angewöhnen / andern Leuten / von
> waserley Zustand sie auch seyn mögen / denen sie dermahleins nach Unterscheid ihres
> Standes zu dienen Gelegenheit erlangen werden / ihren Nutzen zuschaffen / und sich
> selbsten zu guberniren / damit man sie in gemeinem Leben nicht auslachen möge.[198]

---

[195] Hegel: Geschichte der Philosophie, S. 41.
[196] Thomasius: Monatsgespräche, Bd. I, S. 271ff.
[197] Ebd. S. 446.
[198] Ebd. S. 260.

III. Die Politik der Klugheit

Klugheit als Register: die Hofphilosophie

Prominente Vorbilder für Thomasius' ersten Versuch einer politischen Klugheitslehre in der *Hoff=Philosophie* (1688) reichen von Montaignes *Essais* über La Rochefoucaulds *Réflexions ou sentences et maximes morales* (1665) bis zu den rhetorischen Lehrschriften Christian Weises, die das *Politische* als neues Erziehungsziel für die zunehmend erfolgreiche bürgerliche Klasse entwerfen.[1] Dieses neue Erziehungsziel reagiert darauf, daß erstmals Einzelne aus dem »Nährstand« in den Bereich der repräsentativen Öffentlichkeit aufsteigen, etwa als Regierungsbeamte.[2] Damit ist aber auch schon der Unterschied im Begriff des Politischen bei Weise und Thomasius angedeutet. Während es in Weises frühem *Politischen Redner* (1679) und auch noch in seinem *Oratorischen System* (1707) oder dem *Politischen Academicus* (1708) stets um die Erziehung und Anpassung einerseits des Gelehrten an die neuen politisch-gesellschaftlichen Anforderungen der Wissenschaft und andererseits der zum Teil in den Adel aufgenommenen Bürger geht, eröffnet Thomasius mit seiner politischen Klugheitslehre erstmalig einen Raum für den Einzelnen, der als Freiheitspostulat für alle folgende Aufklärungsphilosophie Maßstab werden wird.[3] Weises Konzeption der Klugheit kann ebenso wenig wie die eines Gracián auf eine rein strategische Privatklugheit reduziert werden.[4] Während Gracián aber vor allem die Fähigkeit zur souveränen Identitätsbildung des Einzelnen am Hof lehrt und Weise, ebenso vorsichtig, die dazugehörige Rhetorik der klugen Reden und der klugen Briefe liefert, liegt allein schon in der aggressiven Selbstbeschreibung

---

[1] Vgl. Christian Weise: Sämtliche Werke, hrsg. v. John D. Lindberg, Bd. 11, Berlin/ New York 1976, Bäurischer Machiavellismus in einem Lust=Spiele Vorgestellet, S. 11; der »Politicus« tritt als Erzieher des »Civilis« auf. Privatklugheit, die bei Weise keine bürgerliche Klugheit ist, wird hier noch eindeutig von der Staatsklugheit her gedacht.

[2] Vgl. Grimm: Gelehrtentum, S. 356f.

[3] Vgl. ebd. S. 370; vgl. Thomasius. Kleine deutsche Schriften, S. 458; »Es ist ungebundene Freyheit / ja die Freyheit ist es / die allem Geiste das rechte Leben giebet / und ohne welche der menschliche Verstand / er möge sonsten noch so viel Vortheil haben als er wolle / gleichsam todt und entseelt zu seyn scheinet.«

[4] Zur Rolle des »politischen Romans« in der Genese der bürgerlichen Kultur vgl. Gotthard Frühsorge: Der politische Körper; zu Weises »politischer Methode« vgl. S. 31ff.

des Thomasius ein neues Konzept von wirksamer Öffentlichkeit vor, das stark
von der repräsentativen abweicht.⁵ Zwar ist bei Weise der Umbau der »eitlen«,
»unnützen« und »schulfüchsigen« Rhetorik durch den »Probier-Stein des Politischen Hoff-Lebens«⁶ zur politischen Rhetorik, die gerade die Privatklugheit
der »Schul-Redner« und »Poeten« betrifft, Voraussetzung für die Fähigkeit,
das Wissen vom Überflüssigen reinigen zu können und zu einem für die eigenen Ziele notwendigen zu machen. Doch seine »politische Methode« bleibt in
der Doppelung von Staatsklugheit und Privatklugheit befangen, indem sie die
bürgerliche Klugheit nur durch die Rückbindung an die Interessen der repräsentativen Öffentlichkeit legitimieren kann: »Und es kan allerdings eine Poli-
tice genennet werden / weil sie erstlich nach der politischen Methode zu proce-
diren pflegt; ferner auch / weil die große Societät schwerlich kan conserviret
werden / wo fern sich ein ieglicher in sonderheit nicht um seine conservatio
bekümmern will.«⁷

Mit der Argumentation, daß primär die Staatsklugheit eine Privatklugheit
nötig macht, bleibt Weise im Verhältnis zu Thomasius' Programm, einem jeden die »Waffe« des Wissens an die Hand zu geben, ein »Secretarius« des
Hofes, der das dort Gelernte auf die Erziehung der Jugend und die »Poeterey«
anwenden will.⁸ Dagegen versucht Thomasius, mit seiner Hofphilosophie in
einem ersten Schritt zu erreichen, daß die »Hof=Leute, welche der Reinlichkeit
gewohnet sind, hinfort keinen so grossen Eckel für den Philosophischen Studien
mehr tragen mögen.«⁹ Denn die »Schulfüchsischen Dornen und Disteln« haben
die Logik so unbrauchbar gemacht, daß es nicht mehr reicht, einfach nur die
»Regeln«, wie man einen »Vernunfft-Schluß« machen soll, zu erklären. Vielmehr müssen auch die Fehler der »Cartesianer« und der »Peripatetici« aufgezeigt werden, damit die Logik nicht mehr mit »Eselsbrücken« auswendig gelernt, sondern stattdessen eingesehen wird. Gleichzeitig kann dieses Einsehen
nur dann gelingen, wenn der Leser, hier vor allem die Hofleute und die Lehrenden, die Logik praktisch anwenden können. Thomasius verspricht deshalb, daß
seine Logik effektiv ist und nicht wegen ihrer Gelehrtheit Beachtung verdient,
sondern weil sie »in sehr kurzer Zeit die Klugheit vernünfftig zu schließen
[...] seinen Zuhörern beybringt.« Dabei sind die Leser aufgefordert, gleichgül-

⁵ Vgl. Thomasius: Drey Bücher der Göttlichen Rechtsgelahrtheit, Vorrede S. 6f;
   »Nachdem ich durch fleißiges Nachdenken diesen Mischmasch ein wenig in Ordnung gebracht, ward ich wider meinen Willen ein Überläuffer, aber ein solcher, wie
   etwa einer wider einen Tyrannen, der die Freyheit der Republic unterdrücken will,
   die Waffen ergreiffet.«
⁶ Weise: Sämtliche Werke, Bd. 21, Nothwendige Gedancken / Denen Überflüßigen
   Gedancken entgegen gesetzt, S. 7.
⁷ Weise: Politische Nachricht von sorgfältigen Briefen, Dresden/Leipzig 1701, unpag.,
   »Vorbericht / Darinnen absonderlich von dem jüngst versprochenen Galanten Hoff-
   Redner gehandelt wird.«
⁸ Weise: Nothwendige Gedancken, S. 7.
⁹ Thomasius: Einleitung in die Hoff=Philosophie, S.):(5.

tig welcher »Secte« sie zugetan sind, sich durch Kritik an diesem gemeinsamen Projekt zu beteiligen. Denn schließlich geht es um nichts Geringeres als um die Rettung der Philosophie, die in der neuen Zivilgesellschaft einer neuen Legitimation bedarf, so daß Thomasius auch bereit ist, »so gar von Kindern etwas zu lernen.« Umgekehrt bedeutet dies, daß philosophisches Denken so einfach und für jeden von Vorteil sein muß, damit selbst ein Kind die kluge Vernunft als natürliches Instrument zur Orientierung akzeptiert. Politik ist hier also in einem wesentlich moderneren Sinne gemeint, als dies noch bei Weise der Fall war.

Der eigentliche Feind, der dem Gebrauch eines solchen Wissens entgegensteht, ist die »Christliche Philosophie«, weil ihre Logik jederzeit auf das Rücksicht nehmen muß, dem sie dient. Die kluge Logik dagegen ist ein Instrument, dessen Einsatzgebiet, im Unterschied zur scholastischen Logik, nicht definiert ist, sondern dessen Gebrauch sich der Einzelne je selbst aneignen muß. Nur aus dieser Konzeption des disziplinunabhängigen Problemlösungsansatzes heraus kann Thomasius dem Leser es dann auch überlassen, über seine Vorschläge zu urteilen, und sich selbst allen Irrtum zuschreiben, ohne an Glaubwürdigkeit zu verlieren. Denn sollten seine Thesen den »Verdacht des gelehrten Diebstahls« nahelegen und trotzdem überzeugen, so hat er sie »klug« ausgewählt. Sollten sie nicht überzeugen, so konnten sie wenigstens der Auswahl des Lesers dienen. Der Reichtum des Angebots und die Information, die der Kritik entspringt, stellen in jedem Fall sicher, daß die Gewinnung eigener Kriterien mit der vollzogenen Kommunikation im Lesen und Auswählen einhergeht. Das erste Kapitel der *Hoff=Philosophie* handelt deshalb von der »Geschicklichkeit wohl nachzusinnen und zu urtheilen«. An der Stelle, an der im modernen Denken die Frage nach der Verfahrensweise des Urteils zu erwarten wäre, steht die Klugheit als »vernünfftliche Beurtheilung«[10]. Da die Klugheit in dieser zentralen Funktion zur Philosophie gehört, bedarf sie neben einer politischen auch einer philosophischen Legitimation. Neben einer Genealogie der philosophischen »Secten« und ihrer verschiedenen Systeme, in deren Vielfalt Thomasius die »Erwehlungs=Art« immer schon wirksam sieht, ist die Unterscheidung der »Außerlesungs=Secte« von einem ethischen Eklektizismus der wichtigste Hinweis, warum die Klugheit unter den Bereich der Philosophie subsumiert werden muß. Während die »Electische Secte« nach einmaliger Auswahl ihrer Lehrsätze diese ebenso verbindlich als Wahrheit lehrt, macht ein »rechter Electicus« seine »Erwehlungs=Art« den Zuhörern nicht verbindlich. Der entscheidende Unterschied liegt aber nicht nur in der Konzeption der Vernunft als einem Ordnungsprinzip, das sich in einer permanenten Krise im Sinne von Entscheidung befindet, sondern vor allem in der »Manier« des klugen Philosophen. Das Ethos des »Weltweisen« oder Philosophen, das Thomasius zur Un-

---

[10] Ebd. S. 6.

terscheidung von der bisherigen Philosophie fordert, grenzt sich einerseits vom Dogmatismus aber andererseits auch von den Skeptikern ab. Mit den letzteren teilt er zwar die Konzeption der Krise, kritisiert sie aber in ihrer Abhängigkeit von den Schulen, denen sie opponieren. Denn, obwohl die Klugheit kein Wahrheit konstituierendes Prinzip ist, so verpflichtet sie doch zur selbständigen Beurteilung und einem gemeinsamen Ringen um Wahrheit.

In der Genealogie der Klugheit kommt Thomasius in diesem Zusammenhang auf Machiavellis Methodologie zu sprechen. Während Machiavelli noch jede überzeitliche Konzeption ablehnte,[11] geht es für Thomasius bereits darum, die praktische Philosophie aus dem Historischen herauszuarbeiten. Wenn der Adressat von Machiavellis Schriften tatsächlich nur der Fürst sei, so Thomasius, dann bleibe die Klugheit in der Affirmation des Bestehenden befangen und Machiavelli müßte eher den beschreibenden Schriften eines Aristoteles zugerechnet werden, die lediglich einen Tyrannen typologisieren. Sollte es aber Machiavellis Absicht gewesen sein, »unter der Larve eines schlimmen Politici nur einen Historicum« abzugeben, der möglicher Weise die »tadelhafften Thaten der Fürsten entdecket«[12], dann bleibe bei ihm die Klugheit an das Modell der *historia* gebunden und erschöpfe sich, wie bei vielen Nachfolgern Machiavellis, in »angeführten Exempeln und Geschichten«. Einen weiteren entscheidenden Versuch, aus der Klugheit als dem Vermögen, mit erkannten Notwendigkeiten umzugehen, eine moralische Haltung zu gewinnen, sieht Thomasius in den Schriften von Hobbes. Wie auch schon Machiavelli ist Hobbes einer der wenigen für Thomasius, der Moral nicht mit Theologie verwechselt, sondern nach einem bürgerlichen Normenbegründungsprinzip sucht, das eben nicht aus einem anderen Theoriegebäude, wie etwa der »Römischen Rechts=Klugheit«, entlehnt ist. Die »wahre« Philosophie, in der sich auch die Klugheit entfalten kann, ist für Thomasius jedoch erst mit Hugo Grotius und Samuel Pufendorf gegeben, welche die »Socialität zum Grund gesetzet«[13]. Socialität, die bei Grotius und Pufendorf natürlich wesentlich naturrechtlich verstanden wird, erhält aber im Zusammenhang mit dem eklektizistischen Urteil der Klugheit bei Thomasius eine neue Wendung. Denn einerseits steht zwar noch das Auswählen im Vordergrund, das »alles und jedes was wahr und gut ist / in die Schatz= Kammer seines Verstandes sammeln müsse«[14] und so die Abhängigkeit von

---

[11] Vgl. Machiavelli: Der Fürst, S. 104; »Es ist möglich, daß von zweien mit entsprechenden Eigenschaften der eine sein Ziel erreicht, der andere nicht und daß ebenso zwei mit ganz verschiedenen Neigungen in gleicher Weise Glück haben, und zwar der eine mit bedächtigem Vorgehen, der andere mit draufgängerischem. Dies hängt allein davon ab, ob man sich den Zeitverhältnissen mit seiner Handlungsweise anpaßt oder nicht. Davon kommt es auch, daß zwei bei Anwendung verschiedener Methoden die gleiche Wirkung erzielen und daß von zweien bei Anwendung der gleichen Methoden der eine zu seinem Ziel kommt, der andere nicht.«
[12] Thomasius: Hoff=Philosophie, S. 44.
[13] Ebd. S. 46.
[14] Ebd. S. 50.

einer einzigen Autorität verhindere, aber andererseits soll dieses Material »vielmehr mit [...] eigenen Augen als mit andern« angesehen werden. Die »gleiche Liebe«, welche das kluge Urteil zunächst allem Material entgegenbringt, ist ebenso sehr das Band der Sozialität einer Gemeinschaft. Nicht ohne Grund ordnet Thomasius die »Sectirische Philosophie« dem Schul- und Lehrbetrieb zu, während die »Electische Philosophie« bei den Höfen größeres Ansehen genieße. Die Meinungsbildung innerhalb der Schulen ist sektiererisch, weil sich ihre Gemeinschaftsbildung als Expertengruppe versteht, während der Hof in dieser frühen Schrift für Thomasius noch eine integrative Gesellschaft darstellt.

Im Zentrum des klugen Urteils steht die Freiheit des Einzelnen, die für Thomasius nur als »gleiche Freyheit« gegenüber dem zu beurteilenden Material und der Meinung eines Einzelnen ihre gesellschaftsbildende Kraft entwickeln kann. Das zentrale Programm der *Hoff=Philosophie* ist also nicht nur, das Ideal des Weltmanns in die Wissenschaften einzuführen, sondern mit der Demokratisierung von Wissen auch eine Demokratisierung der Gesellschaft zu erreichen. Thomasius ist eben kein affirmativer Anhänger eines höfisch-politischen Denkens, wie etwa Weise es noch war, sondern formuliert hier schon sehr früh die radikale Gleichsetzung von Informationsorganisation und Gesellschaftsordnung. Als abschließendes Sinnbild vergleicht Thomasius den Aufbau der »Geschicklichkeit wohl nachzusinnen« mit einem Schiff,[15] das obwohl es ständig »neu geflickt« und trotz permanenter »Renovirung« eben »dasselbe Schiff bleibet«, aber im Unterschied zu einem »schlechten Hüttlein / wann gleich dasselbe nur von einem einzigen Bauern aufgebauet« worden ist, eben noch zur Schiffahrt bequem ist. Aus der Klugheit als *ratio status* ist mit dieser Anlehnung an das mythische Argonautenschiff die Kunst der Navigation geworden. Politik, deren Raum nach Carl Schmitts Definition an die Kodierung von Freund und Feind gebunden ist,[16] wird von Thomasius hier schon republikanisch gegen die Interessengruppenbildung verstanden, wie sie im Laufe des 18. Jahrhunderts als Domestizierung die Interessen des Einzelnen ablösen wird.

Die Faszination für den Hof ist nur dann richtig zu begreifen, wenn man Thomasius' Ziel, die Komplexität der höfischen Kommunikationsmodelle über den Raum des Hofes hinaus bürgerlich zu wenden, als politisches Programm versteht. Philosophie soll nach Thomasius folgerichtig utilistisch gewendet ein »habitus intellectualis und instrumentalis [sein] / welcher GOTT / seine Creaturen / und das natürliche so wohl als sittliche Thun der Menschen nach dem Licht der Vernunfft betrachtet / und derselben Ursachen zum Nutzen des menschlichen Geschlechts untersuchet.«[17] Der Werkzeugcharakter dieses Utilitarismus hat aber im Unterschied zur späteren englischen Tradition seine

---

[15] Ebd. S. 55.
[16] Vgl. Carl Schmitt: Der Begriff des Politischen, Berlin 1932.
[17] Thomasius: Hoff=Philosophie, S. 71.

Fundierung in der Freiheit des Einzelnen. Während es etwa in Jeremias Ben-
thams *Introduction to the Principles of Moral and Legislation* (1780) oder auch noch
in John Stuarts Mills *Utilitarianism* (1864) um die Beförderung des größtmög-
lichen Glücks geht und damit vor allem ein juridisches Organisationsproblem
unter dem Machtmonopol des Staates fokussiert werden muß, versucht Thomasius letztlich, philosophisches Wissen mit dem Zweck zu instrumentalisieren,
Macht, durch Kommunikationskompetenz substituiert, jedem Einzelnen an die
Hand zu geben. Dieser Durchstrukturierung des philosophischen Wissens entspricht es dann auch, wenn Thomasius die Philosophie in zwei Hauptkompo-
nenten einteilt: in die »Principal« und in die »Instrumental = Philosophie«. Die
»Principal = Philosophie« umfaßt in Anlehnung an die Tradition einen theoretischen Teil, der sich aus erkennenden Disziplinen wie Metaphysik oder Physik
zusammensetzt, und einen praktischen Teil, der neben dem Bereich des *honestum*
die drei Gebiete der Klugheit umfaßt: »Sitten = Lehre«, »Staats = Kunst« und
»Haushaltungs = Kunst.« Die »Instrumental = Philosophie« speist sich aus dem
klassischen Trivium: Grammatik, Rhetorik und Dialektik bzw. Logik und
schließt so den Bereich der »Historie« und der »Poësie« als »eine erdichtete
Geschichte« mit ein. In gewisser Weise erbt die »Instrumental = Philosophie«
den Bereich der rhetorisch dominierten Erkenntnistheorie des 16. und 17. Jahrhunderts, da sie »mit blossen Worten zu thun [hat] / oder mit Sachen / die mit
Worten sind exprimiret worden.«[18] Thomasius' Auffassung der »Instrumental =
Philosophie« bzw. insbesondere der Logik als Leitdisziplin, welche in der neuen
Wissensgemeinschaft die »Argumenta« liefern soll, unterscheidet sich allerdings sehr von im weiteren Sinne zeitgenössischen − wie etwa Wolffs − zweck-
rationalistischen Umbauten der Wortwissenschaften. In seiner Kritik an der
durch die Naturwissenschaften verstärkten rational-logischen Weltsicht greift
Thomasius vor allem die cartesianischen Abstraktionen an: »Ich gedencke /
derowegen bin ich auch / und zwar [...] eine Sache / die da gedencket.«[19]

Die zugleich ethisch und metaphysikskeptisch motivierte Kritik an der Verdinglichung des denkenden Ichs sieht in der logischen Abstraktion eine neue
Scholastik, die Thomasius später vor allem an Wolffs mathematischem Ideal
diagnostizieren wird. Der cartesianische Traum von einem ersten Prinzip wird
von Thomasius schon in seinen Bedingungen für falsch gehalten. Daß die Voraussetzung für deutliche Gewißheiten in einem totalen Zweifel bestehen soll,
ist für Thomasius ein praxiologisches Paradox. Vom Standpunkt einer praktischen Logik aus, die auf Handeln ausgerichtet ist, bleibt es unmöglich, zugleich
an allem zu zweifeln. Das Wissen dieser »fiction, wann Cartesius dichtet und
vorstellet / daß er keinen Cörper hätte, könnte demselben entgegen gesetzet
werden / wenn er sagt / er wüßte gewiß / daß er gedächte.« Mit der Kritik an

---

[18] Ebd. S. 82.
[19] Ebd. S. 92.

der Doppelung der Welt in die *res cogitans* und *res extensa*, der Metaphysik der Subjektphilosophie, zielt Thomasius in das Wesen des modernen Formalismus:

> Ich gedencke / derowegen bin ich. Diesem kann noch hinzu gethan werden / daß dieses Ich ein wenig obscur sey / und daß Cartesius dadurch etwas zu affirmiren scheine. Wann aber dieses seine Meynung wäre: Ich bin / weilen ich gedencke / so hätte er auch sagen können: Ich bin / weilen ich Hände und Füsse habe. Wann es aber mit diesem Ich bin gleich käme / so hätte man einen solchen apparatum gar nicht nöthig.[20]

Zurecht glaubt Thomasius in den cartesischen Meditationen noch die platonische Substanzmetaphysik wirksam zu sehen, die im Gegensatz steht zu einer an der – immer auch leiblichen – Kommunikation orientierten Begriffsfindung. Versucht man abstrakt-logisch etwa das Wesen des Menschen zu fassen und definiert ihn schematisch im Unterschied zu den »Bestien« als »denkende Substanz«, so erhält man durch diese Differenzenbildung dennoch keine vollständige Beschreibung des Menschen, sondern lediglich eine immer noch weiter aufzugliedernde Begriffshierarchie, deren Stand der Verästelung letztlich eine Frage des pragmatischen Abbruchs der Differenzierung ist.

Schon Aristoteles versuchte in seiner Topik, *substantia* konstituierende Differenzen von *accidentia* konstituierenden Differenzen zu unterscheiden. In seinem Kommentar zur aristotelischen Kategorienlehre spitzte Porphyrios (232/33 – 304) diesen Versuch noch zu, indem er einen Algorithmus entwickelte, der mit einer endlichen Anzahl von Differenzen alle möglichen Gattungen und Arten bestimmen können sollte.[21] Die gleiche Bewegung vom porphyrischen Baum zu den Nominalisten, die daraus eine abschließende Zeichenlehre entwickeln wollten, bis hin zu den aufklärerischen Enzyklopädisten, deren Baumstruktur sich zu einer kurzfristigen und hypothetischen wandelte und jederzeit in ein flächiges Labyrinth aufzusprengen drohte, ließe sich im 20. Jahrhundert anhand der Sprachphilosophie als zunehmende Entdeckung der Unbestimmbarkeit dieser Differenzen beschreiben. Von Ferdinand de Saussure bis zu Charles S. Peirce und den Strukturalisten bzw. Poststrukturalisten läßt sich die Unterscheidung zwischen spezifischen Differenzen, die eine Art konstituieren, und akzidentiellen Differenzen immer weniger aufrecht erhalten. Erst Gilles Deleuze und Felix Guattari zogen daraus den Schluß, die Organisation der Differenzen nicht mehr in einem mehr oder weniger linearen Baum anzuordnen, sondern schlugen die pflanzliche Organisation des Rhizoms vor, das ein Gewirr aus Knoten und Knollen darstellt und aussieht wie »Ratten«, die durcheinanderwimmeln«.[22] Während im Übergang vom 17. zum 18. Jahrhundert aus dem porphyrischen Baum ein »kurzlebiger Algorithmus« geworden ist, suspendiert die Struktur

[20] Ebd. S. 93.
[21] Vgl. Umberto Eco: Kritik des Porphyrischen Baumes, in: ders.: Im Labyrinth der Vernunft. Texte über Kunst und Zeichen, Leipzig 1990.
[22] Vgl. Gilles Deleuze/Félix Guattari: Rhizom, Berlin 1977.

des Rhizoms die Frage nach entscheidenden Differenzen vollständig. Im Rahmen dieser aristotelischen Diskussion arbeitet Thomasius »die Kunst zu gedencken« in Opposition zur cartesischen Grundunterscheidung von Leib und
Seele zur Bestimmung des Menschen heraus: »Eine andere Frage ist es / ob ich
mir könne einen deutlichen Concept machen / von einem unter diesen Theilen /
ohne daß ich den anderen Theil nöthig habe in Consideration zu ziehen?«[23]
Thomasius nimmt den »bacchantischen Taumel« der hegelschen Kategorien
oder die Perspektiven-Theorie Nietzsches vorweg, bei welchen die »Definition
der Gedanken« immer von ihrer »Connexion« begleitet wird. Die »Kunst zu
gedencken« ist jedoch im Unterschied zur idealistischen Dialektik wesentlich
mehr an der »Connexion« als an der »Definition« interessiert. Zuletzt stellt
Thomasius dann auch die Gleichschaltung der Unterscheidung wahr-falsch und
deutlich-undeutlich in Frage,[24] denn für eine praktische Logik kann das Ziel
der Unterscheidung nicht in einer Scheidung und Verdinglichung ihres Gegenstandes bestehen. Der »Klugheit zu gedencken« folgt die »Klugheit vernunfft-
mäßig zu urtheilen«, in deren Zentrum die von Cicero und später von Ramus
in *inventio* und *judicium* aufgeteilte Logik steht. Auch hier knüpft Thomasius
an die rhetorische Tradition an und kritisiert die abstrakt logische, deren Übel
er in der Überbewertung des aristotelischen Syllogismus sieht.[25] Die »Klugheit
zu gedencken« definiert Thomasius als Kunst, seine Gedanken so zu organisie-
ren, daß sie eine gerichtete Wahrheit zum Ergebnis haben und insofern die
Möglichkeit bieten soll, »solche wiederum anderen zu communiciren / der anderen ihre raisons wiederumb zu vernnehmen / und mit denselben unsere Gedancken zu conferiren und zwar solches mit einer Geschicklichkeit / Gerechtigkeit und Nutzbarkeit.«[26] Thomasius sieht damit die Prudenz als umfassendes
Vermögen, das die Disziplinen Rhetorik und Grammatik, welche die Organisationsformen der Argumente bilden, unter sich begreift, aber in diesen Bereich
die Lehre »wie man justé und utiliter raisonniren soll« einführt. Es geht ihm
also um die Rettung des sprachlich-rhetorischen Wissens, wenn er das aufkommende Nützlichkeitsdenken der naturwissenschaftlich ausgerichteten Logik
noch einmal auf das alte Schema des Triviums abzubilden versucht. Die praktische Logik, die er der rationalistischen entgegenhalten will, ist also eine mit
den polyhistorischen Wortwissenschaften versöhnte.

Die Klugheit markiert im Verhältnis zur »Raison« exakt den Umbruch vom
Primat der Wortwissenschaften, die immer auf kommunikative Praxis ausgerichtet waren, zu einem modernen Wahrheitsbegriff, der neben Informationsse-
lektion auch -reduktion bewirken soll. Daß das seit dem 17. Jahrhundert be-
legte Wort »Räson« mit seiner ursprünglichen Bedeutung »verständig worüber

---

[23] Thomasius: Hoff=Philosophie, S. 97.
[24] Ebd. S. 106.
[25] Ebd. S. 116.
[26] Ebd. S. 118.

reden« später nur als »jemanden zur Räson bringen« oder »Räson annehmen« überlebte, veranschaulicht diesen Wandel besonders prägnant. So speist sich die *inventio* der klugen Logik aus der Rhetorik, während das *judicium* schon die »Entschließung unseres Willens« zum Ziel hat.[27] Die »Prudentia ratiocinandi« übersteigt aber auch die Rhetorik, die für Thomasius ebenfalls ein Abbild der autoritären Wissenschaft ist, da sie als ihr Gegenstück nicht nur den Redner, sondern auch den Zuhörer ausbildet. Als zentrale Wissensorganisation zerfällt sie nach dem Vorbild der Philosophie in einen »allgemeinen« und in einen »eigenen Theil«. Der allgemeine Teil liefert ähnlich dem Aufbau einer Rede vier notwendige »Stücke« des Nachdenkens: die Festlegung eines »Endzwecks« der Kognition, die Auswahl der dazu nötigen Vorgehensweisen, die Bestimmung des Objekts und zuletzt die Ordnung der einzelnen Schritte. Den Unterschied zur cartesischen Bestimmung der Methode als Problemlösungsverfahren bietet erst der besondere Teil, der die »fünff Momenta ratiocinationis in Betrachtung« nimmt: wie man meditieren, wie man darstellen, wie man verstehen, wie man widersprechen soll und schließlich, welche Gedanken man mit diesen »Momenten« untereinander »connectiren« kann.[28] Der erste Punkt bezieht sich auf das eigene Nachdenken, der zweite auf die Kommunikation des Resultats mit anderen, wodurch sich ein differentes Resultat ergeben kann. Verstehen, Beurteilen und Widersprechen ergeben sich dann aus dem Umgang mit dieser Differenz.

Wahrheit als »infallible oder Göttliche« gibt es nicht im Register der Klugheit, aber ebenfalls nicht im Sinne einer Unterscheidung von wahr-falsch als Richtigkeit des Denkens.[29] Denn die »Logische Wahrheit« ist für Thomasius eine »Affectio intellectus«, weil sie als »Actus des Verstandes ebenfalls durch die Rede vorgestellet« wird.[30] Denken wird bei Thomasius aus der Tradition der rhetorischen Konstitution einer Rede her begriffen. Ähnlich wie die Rhetorik historisches Einzelwissen für die Form einer Rede organisiert, soll deshalb die Klugheit Wissen als Material der Kommunikation betrachten lehren. Daß die »Metaphysische Wahrheit« wie die abstrakte Logik ebenso in den Bereich der Affekte gehören, ist für Thomasius schon keine Frage mehr, denn der gesamte Bereich des »Concepts von der Sachen existenz« wird von der Klugheit bei den »Würckungen des Gemüths« abgehandelt. Im Zentrum von Thomasius' früher Formulierung einer Psychologie der Erkenntnis steht die Kommunikation, in der es nur »fallible« Wahrheiten geben kann, immer den »Göttlichen Verstand« und die »Göttliche Wahrheit« ausgenommen, die jedoch nicht das »Objectum der Philosophie«, sondern des »Glaubens« sind. Und weil jedes

---

[27] Ebd. S. 121.
[28] Ebd. S. 123.
[29] Zur Unterscheidung von göttlichem bzw. natürlichem und menschlichem Recht vgl. Thomasius: Fundamenta juris naturae (1705), I 5, § 34, I 4, §§ 50ff.
[30] Thomasius: Hoff=Philosophie, S. 127.

Wissen auch immer mit anderem Wissen verbunden ist, sowie die Objekte
dieses Wissens entweder durch »convenientz« oder durch »disconvenientz«[31],
wird aus der Wahrheit eine »eigentlich genommene Wahrheit / oder eine
Wahrscheinlichkeit«[32]. »Wahrscheinlichkeit« oder die »probable opinion«
hängt wiederum von den »unterschiedenen Arten der vernunfftmäßigen Beurtheilung ab«, so daß sich zuletzt die Frage nach einer praktischen Logik auf
die Frage nach den Mitteln der Kommunikation reduziert, die Thomasius auf
»Syllogismum« oder »Discours« zuspitzt. Während der Syllogismus zwar die
Philosophie soweit gebracht habe, formale Denkfehler zu vermeiden, so muß
eine zum Handeln anleitende Philosophie ihren Schwerpunkt im »Discours«
haben. Dieser kann nach Thomasius allerdings auf zwei Weisen geschehen:
entweder als lange Rede nach dem Vorbild Ciceros oder in »sehr kurzen Fragen
und Antworten« nach dem Vorbild Platons. Wie schon Platons Sokrates, so
favorisiert auch Thomasius die kurze Rede als das Medium der Demokratie.
Das bedeutet aber, daß jedes Denken, um nicht metaphysisch zu werden, einen
konkreten Adressaten oder wenigstens Adressatenkreis haben sollte. Die »platonische Art durch Fragen zu disputieren«[33] sei aber gerade deswegen abgeschafft
worden, weil die »Respondenten« von einem guten Rhetor oder Sophisten zu
jeder Antwort geführt werden können. Das heißt, daß gerade die kurze Rede
als Medium der Demokratie einem Mißbrauch ausgesetzt ist, wenn durch einen
fehlenden Beobachter aus dem »Discours« eine »Überredung« wird. Statt aber
die Rhetorik und ihren möglichen Machtmißbrauch in die Scholastik zu überführen, die sich nur des aristotelischen Syllogismus bedient, soll genau an dieser
Mißbrauchsmöglichkeit die Klugheit einsetzen. Als Vermögen, Distanz zur
vorgestellten Meinung zu schaffen, ersetzt sie den fehlenden Beobachter, indem
sie das Wissen des Einzelnen mit anderem Wissen zu vergleichen und »connec-
tieren« lehrt. Wie die cartesische Methodenlehre setzt die *Hoff=Philosophie* auf
die kritische Kraft des Zweifelns, welche aber eben nicht in einer unbezweifel-
baren Richtigkeit aufgehoben, sondern als »Dubio Eclectico«[34] nur die Möglichkeit des selbständigen Zweifelns fördern soll. Neben der Wendung der cartesischen Operationen zur Problemisolierung in den Bereich des alltäglichen
Denkens bleibt Thomasius bei der Bestimmung der »Klugheit recht nachzu-
dencken« mehr in den Bahnen eines Rationalismus von Descartes und Leibniz
als er seinen eigenen Warnungen davor folgen kann: »[...] daß du nicht auf
den Wahn gerathest / als wenn ich allezeit eine vollkomme Erkäntnüß einer
Sachen erforderte; dann man muß auch seinen Beyfall zu einer solchen Sachen

---

[31] Ebd. S. 163.
[32] Ebd. S. 181.
[33] Ebd. S. 209.
[34] Ebd. S. 236.

geben / welche nur allein klärlich / obgleich nicht in allem deutlich / sondern nur zum Theil deutlich in diesem Stück ist vernommen worden.«[35] Analog zur »kurzen Rede« versteht Thomasius sowohl den cartesischen Zweifel als auch die Methode als kurzfristige Rationalitäten, auf die man sich wie auf »Almosen« verlassen muß. Wirklich nützlich wird das Nachdenken, das sich vor allem vor »unsinnigem Nachgrübeln« hüten soll, erst, wenn es als »Communication oder Eröffnung« anderen vorgestellt wird. Die »Klugheit seine Gedancken vorstellig zu machen« soll in je verschiedenen Redner-Zuhörer-Situationen alles vermeiden, was den Zweifel der Zuhörer durch einen »continuierlichen discurs« unterdrückt. Sprache, Stil, Rednerart – die gesamte Vortragssituation soll so gestaltet sein, daß sich die Ideale der »Deutlichkeit« und der »Galanterie« vereinen können, damit die Rede für den je spezifischen Zuhörer »nützlich« und zugleich »belustigend« ist. Die Forderung nach »Unterhaltsamkeit der Informierung« ist nicht nur ein Relikt der rhetorischen Aufmerksamkeitslehre, sondern vor allem der Versuch, eine Rede von der Gemeinsamkeit des Redners und Zuhörers her zu konzipieren. Die je verschiedenen Adressaten sind für Thomasius durch die »Belustigung« in einer Gemeinschaft, die sehr verschieden ist von der Gemeinschaft der *disputatio*, bei welcher das polylogische Gespräch zugunsten der Behauptung einer Meinung verloren geht. Da die idealisierte Gesprächssituation, in welcher die Klugheitslehre ihre kommunikative Kraft entfalten soll, nur in einem überschaubaren Kreis Anwendung finden kann, folgt mit der »Klugheit eines andern Meynung zu verstehen« die Lehre einer kritischen Lektüre, in der Thomasius vor allem Wert darauf legt, daß zwar eine Lektüre ohne »Päjudiciis« unmöglich ist, Ziel einer hermeneutischen Ethik aber sein müsse, »eine solche Auslegung [zu] machen / dadurch alles zum besten gekehret wird«[36].

Daß sich das aufklärerische Programm der *Hoff=Philosophie* aber wesentlich weniger auf einen höfischen oder geselligen als auf einen publizistischen Kontext bezieht, macht die »Klugheit zu urtheilen« besonders deutlich, da sie vor allem dadurch geübt werden soll, Texte in »Tabellen zu bringen / dergestalt daß sie eine General-Tabell vorher setzen / darinnen die gantze Connexion des Tractats und dessen Capiteln vorgestellet wird / hernacher müssen Special-Tabellen folgen / welche die Connexion von einem jeden Paragrapho in einem jeden Capitel anzeigeten.«[37] Erst durch diese Form der Textverarbeitung, der Thomasius den größten Teil der Abhandlung über das Urteil widmet, ist es möglich, das in »Obacht« zu nehmen, was in einem Gespräch den fehlenden Dritten ausmacht. Aber was bedeutet es, wenn Thomasius das Modell der höfischen Klugheit, das die wechselseitige und strategische Beobachtung in einem

---

[35] Ebd. S. 241.
[36] Ebd. S. 270.
[37] Ebd. S. 274.

überschaubaren Kreis von Kommunizierenden lehrte, auf die Organisation von
Wissen und insbesondere auf die Lektüre und das Arrangement von Texten
überträgt? Den Gebrauch von schematischen Darstellungen eines Texteszusam-
menhangs durch Tabellen restringiert Thomasius letztlich auf den Lernanfang
seines Projektes, Wissen durch Nacherzählung und Zusammenfassung neu zu
strukturieren und sich subjektiv anzueignen. Den tatsächlichen Hintergrund
dieser Darstellungsweise von Wissen liefert erst die »Klugheit wie man andern
widersprechen soll.« Denn da man sich gerade »bey täglicher Conversation«
durch offenen Widerspruch »nothwendig dadurch viel Feinde auff den Hals
laden muß«, obwohl solche Alltagsgespräche doch »der Fröhlichkeit und des
ehrlichen Plaisirs wegen angestellet werden«,[38] sollte dort nicht »disputiert«
werden, sondern Aufklärung allein durch die Pluralisierung des Wissens stattfinden. Kluges Wissen ist ein Wissen, das nur genreübergreifend funktioniert,
so wie die wechselseitige Beobachtung innerhalb der höfischen Klugheitslehre
seine Identität daran gewinnt, daß sie sich nicht als disziplinäres Wissen preis-
gibt, sondern nur in einem ständigen Verweiszusammenhang besteht. Etwa
Thomasius' Faszination für die »frantzösischen Liebesnouvellen« ist nur vor
diesem Hintergrund zu verstehen. Die *Hoff=Philosophie* formuliert damit erstmals eine Art zirkulierendes Wissen, dessen Neuheit sich jeweils durch das
spezifische Arrangement der Nacherzählung ergibt und nicht, wie bei einer
Lehre, dogmatisch auftreten muß. Eine erste Realisation der Zirkularität dieses
Wissen ist die Ordnung des Wissens nach seiner Publizität.[39]

Mediation als mediale Leistung

In seiner Autobiographie *Ecce homo* erklärt Nietzsche den Grund für das Glück
und die Einzigartigkeit seines Daseins aus der Fähigkeit, mit der »doppelten
Herkunft« einer jeden menschlichen Existenz umzugehen. Die Antwort auf
seine Selbstbefragung »Warum ich so weise bin?« ist die Erkenntnis, »gleichsam aus der obersten und der untersten Sprosse des Lebens« abzustammen.[40]
Realisiert wird diese Weisheit in einem Wissensmodell, das sich aus der gegenseitigen Beobachtung von Perspektiven ergibt:

> Von der Kranken-Optik aus nach gesünderen Begriffen und Werthen, und wiederum
> umgekehrt aus der Fülle und Selbstgewissheit des reichen Lebens hinuntersehn in die
> heimliche Arbeit des Décadence-Instinkts – das war meine längste Übung, meine
> eigentliche Erfahrung, wenn irgend worin wurde ich darin Meister. Ich habe es jetzt

---

[38] Ebd. S. 291.
[39] Vgl. Stieler: Zeitungs Lust und Nutz, S. 120ff; unter der Überschrift *Zeitungen weisen
    zurück in die Historien* gibt Stieler ein anschauliches Beispiel für das Verhältnis von
    gespeichertem und aktuellem Wissen.
[40] Nietzsche: Ecce Homo, Kritische Studienausgabe, Bd. 6, S. 264.

in der Hand, ich habe die Hand dafür, Perspektiven umzustellen: erster Grund, weshalb für mich allein vielleicht eine ›Umwerthung der Werthe‹ überhaupt möglich ist.[41]

Auf die Frage »Warum ich so klug bin?« folgt im nächsten Kapitel auch gleich die Eingrenzung dieses theoretischen Perspektivenmodells: »Ich habe nie über Fragen nachgedacht, die keine sind [...].«[42] Die Perspektive, die Nietzsche verweigert, ist die des »bösen Blicks«, die genealogisch zwar aus dem schlechten Gewissen und der christlichen Philosophie die moderne Vernunftwissenschaft erzeugt habe, letztlich aber ein »faustgrobes Verbot an uns: ihr sollt nicht denken!«[43] formuliere. In einer Zeit, in der die historische Vernunft nur noch ihre eigene Krise mit stenographieren konnte, ist Nietzsches Antwort auf die Frage »Wer bin ich?«, gegen Leitunterscheidungen wie wahr-falsch oder Mensch-Tier eine »Gegensatz-Natur«[44] zu skizzieren, die in Anlehnung an die Modelle der Klugheit und der List aus den Bahnen der philosophischen Dialektik heraustreten sollte. In dem Moment, da die theologisch-anthropologischen Implikationen der Vernunfttheorie fragwürdig geworden sind, wendet sich das Ethos des Selbstdenkens auf kluge Weise, wie schon bei Thomasius, gegen seine vernunfttechnische Ausformulierung. Das Programm des »amor fati«, das Nietzsche gegen den Vernunftmythos einer fortschreitenden Entwicklung entwirft, betritt den Bereich einer »Weißen Mythologie«[45], die sich letztlich nicht mehr auf eine allgemeine Ratio berufen kann, sondern nur noch ein praktisch ausgerichtet Ethos des weltlichen Denkens formuliert.

Was dies für die Ordnung des Wissens bedeuten kann, führt Thomasius in den *Monatsgesprächen* exemplarisch vor, wenn er auf den Unterhaltungswert seiner subtilen Aufklärung setzt. In einem Gespräch über den Wert der »kleinen Frantzösischen Romane« soll Cardenio, der die Rechtsgelahrtheit erlernt hat, seinen älteren, philosophisch geschulten Bruder Cyllenio durch ein kleines Experiment überzeugen.[46] Cardenio, der bisher in seiner Freizeit Liebesromane übersetzt hat, schlägt seinem Bruder vor, selbst einen solchen zu verfassen. Thema des Romans soll die Lebensgeschichte des Aristoteles als Galan sein, der seine Philosophie nur aufgrund einer Liebesbeziehung von der Lehre Platons differenziert.[47] Nachdem Cardenio alle bekannten und einige erdichtete Lebensumstände nach diesem Muster interpretiert und neu zusammengefügt hat, wird Cyllenio unruhig und verweist auf den Ärger, den Cardenio mit einer solchen Darstellung der aristotelischen Philosophie bei den Scholastikern pro-

---

[41] Ebd. S. 266.
[42] Ebd. S. 278.
[43] Ebd. S. 279.
[44] Ebd. S. 257.
[45] Vgl. Jacques Derrida: Die weiße Mythologie. Die Metapher im philosophischen Text, in: ders.: Randgänge der Philosophie, hrsg. v. Peter Engelmann, Wien 1988.
[46] Thomasius: Monatsgespräche, Aprilis 1688, S. 449.
[47] Ebd. S. 481.

vozieren wird. Cardenio, der seine Klugheit unter Beweis stellen will, verspricht eine zweite, scholastische Fassung von den »Haupt=Umständen des
Lebens Aristotelis«[48], in der alle dekontextualisierten Einzelheiten nach dem
Motiv einer Schulengründung zusammengesetzt werden. Die Hauptrolle in
dieser Fassung spielt ein »schwartzer Mantel«, der sowohl als Metapher für
scholastische Verhüllungsgesten steht als auch für die auf Handlungsebene ver-
bindende Kraft eines durch Aberglauben fetischisierten Objekts. Neben einer
historischen Interpretation des Herrscherpaares Aristoteles und Alexander liefert Thomasius hier natürlich auch eine Gelehrtenkritik, bei der er den Scholastikern vorwirft, unter dem Deckmantel eines gemeinsamen Hauses ebenso
intrigant zu sein wie es bei Hofe üblich ist. Das eigentliche Thema aber der
Romanversionen ist die affektgeleitete Darstellung oder das, was Nietzsche später als den »herrschenden Gedanken« bezeichnen wird. Denn schon hier ist
Thomasius mit Cardenio gegen die Möglichkeit der Beherrschung von Affekten
skeptisch, die der Philosoph Cyllenio noch in der »edlen mediocrität«[49] des
Aristoteles und Epikurs aufgehoben sieht.[50] Und gerade aus diesem Grund ist
die Darstellung des Wissens, die im Roman vorgenommen wird, nicht nur als
»subsidium mnemonicum«[51] effektiver, sondern dem Status allen menschlichen
Wissens auch angemessener. Bedenkt man, daß Literatur und Gelehrsamkeit
auch zum Ausgang des 17. Jahrhundert noch keine Gegensätze bildeten, so
deutet Thomasius hier schon sehr früh darauf hin, daß die »connexionen« des
Wissens, die in der Literatur vorgenommen werden und denen die idealen
Attribute »belustigend« und »nützlich« wesentlich näher kommen, doch
grundverschieden sind von den wissenschaftlichen, egal ob sie rhetorischer oder
logischer Art sind. Wurde die Textgattung der *Monatsgespräche* zu ihrer Erschei-
nungszeit und auch bis heute oft als Satire identifiziert, so müßte man die
literarisierte Wissensvermittlung in den *Monatsgesprächen* eher als eine erste
Folge der Publizistik in der philosophischen Darstellung ansehen.

Während mit dem Begriff *logos* in der griechischen Antike ebenso ein be-
trachtendes wie ein darstellendes Nachdenken gemeint war, so mußte Cicero
schon die Einheit von *ratio* und *oratio* betonen, um die Konzeption einer gebildeten Elite und deren Vermittlung und Einfluß auf die gesellschaftsbildenden
Institutionen sicherzustellen. Die Emanzipation der scholastischen Logik von
der antiken Rhetorik, die fast ausschließlich Begründungsleistungen für die
mittelalterliche Theologie erbrachte, wurde erst mit der Renaissance der anti-

---

[48] Ebd. S. 499.
[49] Ebd. S. 564.
[50] Zu Thomasius' Epikur-Rezeption vgl. Dorothee Kimmich: Lob der ›ruhigen Belustigung‹. Zu Thomasius' kritischer Epikur-Rezeption, in: Christian Thomasius (Vollhardt); dagegen zu Thomasius' zunehmender Skepsis gegen das Ideal der privaten
Ataraxia vgl. Schneiders: Naturrecht und Liebesethik, S. 246f.
[51] Thomasius: Monatsgespräche, S. 577.

ken Rhetorikmodelle außerhalb der überkommenen Universität durch die Humanisten durchbrochen. Wenn Erasmus den Beginn des Johannesevangeliums anstelle von *ratio* mit *sermo* übersetzt,[52] dann betont er vor allem die Wirkungsmächtigkeit von Ansprache und Schrift, die zuletzt im ethischen Handeln münden und jedes Wissen durch die Funktion des *sermo communis* an den gesellschaftlichen Nutzen binden sollte, der für Erasmus aus der unhistorischen *ratio* nicht ableitbar war. Auch die Kritik des idealistischen Vernunftbegriffs bei Nietzsche wird nach der endgültigen Verdrängung der Rhetorik mit einem Versuch ihrer Wiedereinführung begleitet.[53] Nicht ohne Grund sah Nietzsche sich in der Tradition der Humanisten, die er in der Geschichte der Philosophie einzig als essayistische Denker immer wieder hervorhebt. Der Inklusion der Darstellung des Wissens und der Adresse des Denkens folgt sowohl bei Thomasius als auch bei Erasmus und Nietzsche eine Ethik der Perspektive.

Im Majus des gleichen Jahres treffen sich Cyllenio und Cardenio wieder, um über einen weiteren französischen Liebesroman zu diskutieren, in dessen Zentrum eine kluge Frau steht, die dem Gedanken einer »Amour raisonnable & galant« skeptisch gegenüber steht.[54] Caliste, eine Dame von Condition, verwehrt ihrem Verehrer Ariste die Liebesbezeugung, als er sich offen erklären will, weil er sich in den Kopf gesetzt hat, der Regel der Vernunft, daß man »die Gunst eines dissimulanten Frauenzimmers mit gleicher dissimulation gewinnen müßte«[55], im Namen der *caritas ordinata* zu widersprechen. Da Caliste eine kluge Frau ist, versagt auch die Kunst der Gemütererforschung. Der einzige Bedeutungsraum, den sie Ariste zur Interpretation gibt, ist der Seufzer und die Augensprache.[56] Ariste wälzt sich in seinem Bett, und Thomasius gibt ein anschauliches Beispiel von früher Literaturkritik, wenn er an dieser Stelle verschiedene Romane paraphrasiert und ihre Qualität hinsichtlich der Darstellung der Leidensintensität eines Verliebten bewertet.[57] Weil Ariste aus Gründen der Schicklichkeit sich weder schriftlich entschuldigen noch Caliste direkt ansprechen kann, da sie aufgrund von enttäuschenden Erfahrungen einen Chevallier incognito mehr schätzt als einen offenherzigen, knüpfen die beiden ein Gespräch über Liebesliteratur an und beginnen, ihrerseits über französische Romane zu diskutieren. Während Ariste die Autoren der *caritas ordinata* referiert, bezieht sich Caliste auf moralistische Texte, die ihr zur Vorsicht raten. Schließ-

---

[52] Vgl. Harth: Philologie und praktische Philosophie, S. 39ff.
[53] Vgl. Paul de Man: Rhetorik der Tropen. (Nietzsche), in: Rhetorik, hrsg. v. Josef Kopperschmidt, Bd. 2, Wirkungsgeschichte der Rhetorik, Darmstadt 1991.
[54] Thomasius: Monatsgespräche, Majus 1688, S. 629; der besprochene gleichnamige Roman ist eine Fiktion von Thomasius.
[55] Ebd. S. 643.
[56] Im 18. Jahrhundert wird genau dieser Seufzer als Leerstelle in der Verstellungskunst das vorinterpretatorische Innenleben des Menschen konstituieren; vgl. Kittler: Aufschreibesysteme, S. 12.
[57] Thomasius: Monatsgespräche, Majus 1688, S. 650ff.

lich einigen sie sich darauf, einen Definitionsversuch zu wagen, was eine »raisonnable Liebe« überhaupt sein kann. Dazu beziehen sich beide auf einen aphoristischen Text, der ihnen zwar nicht vorliegt, aber bekannt ist. Während Caliste die zitierten Aphorismen so auslegt, daß daraus nur der Schluß zu ziehen ist, es gebe keine vernünftige Liebe in der Welt und die Möglichkeit, die Liebe könnte sich jemals mit der Vernunft vertragen, sei gering, erwidert Ariste, in demselben Aphorismus werde die Vernunft auch in ihre Schranken gewiesen, so daß es schließlich doch noch die Möglichkeit gebe, auch wenn die Vernunft die Liebe nicht habe vernünftig machen können, daß die Liebe die Vernunft verliebt machen könnte.[58] Der über einen fiktionalen Text vermittelte Dialog der beiden wird von Thomasius, wie in den anderen *Monatsgesprächen,* von einem äußeren Kommunikationsabbruch beendet: als sich Caliste und Ariste darauf einigen wollen, daß eine vernünftige Liebe nur praktisch gefordert werden kann, fällt von der Decke eine Spinne herab, die Caliste zur Ohnmacht erschreckt. Schließlich liegen sich die beiden unwillkürlich in den Armen.

Interessant an diesem mehrfach geschachtelten Dialog, in den die Rahmenhandlung der Buchrezension durch die beiden Brüder auch immer wieder einbricht, ist nicht so sehr die inhaltliche Seite, sondern die mediative Leistung, die der Textinterpretation zugesprochen wird. Andererseits ist das Thema der Liebe für diesen therapeutischen Vorschlag bewußt gewählt. Denn in der Affektenlehre, die Thomasius sowohl in seiner *Einleitung zur Sittenlehre* (1692) als auch in der *Ausübung der Sittenlehre* (1697) später formulieren wird, besteht die entscheidende Neuerung in der Reduzierung aller Affekte auf die Unterscheidung von Liebe bzw. Haß und Hoffnung bzw. Furcht. Denn auch wenn Thomasius in seinen späteren Schriften das Gelingen einer Gesellschaftsordnung und Normenfindung nach humanistischem Vorbild eher skeptisch sieht, so bleibt für ihn die vernünftige Liebe dennoch die einzig mögliche Grundlage für die Schaffung eines Gemeinwesens und Gegenpol zu einer technokratischen Staatsauffassung wie sie schon Erasmus bei seinen Zeitgenossen Machiavelli und Thomas Morus bekämpfte.[59]

Um so entscheidender ist die mediative Leistung einer verknüpfenden Vernunft, die Thomasius schon in den *Monatsgesprächen* nicht nur der Klugheit als kommunikativem Vermögen, sondern vor allem auch der schriftlichen bzw. publizistischen Äußerung beimißt: »Denn wenn ich was schreibe / so lasse ich einem iedweden sein freyes Urtheil / und seinen freyen Willen / und schreibe

---

[58] Ebd. S. 700.

[59] Erst ab 1760 etwa tritt die Liebe als kompensatorischer Raum zur technokratischen Staatsordnung in Opposition zur Vernunft und begründet jenseits der sozialen Liebe eine Freiheit des Individuums im Privaten, die sich auch gegen die Unterscheidung von privat/öffentlich wenden kann; vgl. Luhmann: Liebe als Passion. Zur Codierung von Intimität, Frankfurt a. M. 1982, S. 119ff.

niemand kein Gesetz für. Es mag meinem Rath folgen wer da will. Der nicht
will / kan was klügeres erfinden / dem ich vielleicht folgen werde [...].«[60]
Thomasius, der seine Ratschläge zur Verbesserung der Gesellschaft immer
auch als »Artzeneyen« aufgefaßt hat, inszeniert in den *Monatsgesprächen* die the-
rapeutische Praxis, wie durch den gemeinsamen Bezugsrahmen auf einen fiktionalen Text und dessen Interpretation Sensibilität und Vermittlung gegenüber
dem andersartigen Urteil gewonnen werden können. Aber was ist dieses *tertium*
des Ausgleichs, das selbst nie material in Erscheinung tritt, sondern immer
Regulativ der kritischen Lektüre bleibt? Wenn man bedenkt, daß Thomasius
im Unterschied zur fiktionalisierten Mündlichkeit in hermeneutischen Modellen wie bei Gadamer oder diskurstheoretischen wie bei Habermas, in denen
letztlich nicht die Beweglichkeit, sondern die Verständigkeit der Meinungen
im Vordergrund steht,[61] ein Schriftuniversum vor Augen hat, das von gegenseitigen Beobachtungsebenen und Zirkulationen wie im Verhältnis von Buch und
Zeitschrift geprägt ist, ließe das den Schluß nahe legen, daß die Mediation vor
allem als mediale Leistung gedacht ist. Die tägliche Konversation als »medium
cognoscendi« zu begreifen, rückt die Frage nach Wahrheit aus der Gruppe der
Gelehrten in das Zentrum der Gesellschaft. Das Archiv ist nicht mehr ein
von Privilegierten verwalteter Wissenshaushalt, sondern die Gesamtheit von
Kommunikation, in der es keinen hervorragenden Ort von Wahrheit mehr gibt.
Vielmehr ist jedes Denken darauf verwiesen, Denken eines Einzelnen zu sein,
der sich erst in der und durch die Sozialität konstituiert hat. Publizistisches
Denken, wie Thomasius es erstmals formuliert, realisiert aber auch, daß sich
dieses soziale Archiv nur in den Gebrauchsmedien der Gesellschaft artikuliert.
Die bürgerliche Klugheit als leitendes Denkvermögen reagiert darauf, indem
sie Denken wesentlich als rückkoppelnden, kommunikativen Akt begreift.
Während methodisches Denken auf Unzeitlichkeit und Faktenunabhängigkeit
setzt, versucht das kluge Wissensmodell gerade dadurch seine Historizität einzuholen, indem es nicht das Subjekt des Denkens in den Vordergrund rückt,
sondern die gesellschaftlichen Bedingungen als mediale Bedingungen des Denkens betont.

Das kluge System der Gefühle oder Sittenlehre als Ausübung

Um mit dem, was der Mediation entgegensteht, umzugehen, entwickelt Thomasius verschiedene Systeme der Lesbarkeit von Gefühlen. In Anlehnung an

---

[60] Thomasius: Monatsgespräche, Majus 1688, S. 622.
[61] Vgl. Josef Simon: Der gute Wille zum Verstehen und der Wille zur Macht. Bemerkungen zu einer »unwahrscheinlichen Debatte«, in: Allgemeine Zeitschrift für Philosophie, 12.3 (1987).

Raimundus Lullus' Baum der Tugenden soll die »Gemütererkennungskunst«
einen Text des anderen liefern, aufgrund dessen man ihn interpretieren und
beurteilen kann. Zwar steht für Thomasius unbeirrbar fest: »Die Menschen
können uns nicht in unser Hertze sehen / sondern sie müssen nothwendig durch
den euserlichen Schein von unsern Gemüthe judiciren.«[62] Aber gerade dieser
Sachverhalt macht für ihn ein Lektüremodell des anderen um so notwendiger.
Denn der Raum zwischen den Menschen, geschaffen durch die Verstellungskunst und deren Scheinwelten, läßt es zwar nicht zu, substantielle Aussagen
über den anderen zu machen, aber eröffnet gleichzeitig so etwas wie eine Hermeneutik des anderen, die als solche auch eine Ethik impliziert. So wie die
»Klugheit zu verstehen« als Gegenstück zur Rhetorik gedacht ist und deshalb
den Zuhörer bzw. Leser ausbilden soll, stellt die Kunst der Gemütererforschung
das Gegenstück zur höfischen Verstellungskunst dar.
    Raimundus Lullus hatte mit fünf verschiedenen Bäumen, welche die göttli-
chen bzw. menschlichen Tugenden sowie die menschlichen Laster und die Tod-
sünden katalogisierten, versucht, ein System zu schaffen, mit dem alle möglichen Kombinationen aus diesen Grundaffekten beschrieben und erläutert
werden konnten. Die *Intelligenz*, welche die Bäume geschaffen hat, erklärt im
Prolog zu den Kombinationstafeln, es sei das Ziel dieser Bäume, daß der
Mensch mit ihrer Hilfe »den Versuchungen der Laster entgehen und die Seele
von Schuld und Sühne reinigen« kann und so zu einem »immerwährenden
Frieden geführt« wird. Nachdem die Dame *Intelligenz* auf ihrem Pferd wegge-
ritten ist, flehen die drei Weisen, denen der Baum übergeben wurde, zu Gott:

> Ach Gott! Welch ein hohes Gut wäre es doch, wenn wir uns – alle Menschen dieser
> Welt – mit Hilfe der Wissenschaft dieser Bäume in einem einzigen Gesetz und einem
> einzigen Glauben zusammenfinden könnten! Auf diese Weise verschwänden Streit
> und Haß zwischen den Menschen, die wegen der verschiedenen Glaubensüberzeugun-
> gen und der gegensätzlichen Gesetze der Völker entstehen.[63]

Im weiteren Verlauf des Prologs führt Lullus an einem Heiden eindrücklich
vor, wie der Baum der christlichen Mission dienen soll. Interessant an dieser
Konzeption des gewaltfreien Dialogs ist das Verhältnis der Methode der Kombinationstafeln und des Ziels, das einer der Weisen formuliert, nachdem jeder
die Gelegenheit hatte, eine der großen Religionen – Judentum, Christentum,
Islam – vorzustellen: alle drei wollen sich solange wiedertreffen, bis sie sich
»zu einem einzigen Glauben und einer einzigen Religion bekennen« und
»einen Weg finden«, Eintracht zwischen den zerstrittenen Religionen zu stif-
ten.[64] Zum Ende des Dialogs scheint der Baum als definitive »Quelle der

---

[62] Thomasius: Monatsgespräche, Majus 1688, S. 705.
[63] Raimundus Lullus: Das Buch vom Heiden und den drei Weisen, übers. u. hrsg. v.
      Theodor Pindl, Stuttgart 1998, S. 16.
[64] Ebd. S. 249.

Wahrheit« der Eintracht der Gesprächsteilnehmer, die *unitas* der *concordia*, untergeordnet. Die Religion, zu welcher der Heide sich freudig bekennt, wird dem Leser nicht mitgeteilt. Im Verlauf der Darstellung wird jedoch deutlich, daß der Baum nicht mehr die anfängliche Funktion hat, durch »zwingende Vernunftgründe eine Übereinstimmung zu versuchen«,[65] sondern vielmehr eine Übersetzungsleistung erbringt. Durch eine komplexe Verknüpfung sollen die einzelnen Darstellungen der Religionen in bestimmten Schnittmengen aufeinander verweisen, so daß eine Art Hypertext entsteht, auf den sich jeder der drei Vertreter beziehen kann.

Zwar übernimmt Thomasius nicht die Konzeption des Baumes von Lullus, verweist aber in diesem Zusammenhang stets auf die Leistungen seiner praktischen Logik. In seinen *Erläuterungen durch unterschiedliche Exempel des ohnlängst gethanen Vorschlags wegen der neuen Wissenschaft / Anderer Menschen Gemüther erkennen zu lernen* von 1692 gibt er zum ersten Mal eine Probe dieser Kunst, »durch eine nicht allzulange Zeit tauernde Conversation anfänglich des andern seinen Haupt=Affect, und hernachmahls die unterschiedenen Grade derer andern Affecten«[66] zu erkennen. Was er bisher nur angekündigt hat, soll sich nun positivieren lassen. Während bei Lullus die Mediation der Religionen im Vordergrund stand, ist bei Thomasius »die tägliche Conversation [...] das Medium cognoscendi«[67]. Als erstes Beispiel wählt er die Situation eines Neulings bei Hofe, der beim Glücksspiel so großen Gewinn gemacht hat, daß durch das dabei entstandene Geschrei sogar die Königin herbeikommt, woraufhin der Neuling ihr alles offeriert. Bei der Jagd mit dem König gerät die Gesellschaft durch einen Regen in eine Scheune, in der eine Hochzeit stattfindet. Auf Befehl des Königs wird gesammelt und dann festgestellt, wer was gegeben hat: obwohl der Neuling der ärmste unter der Hofgesellschaft ist, hat er am meisten gegeben. Thomasius überträgt diese Erzählungen in sein Schema der Affektenaufschlüsselung: »60. Grad Ehr=Geitz 50. Grad Wollust / 20. oder 30. Grad raisonnable Liebe / und etwa 5. oder 10. Grad Geld=Liebe«[68]. Die chemischprozentuale Zusammensetzung des individuellen Gemüts aus allgemeinen Temperamenten verweist hier auch schon auf den modernen Charakterbegriff, wie ihn Lavater später ausformulieren und der das Zentrum der kommenden Psychologie bilden wird.

Für dieses System fordert Thomasius fünf Voraussetzungen: erstens, daß die Hauptpassionen aus der vernünftigen Liebe, der Wollust, dem Ehrgeiz und dem Geldgeiz bestehen, zweitens, daß ausnahmslos alle Menschen – also stan-

---

[65] Ebd. S. 17.
[66] Thomasius: Weitere Erläuterungen durch unterschiedliche Exempel des ohnlängst gethanen Vorschlags wegen der neuen Wissenschaft / Anderer Menschen Gemüther erkennen zu lernen, Halle 1692, S. 188.
[67] Ebd. S. 224.
[68] Ebd. S. 226.

desunabhängig – aus diesen Passionen zusammengesetzt sind, drittens, daß es
genau eine dominante Passion geben muß, viertens, daß der Unterschied der
Menschen durch die dominante und die Proportionen der anderen Passionen
besteht, und fünftens, das die stärkste mit 60 Grad festgelegt ist, die schwäch-
ste mindestens 5 Grad beträgt.[69] Bei einem zweiten Beispiel, in dem Geldgeiz
und Wollust in hohem Maße vermischt sind, stellt Thomasius dem Leser die
Aufgabe, das »Thema« dieses Menschen, von dem man nur biographische Daten hat, nach den Regeln dieser Kunst herauszufinden. Bei einem weiteren
Beispiel gibt er das Thema vor – »60. Grad heimliche Frauen=Liebe 50. Grad
raisonnable Liebe 30 Grad Geldgeiz 10 Grad Ehrgeiz« – und stellt die Aufgabe, aus vier Personenangaben auf dieses Thema zu schließen. Weil keine der
angegebenen Personen zu diesem Thema paßt, wird die Kombination geändert,
die nach den fünf Voraussetzungen auch so nicht möglich wäre: »50 Grad
raisonnable Liebe« und »30. Grad Geldgeiz« ständen im Widerspruch zueinander. Schließlich muß die vernünftige Liebe zugunsten des Ehrgeizes verringert
werden. Thomasius belegt diese Änderung mit einer Personenangabe, wonach
der Betreffende vor die Wahl gestellt, zwischen einer schönen aber armen Frau
und einer reichen Frau zu entscheiden, die zweite wählen würde. Die dominante Passion ist also nicht die Frauenliebe. Aus den sich ausschließenden
Merkmalen ergebe sich dann die Kombination A 60 Geldgeiz B 55 Wollust
C 20 Ehrgeiz D 5 vernünftige Liebe, denn die »Wollust muß der Passion dominante sehr nahe kommen / weil sie am meisten mit ihr streitet per Datum 2.
aber doch von ihr überwältigt wird / per Datum 3. und weil die Person mehr
Mangel wahrhaftiger gemeiner als feindlicher Haß gegen andere Menschen
verspüret [...].«[70]
Wenn Thomasius hier mit vielen logischen Kunstgriffen ein System der
Lesbarkeit von Affekten aufrecht zu erhalten versucht, das er auch später nicht
ganz aufgeben wird, dann ist die Art der Konstruktion doch ein Hinweis auf
das Ziel seiner frühen Affektenlehre, die wie bei Lullus eine Verständigung im
Sinne einer Lektüre des anderen hervorrufen soll. Daß sich im Verlauf seiner
Arbeit an diesem Projekt das Ziel von einer Dekodierungsmaschine hin zu
einer pragmatischen Psychologie verschiebt, deutet auch auf den Abschied von
der Maschinenanalogie des Denkens zugunsten der kommenden Anthropologie.[71]
Werner Schneiders hat gezeigt, daß die Unterscheidung von Recht und Moral bei Thomasius »ein letzter Ausläufer der verweltlichten Idee der caritas

---

[69] Ebd. S. 239.
[70] Ebd. S. 249.
[71] Zur Rolle des Charakterporträts, wie es bei Thomasius' typologischer Psychologie
vorliegt, im Umbau der Gelehrsamkeit auf Geschmack und Urteilskraft vgl. Aleida
Assmann: Der Sammler als Pedant, in: Sammler – Bibliophile – Exzentriker, hrsg.
v. Aleida Assmann, Monika Gomille u. Gabriele Rippl. Tübingen: 1998.

ordinata [...] unter den Bedingungen des Absolutismus«[72] ist. Dazu kann ergänzend hinzugefügt werden, daß die Liebesvorstellung, die letztlich bei Thomasius den Bereich der Moral und der Ratschläge speist, einen merkwürdigen Umweg über die »amour passion« und die französischen Liebesromane nimmt, die Thomasius auch noch in der *Einleitung zur Sittenlehre* als Vorbild stilisiert. Das Werk mit dem Untertitel *Von der Kunst, vernünfftig und tugendhaft zu lieben. Als dem einzigen Mittel zu einem glückseligen, galanten und vergnügten Leben zu gelangen* kann auch als gelehrte Adaption der petrakistisch inspirierten Liebesromane gelesen werden.[73] Denn gerade die Überblendung des Liebesmodells einer zur Freundschaft sublimierten »amour passion« − wie es etwa in Madelaine de Scudérys »Nouvelle« *Mathilde d'Aguilar* (1667) vorgetragen wird − mit der *caritas ordinata* vermittelt über Luthers Zwei-Welten-Lehre macht es Thomasius erst möglich, aus einer Konversationsethik eine Liebesethik zu entwickeln, die sich − im Unterschied zu der auf Gott hingeordneten christlichen Liebe − als symmetrische gegen die »Gesellschaft zwischen Herr und Knecht«[74] wendet. Denn die allgemeine Liebe, wie Thomasius die christliche bezeichnet, sollte »allezeit bey dieser Gesellschaft angetroffen werden«. Aber erst die »absonderliche vernünfftige Liebe«, die Thomasius aus dem symmetrischen Ideal der Liebesfreundschaft herleitet, welche bisher nur zwischen Eheleuten bzw. Eltern und Kindern möglich gewesen war, kann legitimieren, daß Herr und Knecht »über die Dienste der Leutseeligkeit einander Wechsel=Weise durch mühsame oder kostbare Gutthaten ihr Verlangen dißfalls zu erkennen geben.«

Thomasius nimmt mit der Formulierung der Notwendigkeit einer symmetrischen Liebe unter den Menschen die hegelsche Argumentation vorweg, wenn er dazu auffordert, daß der Herr einsehen müsse, »daß ein Knecht / er sey so leibeigen als er wolle / dennoch vermögend sey / seinem Herrn viel=fältige Gutthaten zu erweisen.« Zum Ende seiner *Sittenlehre* empfiehlt er, dieser Logik folgend, aber noch an der ständischen Gesellschaft ausgerichtet, daß kein Stand, wenn er vernünftig sein will, den anderen unterdrücken solle.[75] Da dies nicht immer der Fall war, steht auch im Zentrum der *Einleitung in die Sittenlehre* der Gedanke der Mediation. Neben den Tugenden der »Leutseligkeit«, der »Wahrhaftigkeit«, der »Bescheidenheit« und der »Verträglichkeit« fordert

---

[72] Schneiders: Naturrecht und Liebesethik, S. 289.
[73] Vgl. Thomas Borgstedt: ›Tendresse‹ und Sittenlehre. Die Liebeskonzeption des Christian Thomasius im Kontext der ›Preciosité‹ − mit einer kleinen Topik galanter Poesie, in: Christian Thomasius (Schneiders), S. 414ff.
[74] Thomasius: Einleitung zur Sittenlehre, S. 367.
[75] Vgl. Schneiders: Die Philosophie des aufgeklärten Absolutismus. Zum Verhältnis von Philosophie und Politik, nicht nur im 18. Jahrhundert, in: Aufklärung als Politisierung − Politisierung der Aufklärung, hrsg. v. Hans Erich Bödeker u. Ulrich Hermann, Hamburg 1987, S. 32−52; wenn Thomasius die »große Politik« zwar nach wie vor als alleinige Aufgabe des aufgeklärten Fürsten sieht, so ist die Idee einer »politischen Philosophie« doch schon mit dem Sprengsatz der Demokratie.

Thomasius den Leser wiederholt auf, »die aus Schwachheit menschlicher Natur
sich dann und wann ereigneten Beleidigungen mit Gedult [zu] ertragen«.[76]
Die *Sittenlehre* soll dazu die Fähigkeit der Affektbeherrschung lehren, die als
Selbsterkenntnis erst den breiten Grund zur Erkennung »anderer Leute Gemüther«[77] bilden soll.

Thomasius beklagt sich, daß die Anschriften zu diesem Projekt, welche er
auf seine Ankündigung in den *Monatsgesprächen* erhielt, ihn dergestalt »trac-
tiret« haben, daß es ein »Thüringscher Bauer nicht härter habe machen können« – was er aber alles mit Geduld ertragen hätte. Dennoch macht er seinem
Ärger etwas Luft, indem er die Angreifer als geizige Charaktere beschimpft,
die er im Unterschied zu den ehrgeizigen oder wollüstigen, zu denen sich Thomasius selbst zählt, überhaupt keiner Liebe für fähig hält, da sie nicht einmal
ihres gleichen lieben können, sondern vergleichbar mit den »wunderlichsten
Melancholici« sind, die nichts loslassen könnten. Thomasius fühlt sich gerade
von der philosophischen Zunft im Stich gelassen, die seine Intertextualität zu
nicht-philosophischen Gattungen wie den französischen Liebesromanen nicht
ernst nahm. Denn besonders die erste Fassung der *Sittenlehre*, die vielleicht
erstmalig in der Geschichte so etwas wie eine allgemeine »weltliche« Menschenliebe formuliert,[78] basiert doch auf dem Import von nicht-philosophi-
schem Wissen in ein theoretisches System. Obwohl in der *Sittenlehre* das Projekt
einer Lektüre des anderen, das zuletzt in einer bürgerlichen Klugheitslehre
münden wird, noch einmal zugunsten einer moralischen Selbstbeschränkung
aufgeschoben wird, läßt sich an der aus höfischen und christlichen Theoremen
gespeisten Menschenliebe ablesen, wie die thomasische Liebestheorie und die
kluge Ordnung des Wissens korrespondieren, denn beide sind auf Wechselsei-
tigkeit, Symmetrie und Zirkulation angewiesen.

Die schon in der *Einleitung* angekündigte *Ausübung der Sittenlehre* ließ über
fünf Jahre auf sich warten. Im Verlauf ihrer Ausarbeitung zweifelte Thomasius
zunehmend an der Möglichkeit, den eigenen Willen durch Vernunft tiefgehend
zu beeinflussen oder gar zu verändern, so daß aus der Ausübung der Affektenlehre fast eine moderne diagnostische Unterhaltungskunst geworden ist.[79] Aus
provokativen Testfragen und der Analyse von Assoziationen soll die jeweilige
moralische Therapie gewonnen werden. Damit ist der Voluntarismus vollständig in das Zentrum seiner Überlegungen gestellt, was zur Folge hat, daß die
Liebe und der »gute Wille« um so mehr innerhalb seines philosophischen Systems die Hauptleistungsträger werden. Die erste Leitfrage der *Sittenlehre* ist
daher nun, »Wie die Affecten oder Gemüths=Neigungen eigentlich beschrie-

[76] Thomasius: Einleitung zur Sittenlehre, S. 366.
[77] Ebd. Vorrede, Abs. 4.
[78] Ebd.; vgl. das Vorwort von Werner Schneiders.
[79] Thomasius: Ausübung der Sittenlehre, S. 15ff; vgl. das Vorwort von Werner Schneiders.

ben werden müssen?«[80] Thomasius reduziert die Triebe des Willens, die er auch hier wieder gegen Descartes als »eine viel edlere Kraft der Menschlichen Seelen als das Dencken des Verstandes«[81] bestimmt, auf die vier Momente: Liebe, Haß, Furcht und Hoffnung. Diese Affekte seien ausschließlich menschliche und würden die cartesische Differenzierung von *res cogitans* und *res extensa* im Hinblick auf die Unterscheidung von Mensch und Tier ersetzen. Alle anderen Affekte, wie etwa das Verlangen, sollten dem Hauptaffekt der Liebe, wenn nötig durch Therapie, untergeordnet werden.[82] Das »vornehmste Wesen des Menschen«, das im »verderbten Willen« vergraben liegt, soll erst noch herausgebildet werden. Die Antwort auf das eigene Projekt der Gemütererkennung besteht nunmehr in der Hypothese, »daß alle andere Gemüths=Neigungen gar füglich zur Liebe und Haß gebracht werden können.«[83] Das bedeutet zunächst das Ende des fiktionalen Textes der Gemütererkennung, der den Raum zu einer Lektüre des anderen ließ. Was in den Frühschriften noch jenseits des Rechts zu zwingen durch das *decorum* geregelt werden sollte und sich in einer bürgerlichen Klugheit als Antwort auf die höfische Verstellungskunst ankündigte, endet in einer Normierung des Seelenlebens,[84] welche die Anthropologie des 18. Jahrhunderts philosophisch systematisieren wird. So führt der Weg von der »Gnade der Distanz«[85], einer von der bürgerlich gewendeten Klugheit ethisch verstandenen *dissimulation*, direkt in die anthropologische Beantwortung des Willensproblems, auf die auch Kant noch zurückgreifen muß. Thomasius befand sich zugleich mit dem Ende seiner klugen Textkolportagen insofern in einer philosophischen Sackgasse, da zuletzt der Wille nur noch auf sich selbst verweist. Die Schrift *Versuch vom Wesen des Geistes / oder Grund=Lehren / so wohl zur natürlichen Wissenschaft / als der Sitten=Lehre. In welchen gezeiget wird, daß Licht und Lufft ein geistiges Wesen sey / und alle Cörper aus Materie und Geist bestehen / auch in der gantzen Natur eine anziehende Krafft / in dem Menschen aber ein zweyfacher guter und böser Geist sey* von 1699 gibt Zeugnis davon, wie dieses Problem in einer pietistischen Mystik, welche die Aufklärung auf großen Strecken begleitet und ihr neues Innerlichkeitsverständnis formt, zunächst aufgefangen werden sollte.

---

[80] Ebd. S. 70.
[81] Ebd. S. 81.
[82] Ebd. S. 111f.
[83] Ebd. S. 127ff.
[84] Zum Übergang von Rhetorik und Moralistik zur Anthropologie bei Thomasius vgl. Georg Braungart: Sprache und Verhalten. Zur Affektenlehre im Werk von Christian Thomasius, in: Christian Thomasius (Vollhardt), S. 365–375.
[85] Borgstedt: ›Tendresse‹ und Sittenlehre, in: Christian Thomasius (Schneiders), S. 409.

Der kluge Philosoph: Kaufmann und Politiker

»Wo liegen? dummer Teufel! die gelehrte Republik ist überall«, antwortet der junge Gelehrte in Lessings gleichnamigem Lustspiel (1747) auf die Frage seines Dieners nach dieser merkwürdigen Republik, von der er noch nie gehört habe.[86] »Überall?«, schlußfolgert der Diener, »und also ist sie mit der Republik der Narren an einem Orte? Die, hat man mir gesagt, ist auch überall.« Die publizistische Öffentlichkeit hat sich Mitte des 18. Jahrhunderts von der Selbstadressierung der Gelehrtenrepublik schon so weit emanzipiert, daß ihr die Idee einer gelehrten Öffentlichkeit nicht mehr als Genealogie, sondern nur noch als Farce erscheinen kann. Und man könnte glauben, daß Damis, der historisch Gelehrte, auch der einzige ist, der diese Republik noch bewohnt. Lessing stattet ihn mit allen dazu notwendigen Attributen aus: ein Bücherwurm, eitel, gibt fremde Zitate für eigene Gedanken aus und hat sich in den Kopf gesetzt, sein ganzes Leben der Gelehrsamkeit zu widmen, was auch bedeutet, daß er sich nicht verheiraten darf. »Du hast tote Bücher genug gelesen; guck' einmal in ein lebendiges«,[87] formuliert sein Vater die Gegensicht eines Kaufmanns, der am liebsten alles auf einmal tut: ißt, spricht und trinkt gleichzeitig am Tisch, während er mit einem Auge auf die Zeitung starrt und eines zur Beobachtung auf seinen Gesprächspartner richtet. Doch auch diese *weltmännische* Perspektive ist Lessing nur noch eine Persiflage wert. Der Wunsch des Vaters, seinen Sohn mit seinem Mündel Juliane verheiratet zu sehen, entpuppt sich als die bloße Hoffnung auf eine Erbschaft ihres verstorbenen Vaters, der einst sein Geschäftspartner war. Anton, der Diener von Damis, und Lisette, die Kammerzofe und vermeintliche Freundin Julianes, verkörpern die Ebene der privaten Klugheit, die jetzt eine Arglistigkeit geworden ist, da sie sowohl den Gelehrten als auch den Kaufmann für Narren halten und versuchen, aus dem Handel ihren Vorteil zu ziehen. Beide scheitern. Zwar wird ihre harmlose List am Ende mit einer Bedienstetenhochzeit belohnt, aber tatsächlich endet der Versuch von Damis, ein »rechter Politicus« zu sein, in der Einsicht, daß die Liebe dem Geld vorzuziehen ist. Durch Tugend und Ehrlichkeit finden beide Eintritt und Anerkennung in der bürgerlichen Gesellschaft. Ihre Lebensklugheit, die zunächst noch der handlungsunfähigen Gelehrsamkeit entgegengesetzt wird, wirkt im Vergleich mit der Schlauheit des alten Kaufmanns lächerlich, der für die Grillen seines Sohnes nichts übrig hat und Gelehrsamkeit schon von Anfang an mit Torheit übersetzt. Klugheit, die im Privatleben des Bürgers in der Mitte des 18. Jahrhunderts höchstens noch für Ehefrauen oder Kammerzofen gilt, erscheint schon längst von der Ökonomie und der Staatskunst auf-

---

[86] Lessing: Der junge Gelehrte. Ein Lustspiel in drei Aufzügen, in: Lessings Werke, hrsg. v. Kurt Wölfel, Frankfurt a. M. 1967, Bd. I, S. 83.
[87] Ebd. S. 56.

gesogen und ihrer ethischen Dimension enthoben. Als der junge Gelehrte entscheidet, nun doch zu heiraten, aber sozusagen aus Systemzwängen der Gelehrsamkeit, nämlich um einst als der exemplarische Gelehrte in der Historie der Gelehrten zu gelten, denen Gott die furchtbare Plage einer herrischen Xanthippe auferlegt hat, erscheint mit Juliane die neue Figur der bürgerlichen Tugend, die sich dem Handel aus moralischen Gründen widersetzt. Blaß, verliebt und von jeder fleischlichen Lust weit entfernt, erinnert sie zwar an die französischen Moderomane, die Thomasius so gerne zitierte, verkörpert aber als einzige den neuen Ort der Wahrheit. Aufgrund ihrer Starrheit und Prinzipentreue, die auch ein Moment von Blindheit impliziert, durchkreuzt sie die Pläne des Kaufmanns und des Gelehrten sowie die der intriganten Dienerschaft. Ihr Angebot, dem Kaufmann, ihrem eigentlichen Vormund und Erzieher, das erwartete Vermögen zu schenken, zwingt alle Beteiligten, ihre egoistischen Absichten mehr oder weniger offen zu legen. Das einzige, was sie verlangt, ist die Freiheit, ihren Geliebten und zukünftigen Mann selbst zu wählen. Mit dieser Herzenswahl bringt Juliane den eigentlich neuen Prototypus des rechtschaffenen Kaufmanns hervor. Valer, ebenfalls ein Kaufmann aus der Geschäftswelt, der schon um ihre Hand angehalten hat, bevor er von ihrem Vermögen wußte, muß sich erst gegen die List der Dienerschaft entscheiden, mit deren Hilfe er sein zunächst versperrtes Liebesziel doch noch zu erreichen hoffte, bevor er geläutert erneut um Julianes Hand anhalten darf. Die Differenz von Leben und Gelehrsamkeit bzw. von Kaufmann und Gelehrter wird durch Julianes unverstellten Körper zu der neuen Differenz von richtigem und falschem Leben verschmolzen. So bleibt dem jungen Gelehrten zuletzt nichts anderes übrig, als mit einem Buch nach der neuen Gesellschaft zu werfen und aufgrund seines Mißerfolgs bei der Preußischen Akademie auf Reisen zu gehen, was dem Kaufmann nur recht ist, der sich nun von der Familie isoliert seiner Geldsucht überlassen kann.

Die Pole der politischen Klugheit, der Gelehrsamkeit und des weltmännischen Kaufmanns erscheinen in der Mitte des 18. Jahrhundert schon nicht mehr vereinbar mit einer Tugend, die sich auf Prinzipientreue und Opferbereitschaft stützt. Wissen soll dem Einzelnen nur insofern nützlich sein, als es der Gesamtheit nützlich ist. Aus der Kritikfähigkeit von guten und schlechten Büchern ist die Beurteilung von guten und schlechten Menschen geworden. Während Thomasius noch ein Lektüremodell der Gemütererkennung als Instrument der Orientierung vorschlägt, ist das »lebendige Buch« Juliane jederzeit lesbar. Wissen, nicht aus toten Büchern, sondern aus lebenden Menschen bedeutet im Bürgertum des 18. Jahrhundert vor allem, erkennen lernen, wo man hingehört. Gut fünfzig Jahre früher inszeniert Thomasius ein Gespräch über das Verhältnis von Menschen und Büchern, nicht in einem Haus, sondern in einer Postkutsche zwischen einem Gelehrten, einem Hofmann, einem Schulmann und einem Kaufmann. Zwar spielt die Liebe als Liebe zu den Büchern auch hier eine

wichtige Rolle, aber noch nicht ihre gesellschaftliche Verkörperung: die Frau.
Der Streit zwischen den vier je auf ihre Weise Gelehrten beginnt, als Christoph,
der selbstbewußte Kaufmann, der Kirche vorwirft, selbst geldgierig zu sein,
aber im Unterschied zu den Kaufleuten ihr Tun zu verhüllen.[88] Die Themen
der ersten Buchrezensionen sind dementsprechend Prediger-Rhetoriken, die
mit einem »Indice Concionatorio« versehen sind, und solche Fragen aufgreifen:
etwa, »wie es doch komme / daß der Schächer / der doch grausame Lasterthaten
begangen / alsbald in das Paradeys gelanget und mit dem Fegfeuer verschonet
worden / da doch der heil. Ulricus ins Fegfeuer gemußt / weilen er nur seinen
Vettern zu seinen Nachkömling promoviret, ingleichen ein frommer Francisca-
ner / der nur ein kleines Strümpfflein Licht ohne Not brenen lassen [...].«[89]
Der Autor des Buches *Reim dich oder ich ließ dich*, wie Thomasius den Kaufmann
ironisch den theologischen Traktat über das Blut Christi nennen läßt, macht
daraus ein Argument für die Predigt: daß, wenn das Blut Christi sogar einen
solchen Sünder in den Himmel führt, seine Kraft beim »Meß=Opfer« gar nicht
hoch genug geachtet werden könne. Die Bewertung dieses Traktats teilt die
Streiter in zwei Gruppen: den Kaufmann und den Hofmann auf der einen Seite
und den Gelehrten und den Schulmann auf der anderen. Zur Schlichtung
schlägt Christoph vor, nicht auf den Inhalt, sondern auf die »artigen inventionen«, die Textstruktur zu achten, die er anhand eines französischen Romans
beschreiben will, der auf eine Zeitungsmeldung zurückgeht.[90] Augustin, der
Hofmann, wendet jedoch gleich ein, daß die Romane zwar »belustigend« seien,
aber aufgrund ihrer ungenauen Beschreibung das Ziel, Wissen zu vermitteln,
nicht erreichen können. Worauf Benedict, der Gelehrte, und David, der Schulmann, in Frage stellen, ob man die »Wahrheit« an der »Belustigung« wie
»Wahre« an ihrem »Provit« messen könne.[91] »Nützlichkeit« von Büchern hingegen, so ihr Gegenvorschlag, kann es nur für die Fakultäten geben, für welche
die jeweiligen Bücher geschrieben sind. David zählt den Gesprächspartnern
eine lange Liste von Verbesserungsvorschlägen für die einzelnen Textgattungen
auf. Da, dem damaligen höheren Schulbetrieb entsprechend, diese sich alle auf
Texte in lateinischer Sprache beziehen, konkretisiert der Kaufmann die immer
noch unbeantwortete Frage nach Büchern in »teutscher Sprache«, die »wegen
ihres Nutzes und ihrer Belustigung anderen den Vorzug streitig machen kön-
ten«[92].

Als Kriterium tritt neben die »artigen inventionen« die »Schärfung des
Verstandes«, die nur solche Historien leisten könnten, »in welchen viel Kunst
angwendet worden«, so daß »dieselbe Kunst nach und nach / und fast unver-

---

[88] Thomasius: Monatsgespräche, Januarius 1688, S. 8.
[89] Ebd. S. 12.
[90] Ebd. S. 25.
[91] Ebd. S. 35.
[92] Ebd. S. 43.

mercket / begriffen« und zu eigenem Nutzen führt.[93] Christoph versucht zu
zeigen, daß nicht unbedingt ein »Discurs« erforderlich ist, um zu unterrichten,
sondern gerade die »Affects, er sey nun tugend= oder lasterhafft geschicklich
ausgeführet«, die Menschen dazu anleiten können, sich mit den Affekten auszu-
kennen lernen.[94] Auf diesen Vorschlag, durch die künstliche Gefühlserzeugung
mit Gefühlen umgehen zu lehren, reagieren David und Benedict besonders
gereizt und mahnen, »man solle die Romanen aus dem gemeinen Wesen ganz
ausmerzen.«[95] Als Warnung führen sie die geschilderten Lektüreerfahrungen
des Herrn Augustin an, welche aufgrund der möglichen schädlichen Wirkun-
gen von Romanen es nicht zulassen, daß sie die oberste Stelle der »nützlichen«
Bücher einnehmen. Dieses, darauf einigen sich Kaufmann und Hofmann, können nur die »Politischen Schrifften«, bei denen es zwingend sei, daß sie in
deutscher Sprache geschrieben sind, und die bislang die einzigen seien, welche
den »Bürger insgesamt« ansprechen.[96] Neben »Belustigung« und »Nutzen«
sowie »kunstvoller Ausführung« ist somit ein viertes Kriterium für einen ge-
sellschaftsrelevanten Text gefunden.

Während man die ersten drei mit Unterhaltung, Wissensvermittlung und
Komplexität übersetzen könnte, steht der letzte zunächst nur für eine Negativ-
beschreibung: der Adressat darf kein spezifischer wie etwa die Angehörigen
einer Fakultät sein. »Politische Schriften«, die David »syncretistisch« und insofern als »Mutter« des Atheismus beschimpft,[97] differenziert Christoph im
weiteren Verlauf des Gesprächs gegen ihre Verteidigung durch den Hofmann
Augustin und seinen höfischen Politikbegriff. Denn dieser sieht darin vor allem
die Tradition der Fürstenratgeber und der *ratio status*, wovon die »Privat=Perso-
nen«, hierin schließt Benedict sich Christophs Kritik an, »keinen Nutzen haben / als daß sie in Gesellschafften / damit sie sich auch sehen lassen mögen /
dasjenige so sie gelesen / wieder herbeten könen / und nicht wie die blossen
Ja=Herren dabey sitzen.«[98] Das Problem der bisherigen politischen Schriften
bestehe in der Adresse des Fürsten, welche es nötig macht, sie so zu schreiben,
daß die »Thaten eines Alexanders nicht mit denen Actionibus eines Diogenes«
verwechselt werden können.[99]

Aber was kann überhaupt eine allgemeine Adressierung sein, wenn die Gesellschaft und dementsprechend auch die Leserschaft nach Ständen ausdifferen-

---

[93] Ebd. S. 44.
[94] Ebd. S. 49; diese Wirkungsästhetik des Gefühls weist schon auf Lessings Dramen-
theorie hin, bei der im Unterschied zur aristotelischen Konzeption das Gefühl nicht
mehr als Einzelnes dem Allgemeinen des Verstandes gegenüber steht, sondern gerade
als Motivation zum ethischen Handeln erzeugt werden soll.
[95] Ebd. S. 63.
[96] Ebd. S. 65.
[97] Ebd. S. 96.
[98] Ebd. S. 110.
[99] Ebd. S. 112.

ziert ist? Die Kategorie »allgemein« oder das »gemeine Wesen« betreffend, das scheint der Gelehrte am besten zu wissen, kann nur dann zutreffen, wenn eine »Privat=Person sich ohne Unterscheid unternehmen wollte / seines Fürsten Gerechtigkeit zu handhaben [...]«,[100] das heißt, den Adressaten ebenfalls als Privatperson behandelt. Aber solche politische Wissensvermittlung außerhalb der ständischen Hierarchie zu leisten, verbiete bisher die »Censur«, so Benedict, der darauf die Dezember-Ausgabe der *Acta Eruditorum* als Thema vorschlägt. In diesem Moment bricht das Gespräch ab, weil die Postkutsche in einen Graben gefahren ist. Während in Lessings *Der junge Gelehrte* am Ende nicht nur die Figur des Gelehrten von der Gesellschaft isoliert, sondern auch der geldgierige Kaufmann aus dem Wissen um die Tugendideale ausgeschlossen und die intrigante Dienerschaft nach dem Vorbild ihrer Herren geläutert ist, findet bei Thomasius die gegenläufige Bewegung statt. Am Beispiel des Postkutschengesprächs ist zu beobachten, wie sich die Koalitionen um die Frage nach dem »nützlichen« Buch und dem Ringen um einen Begriff des Politischen ständig verschieben. Vordergründig steht dieses Gespräch noch ganz unter dem Einfluß der Gelehrtenkritik und der Hochschätzung des Kaufmanns als der Symbolfigur eines liberalen, allseitig interessierten Weltmanns, doch letztlich geht es hier darum zu zeigen, wie jede Figur isoliert von ihrer Beziehung zur anderen lächerlich wirkt. Daß in dem Moment, wo der Gelehrte verweigert, die Forderung nach einer politischen Literatur jenseits der Fürstenratgeber auszusprechen und statt dessen davon redet, man müsse noch »dissimulieren«, um eine »gelegenere« Zeit abzuwarten, das Postkutschengespräch abbricht, zeigt, wie ernst Thomasius die Forderung nach einer breiten Diskussion aller gesellschaftlichen Kräfte nahm. Denn zuletzt ist im Unterschied zum *jungen Gelehrten* nur der isoliert, der sich selbst isoliert.

Transferleistungen vom gelehrten zum populären Buch

Während die *Monatsgespräche* schon als eine Realisation der Forderung nach einer neuen politischen Kultur angesehen werden können, so liefern Thomasius' theoretische Arbeiten die begleitenden Programmschriften. Über die *Hoff=Philosophie* (1688) und die *Einleitung* sowie die *Ausübung der Vernunftlehre* (beide 1691) bis zur Ausformulierung der *Politischen Klugheit* (1705) ist deren zentrales Thema die Suche nach einer praktischen Logik. Dieser Versuch, den Übergang zur Praxis aus der klassischen Aufteilung der Philosophie in einen theoretischen und einen praktischen Teil zu leisten, spiegeln die systematischen Schriften in verschiedenen Relationen wider. Die *Sittenlehre* als praktische Philosophie ist relativ klar wiederum in einen theoretischen Teil unterteilt, der als *Einleitung*

---

[100] Ebd. S. 113.

eine Theorie der Tugend und affektorientierten Selbsterkenntnis formuliert, und in einen praktischen, der als *Ausübung* eine Theorie des Lasters und seiner Therapie lehrt, während diese Einteilung in der *Vernunftlehre* in zwei heterogene Teile zerfällt. *Einleitung* und *Ausübung* der Vernunftlehre, die beide im gleichen Jahr erschienen sind, unterscheiden sich lediglich in ihrer stärkeren Praxisbezogenheit.[101] Der Untertitel der *Einleitung*, der eine »verständige Manier« ankündigt, allen Menschen, »waserley Standes oder Geschlechts sie seyen« »ohne die Syllogistica das wahre, wahrscheinliche und falsche von einander zu entscheiden, und neue Wahrheiten zu erfinden«, findet sich in der *Ausübung* radikaler und pragmatischer formuliert als »kurtze, deutliche und wohlgegründete Handgriffe, wie man in seinem Kopff auffräumen, und sich zur Erforschung der Wahrheit geschickt machen« soll. Der entscheidende Zusatz, auf den Thomasius immer wieder hinweist, ist die Gleichzeitigkeit der Geschicklichkeit, wie man die Wahrheit findet und sie »anderen beybringen; andere verstehen und auslegen; von anderen ihren Meynungen urtheilen, und Irrthümer geschicklich widerlegen« soll.

In der *Vorrede an die studirende Jugend* lädt Thomasius die Studenten, auch die es sich finanziell nicht leisten können,[102] ein, die »vox viva in der information«[103] nicht durch Nachschreiben, sondern durch Nachdenken zu erleben. Ein solches gemeinsames Diskutieren macht es nötig, daß die schriftliche Fixierung der Thesen und der »programmata« zugunsten ihres Gebrauchs in der Kommunikation kurz bleibt.[104] Alles, was wahr ist, so Thomasius' pragmatische Wendung von Descartes Kriterium der Deutlichkeit, ist auch leicht verständlich. Interessant ist in diesem Zusammenhang der Umgang mit Fremdworten. Während die Forderung nach einer deutschen Philosophie bei den Zeitgenossen eine Eindeutschung von lateinischen Termini hervorgebracht hat, etwa für »Subjekt« »Unterlage« oder »Natur« »Zeuge-Mutter aller Dinge«, plädiert Thomasius für die Beibehaltung einer Fachsprache, da zwar die Erkenntnis der »einerley« Wahrheit »nicht nothwendig einen absonderlichen Unterricht brauche« aber die »wohl hundert ihr entgegen gesetzten Irrthümer« einer »Richtschnur« bedürfen.[105] Wahrheit, das wird in der folgenden Übertragung der Hörsaalsituation auf eine publizistische Streitkultur deutlich, ist vor allem an Überzeugungskraft gebunden, die aber nur dann nicht einem überredenden Mißbrauch ausgesetzt ist, wenn alle Teilnehmer mit den gleichen Streitwaffen ausgerüstet sind.[106]

[101] Vgl. Thomasius: Ausübung der Vernunflehre, Vorwort von Werner Schneiders.
[102] Thomasius: Einleitung in die Vernunftlehre, S. 3.
[103] Ebd. S. 8.
[104] Ebd. S. 12ff.
[105] Ebd. S. 20.
[106] Vgl. Gert Mattenklott: Der Literaturstreit, in: Der Kulturbetrieb, hrsg. v. Andreas Breitenstein, Frankfurt a. M. 1996; Mattenklott schlägt vor, zumindest die deutsche Geschichte nicht nach ihren Revolutionen einzuteilen, sondern nach den sie kompen-

Thomasius nutzt in der Regel die Vorreden dazu, die eingegangenen Reaktionen auf seine letzte Publikation zu beurteilen. Da die *Hoff=Philosophie* zunächst auf Latein erschienen war und sich mehr an die »Lehrenden als an die Lernenden«[107] richtete, gab es nur eine wesentliche Reaktion aus der Fachwelt, die Thomasius seinem allgemeinen Publikum, mehr oder weniger satirisch, vorführen will. Zunächst macht er noch einmal darauf aufmerksam, daß er in der *Hoff=Philosophie* zwar ausdrücklich zu Reaktionen aufgefordert hatte, aber nur zu solchen, die auf eine Kenntnis der »Historia Philosophica« schließen lassen. In einer Kritik eines anonymen Cartesianers findet er sich allerdings darin bestätigt, daß der »Hochmuth« eine »aufrichtige« Auseinandersetzung immer noch unmöglich mache, weshalb er wiederholt auf die Wichtigkeit seiner *Vernunftlehre* hinweist, die im Unterschied zur *Hoff=Philosophie* eine ausgeprägte Vorurteilstheorie beinhaltet und das Ethos einer Streitkultur zu formulieren versucht. Die Provokation der Fachwelt durch die *Hoff=Philosophie* sieht Thomasius in der Formulierung, daß »der Mensch kein einig Wesen klar und deutlich erkennet / sondern daß alle seine Wissenschaft von der Erkäntnüß derer Zufälle oder accidentium herrührete / aus welchen er hernach allezeit dunckele oder confuse impression sich von der Substanz selbst mache.«[108] Das sei streitbar. Aber die anonyme Kritik beziehe sich nur auf einen vermeintlich falsch verstandenen Cartesianismus und greife eben nicht »rechtschaffen« »zur defension seiner Secte« seine Philosophie an. Viel heftiger kritisiert Thomasius, daß die vermeintliche Schmähschrift nicht nur nicht argumentiert, sondern philosophische Autoritäten fast wie ein »plaggiarium« benutzt, um ihn der Immoralität gegen die philosophische Zunft zu überführen.[109] Hier steht Ethos gegen Ethos: »[…] ich mag gerne mit Leuten zu thun haben / die fein geradeheraus mir die Wahrheit sagen / wiewohl ich ihm doch dißfalls hiebey dancke / daß er seinen Nahmen gegen mich melden wollen / und nicht so. ex infidiis, wie andere / wieder mich geschrieben.«[110] Nachdem Thomasius seinerseits zeigt, wie der anonyme Kritiker nicht nur falsch zitiert habe, sondern ihn absichtlich mißverstehe und überhaupt keine philosophische Kompetenz habe, räumt er erneut ein, daß er bereit sei, seine philosophischen Thesen zur Diskussion zu stellen: »Ein anders wird ihn meine praesation weisen / als woraus er ersehen wird / daß ich sie so lange für wahr halte / biß mir ein anderer einen Irrthum zeiget; daß ich sie aber deßwegen nicht pro certissima ausgebe / sondern gantz offenbahr meine menschliche Schwacheit / die mich zu einigen

---

sierenden Intellektuellengefechten. Den Beginn dieser Entwicklung müßte man aber nicht auf Lessing datieren, sondern ausgehend von der Zeitungsexpolsion Mitte des 17. Jahrhunderts schon als Strategie der Frühaufklärung beschreiben.

[107] Thomasius: Einleitung in die Vernunftlehre, S. 69.
[108] Ebd. S. 34.
[109] Ebd. S. 40.
[110] Ebd. S. 41.

Irrthum hätte verleiten können / bekenne.«[111] Solches Verhalten fordert Thomasius nicht nur für den publizistischen Bereich, sondern auch für den Hörsaal.

Aber nicht, wie der kritisierende Cartesianer, weil er die bisherige Erkenntnistheorie eben noch für unzulänglich befindet, sondern weil theoretisches Erkennen und praktisches Verhalten ineinander übergehen. Was im 18. Jahrhundert als Primat des Praktischen die gesamte Erkenntnistheorie reformiert und spätestens seit Nietzsche auf eine inhärente Ethik des Wissens, der Frage nach einer moralischen Grenze seines Zuwachses, aufmerksam macht, formuliert Thomasius am Beispiel von »Sectarii« und »Electici«. Die eklektische Philosophie ist der sektiererischen nicht nur überlegen, weil sie kritisch ist und die Bildung eines eigenen Urteils fördert, sondern auch auf ethischem Gebiet. Mit der »Aufrichtigkeit« im Diskussionsumgang fordert Thomasius nicht nur eine sachgerechte Auseinandersetzung, sondern auch die Einsicht in die Angewiesenheit auf alle Diskussionsteilnehmer. Die Kritik an der körperlosen Logik eines Descartes ist zugleich eine Kritik an der Ausschaltung der Anwesenheit anderer beim Denken.[112] Deswegen macht es auch keinen Sinn, über den nicht anwesenden Descartes zu spekulieren, das gehört in die Auslegungskunst, sondern nur die Gedanken eines anderen als vorläufig für die eigenen zu benutzen. Thomasius reformuliert die »Historia Philosophica« als Geschichte einer Forschergemeinschaft:

> Diese alle nun habe ich nicht gebraucht / daß ich aus ihren centonibus meine Vernunfft=Lehre oder Introdutionem ad Philosophiam Aulicam bauen wolte / sondern nachdem ich bald bey diesen bald bey einem andern gute und zweifelhaffte Dinge angetroffen / habe ich mir einen gewissen Grund gesucht / aus welchen ich nicht alleine alle Zweiffel beantworten / sondern auch solches andern Leuten deutlich beybringen möchte / hernachmahls aber durch Anleitung dessen / was ich bey andren gefunden / der Sachen immer mehr und mehr nachgesonnen / entweder dadurch meine Grund=Regeln bekräftigt / oder die gemeiniglich unterlassenen doctrinen / zu suppliren dahero Anlaß genommen.[113]

Die eklektische Philosophie wendet sich ganz entschieden gegen den mnemonisch-rhetorischen Umgang mit anderen Autoren, bei dem »ganze Plätze aus anderen autoribus« abgeschrieben werden müssen, um den Irrtum der Subjektivität zu vermeiden. Der Eklektizismus kann deshalb diesen Irrtum produktiv wenden. Thomasius beendet seine Vorrede mit einem Bekenntnis zu einer neuen Ethik der Gesprächs- und Streitkultur, bei der sich das beste Argument durchsetzen soll:

> Habe ich geirrt / so bin ich allezeit erböthig / meine Irrthümer / da sie mir gezeiget werden / zu ändern / und hoffe ich / man werde mit mir zufrieden seyn können / wenn ich in Ansehen dessen / was in meinen Sätzen mit anderen Philosophen überein

---

[111] Ebd. S. 51.
[112] Ebd. S. 53.
[113] Ebd. S. 72.

zukommen scheinen wird / contestire / daß ich solchergestalt meine gantze Philosophie mit ihnen theilen wolle / daß ich mir die blossen Fehler / die ich hierinnen
begangen / ihnen aber alles gute / das man in meinem Buche antreffen wird / zueignen
wolle.

Die Widmung der *Ausübung der Vernunftlehre* wendet sich schließlich endgültig
vom Gelehrten, aber auch vom Hof ab und dem »Soldaten / Kauffmann /
Hauß=Wirth / ja sogar Handwercks=Mann oder Bauer / oder einer Weibes=
Person« zu. Bei einer Definition der Logik als Handgriffe, »wie sie ihren Verstand recht brauchen / und anderen Leuten damit dienen sollen«[114] spielt dann
auch die Unterscheidung von theoretischer und praktischer Philosophie keine
Rolle mehr. Der methodische Zweifel wird auf bestimmte Fragen reduziert, die
man zu seinem eigenen Nutzen wie ein Beobachter der Dinge oder Umstände
stellen sollte. Thomasius führt sogar einen reichlich skeptizistischen Syllogismus an, bei dem die *conclusio* lautet: »Weil du gewiß weißt / daß dich deine
Gedancken betrogen / so kanstu nicht von allen Dingen zweifeln / sondern nur
von etlichen.«[115] Die »Geschicklichkeit der Wahrheit nachzudenken« entwirft
eine Art pragmatischen Skeptizismus, der sowohl Grundlage zum Handeln sein
als auch hinreichend viel Spielraum zu geistiger Beweglichkeit lassen soll. Die
Beweisführung durch den Syllogismus verliert infolgedessen vollkommen ihren
Wahrheitsanspruch und dient nur noch der »connexion« von Grundsätzen zu
Einzelsätzen. Alles soll auf diese Weise kritisch überprüft werden, inwiefern
es mit dem Prinzip der »Prudentia ratiocinandi« zusammenhängt. Nicht die
Systematik, sondern das Ergebnis steht im Vordergrund: »Zu dem so braucht
man auch in Aussputzung eines Zimmers nicht eben eine gewisse Ordnung /
sondern du magst zur Rechten oder Lincken / hinten oder fornen anfangen /
wie es dir am besten düncket / wen nur die Sachen die dasselbige verunzieren
ausgeschaffet werden.«[116]

Der vertrauliche Ton des »du«, den Thomasius sonst nur in den Vorworten
verwendet, zeigt an, daß die *Ausübung* ganz konkret zur praktischen Orientierung gemeint ist, ein Ratgeber für den Einzelnen, wie man vorgehen soll, wenn
man etwas bedenken oder überhaupt denken will. »[Z]weifeln / wancken /
fragen und suchen«[117] werden bei der alltäglichen Materie zu einem navigatori-
schen Grundsatz, da es im Wesentlichen darum geht, verschiedene Grade des
Für-wahr-Haltens zu unterscheiden: etwa, was es bedeutet, etwas »nicht für
wahr« oder »für falsch« zu halten. Hat man erst gelernt, seinen eigenen Verstand zu gebrauchen, muß man noch für solche Fälle präpariert werden, wo man
vom »Zeugnüsse anderer Menschen« abhängt. Man muß lernen, alle fremden
Informationen, auch aus den Künsten und Wissenschaften einer »Aussonde-

---

114 Thomasius: Ausübung der Vernunftlehre, S. 6.
115 Ebd. S. 21.
116 Ebd. S. 29.
117 Ebd. S. 30.

rung« zu unterziehen, um den eigenen Verstand auf das Wesentliche richten zu können.[118] Überhaupt muß man begreifen, und das ist vielleicht der entscheidende Schritt der *Ausübung*, daß die eigene Geistesfähigkeit ein »Gut« ist, das man bewahren, vermehren aber auch verlieren kann.[119] Ein »Gut«, das zwar seine eigene Ökonomie hat, aber, wenn es aus der Universität hinaus in die »gemeine« Welt, meistens die Kaufmannswelt, tritt, genauso wie jede andere Ware dem »Fortkommen« dienen soll. Das, um in der Sprache der Ökonomie zu bleiben, Startkapital für dieses »Gut«, die »criteria veritatis«, so Thomasius, liegen »in dir selbst«. Jeder ist von Natur aus mit einem anfänglichen »Gut« ausgestattet, dessen Schicksal und damit sein eigenes er in der Hand hat; das ist die einfache Botschaft der *Ausübung der Vernunftlehre*, die jeder, der sie liest, mit der »Geschicklichkeit andern die Wahrheit beyzubringen« weitervermitteln soll. Diese *utilitas* soll verbunden mit der Unaufdringlichkeit des *decorum* bei allen Gelegenheiten, beim »Spazierengehen / bey der Mahlzeit / auff der Börse / in Buchläden / in Gewölben / bey visiten und in Summa bey allen Conversationen«,[120] Gegenstand der bürgerlichen Gesellschaft sein.

Der Philosoph auf dem Marktplatz, Sokrates, der nicht mehr dem Fürsten zur Seite steht, sondern allen dient, die seinen Rat brauchen, ist dazu die Idealfigur. Die Lehrer dieser »Prudentia ratiocinandi« sind dementsprechend auch nicht mehr ausschließlich in den Akademien zu finden, sondern »überall / an Höffen / in Städten / auff dem Lande«.[121] Auf den Einwand, was denn dann überhaupt noch gelehrt werden soll, wenn der Redner seine Zuhörer »nichts soll lassen memoriren, sie nicht examiniren, ihnen nichts dictiren, nicht discuriren«, also womöglich ihnen stumm gegenüberstehen soll, antwortet Thomasius: »ihr sollt allerdings reden / ihr sollt alle beyde reden / du und dein Zuhörer. Raisonire durch continuirliches Fragen und Antworten mit deinen Zuhörern.«[122] Die »Geschicklichkeit von andern vorgelegte Wahrheit oder Irrthümer zu begreifen und verstehen« gibt dann weitere Hinweise, wie man ein Gespräch, eine Auseinandersetzung, einen schriftlichen Disput so steuert, daß die Kommunikation nicht abbricht, in hartnäckigen Fällen, wie man den anderen durch geschicktes und provokatives Fragen überhaupt erst zum Sprechen bringen kann. Mit der Fokussierung der »relation« zwischen einem allgemein Sprechenden und Zuhörenden, denen jeweils ein Kapitel der *Ausübung* gewidmet ist, hat Thomasius sein Ziel der Transferleistung einer höfischen in eine bürgerliche Klugheitslehre erreicht. Der damit einhergehende Wahrheitsbegriff ist der einer Verweiskette, die »zerrissen wird, wenn nur ein einig Gelencke daran ermangelt«. Deswegen ist es die Pflicht von Redner und Zuhörer »stets-

---

118 Ebd. S. 52.
119 Ebd. S. 56.
120 Ebd. S. 81.
121 Ebd. S. 121.
122 Ebd. S. 129.

wehrend zu beobachten / wie in der Weisheits=Lehre immer eines aus dem andern gantz natürlich und ungezwungen herfliesse«.[123] Dem Ideal eines allgemeinen aufklärerischen Gesprächs entspricht es dann auch, wenn Thomasius die Gemütererkennungskunst in der *Ausübung der Vernunftlehre* gänzlich auf die Rede reduziert: »Weil die Gedancken der Menschen unendlich von einander unterschieden sind / so hat eben aus der Ursache der Schöpfer denen Menschen die Rede eingepflanzet / daß sie damit als mit deutlichen Signis einander ihre Gedancken eröffnen.«[124]

Die »Geschicklichkeit andere zu verstehen« bezieht sich letztlich dann wieder auf eine schriftliche Situation und lehrt wie schon in der *Hoff=Philosophie*, aber dieses Mal mit praktischen Ratschlägen versetzt, den Umgang mit Büchern: wie man einen Autor an seinen eigenen Maßstäben messen soll, wie man eine einzelne Schrift zum Gesamtwerk eines Autors in Beziehung setzen soll, wie man mit Selbstwidersprüchen eines Autors verfahren soll und warum man bei unentscheidbaren Auslegungsproblemen die Variante wählen soll, welche der »gesunden Vernunfft« am nächsten kommt. Hier überträgt Thomasius vor allem die Tugenden eines juristischen Richters, der ja nicht nur den Einzelfall, sondern immer auch den Nutzen aller bedenken soll, auf den hermeneutischen Richter, um diesen vor spitzfindigen theologischen Streitfragen zu bewahren.[125] Die »Geschicklichkeit anderer Irrthümer zu widerlegen« dient im Unterschied zu ihrer Funktion in der *Hoff=Philosophie*, wo sie noch »Klugheit wie man andern widersprechen soll« hieß, nicht mehr der eigenen Kritikfähigkeit, das heißt vor allem, wie man sich gegenüber Autoritäten verhalten soll, sondern ist jetzt das Vermögen, wie man private und gesellschaftsrelevante Themen unterscheidet: »Vielweniger muß man über Dinge disputiren / die gar nicht zum wahren und falschen gehören / sondern eines jeden Menschen eigener Gutachtung anheim gestellet sind / oder stetswehrend der Vernunfft unerkant bleiben [...].«[126]

Von der *Hoff=Philosophie* bis zur *Politischen Klugheit* sind es aber nicht nur die Themen, die sich ändern, sondern die Art der Adressierung und infolgedessen auch die Art der Textstrukturierung. Bei der Verschiebung der Adresse des Fürsten bis zur Adresse des Bürgers wird deutlich, wie bei jeder einzelnen Übersetzung der Ton der zunehmend selbstbewußteren Aufforderung zur eigenen Denkleistung von der Gewinnung des Lesers bestimmt wird. So ist der appellative Charakter, in der *Ausübung der Vernunftlehre* noch etwas unbeholfen und plump, eine Folge der Übersetzung einer wissenschaftlichen Abhandlung in eine populäre.[127]

---

[123] Ebd. S. 160.
[124] Ebd. S. 174.
[125] Ebd. S. 190f.
[126] Ebd. S. 294.
[127] Zur Vielzahl der populären Ratgeberliteratur in der Frühaufklärung vgl. Holger

Die politische Klugheit des Privatbürgers

Das »Gut« des Wissens, das erst viel später als Bildungsgut ein umfassendes Erziehungsprogramm der Menschheit impliziert, wird in der *Politischen Klugheit*, die der Untertitel zu »höchstnöthiger Bedürffnis und ungemeinem Nutzen« anpreist, gerade denen empfohlen, »die nicht vom Studiren / sondern vom Hofe / vom Degen / von der Kaufmannschafft / Hauswirthschafft u. d. g. Profession machen / ja auch dem Frauenzimmer / als welches auch die meisten Maximes mit denen Männern gemein hat / oder haben soll [...].«[128] Und natürlich findet dieses Wissen nicht seinen Zweck im »disputieren/ peroriren oder speculiren«, sondern in einer Praxis »aller Conversation und Unternehmung«. Daß ein solches Projekt, gelehrtes Wissen für den Privatbürger zur Verfügung zu stellen, gerechtfertigt ist, legitimiert Thomasius jetzt aber nicht mehr mit der Überlegenheit des Hofes gegenüber der Universität, sondern, in der Vorrede zur zweiten Auflage von 1710, schlicht durch den »starcken Abgang« der ersten, das heißt, durch sein bürgerliches Publikum. Die Einleitung zum ersten Kapitel mit der Überschrift »Weisheit und Klugheit sind einerley« macht auch gleich den Bruch mit allen vorherigen Klugheitslehren deutlich. Zwar wird die Klugheit von der Weisheit, wie in der Tradition üblich, durch ihre Praxisnähe differenziert, aber letztlich besteht die Weisheit nur noch in der Ausübung der Klugheit. Ihr kommt kein autonomer Status als Lebenshaltung oder ethischer Rahmen mehr zu. In der Reihe der benachbarten Begriffe der Klugheit – der Narrheit, Torheit oder Arglistigkeit – wird die Weisheit nur noch zu einem ihrer Momente, das ergänzend erfüllt sein muß, um die Klugheit richtig einzusetzen.

Die »beurtheilende Klugheit« (Cap. I, § 52) als wichtigstes Verstandesvermögen steht auch hier wieder im Zentrum, da sie nun sowohl das »ingenio« als auch das »Gedächtnis« ablöst und weiter als diese sich zugleich auf Vergangenheit und Zukunft erstreckt. Sie ist Wertung, Kritik, Selektion sowie Rat und Entscheidung in einem. Thomasius versteht die urteilende Klugheit wie später Kant das Urteil als Kraft (§ 54). Die »Beurtheilungs=Krafft« findet ihre Anwendung auf zwei Feldern: entweder im Gerichtssaal oder außergerichtlich. Die gerichtliche »Beurtheilungs= Krafft« ist aber nur ein Spezialfall der allgemeinen, die »allen Menschen / auch denen Ungelehrten zukommt« (§ 56). Da es der bürgerlichen Klugheitslehre aber genau um diese Fälle geht, die »nicht vor Gericht gebracht werden können«, ist damit ihr Einsatzgebiet exakt bezeichnet. Während die gerichtliche Klugheit über die urteilt, die »unter

---

Böning/Reinhart Sieger: Volksaufklärung. Biobibliographisches Handbuch zur Popularisierung aufklärerischen Denkens im deutschen Sprachraum von den Anfängen bis 1850, Stuttgart 1990ff.
[128] Thomasius: Politische Klugheit, Vorrede, unpag.

menschlicher Obrigkeit seyn«, urteilt die außergerichtliche »von denen / die in der Welt niemanden über sich haben« (§ 58). Die politische Klugheit behandelt also jeden Menschen als Privatmenschen[129] und kann deshalb die Ideale der »Erbarkeit / der Gerechtigkeit / des Wohlstandes« (*honestum, justum, decorum*) auch unabhängig von der jeweiligen Obrigkeit anwenden. Thomasius als derjenige, der in seiner Naturrechtslehre den modernen Rechtspositivismus formuliert hat, begründet zugleich mit der »Krafft« des Einzelnen, selbst beobachtendes, urteilendes und anklagendes »Auge« außerhalb der staatlichen Institutionen zu werden, den Bereich der bürgerlichen Moral als Pendant zum Rechtspositivismus. Da dieser Bereich aber nur dadurch existieren kann, daß die privaten Bürger eine politische Kommunikationsgemeinschaft bilden, folgt der »Klugheit insgemein« die »Klugheit / Rath zu geben«. Beurteilen des Vergangenen und Ratgeben für die Zukunft bedeutet letztlich, die Geschichte verstehen zu lernen. Während Geschichte aber im Sinne einer singulären Ordnung der einzelnen Exempla erst von Herder so im Unterschied zur Historie verstanden wird, finden sich bei Thomasius trotzdem schon zwei Vorstellungen von Historie. Wenn man Historien liest, um sein Urteil zu schärfen, so fragt Thomasius seine Leser, sollte man dann auf allgemeine Regeln oder auf die Umstände der Einzelbeispiele achten? Mit einer Maxime, die auf Kants Formulierung zum Verhältnis von Anschauung und Begriff vorausweist, versucht Thomasius, ein »allgemeines Concept« zu formulieren, das dennoch »einzelne Thaten« beschreiben kann: »Regeln ohne Exempel füllen den Kopff mit einer erstorbenen Klugheit; Exempel ohne Regeln verführen uns / daß wir aus dem Ausschlage einer Sache urtheilen wollen / ob sie klug oder narrisch angefangen sey.« (Cap II, § 20)

Diese Auffassung von Historie als ein Verhältnis von Regel und Exempel setzt sich von der »Sententien« sammelnden *historia* ab. Denn Ziel der Kombination von Regel und Exempel ist es, daß sich beide gegenseitig erläutern. Zwar empfiehlt Thomasius für verschiedene Vortrags- und Gesprächssituationen einen je spezifischen Umgang mit Exempeln, aber entscheidend ist, daß auch bei höherer Gedächtniswirksamkeit das Verstehen im Vordergrund steht. Daß die Klugheit nicht nur die Weisheit zu einer ihrer Komponenten aufgehoben hat, sondern letztlich auch den Verstand als theoretisches Erkenntnisvermögen zu einer Perspektive unter anderen erklärt, macht die Vehemenz deutlich,

---

[129] Vgl. Kant: Beantwortung der Frage: Was ist Aufklärung?; in Kants Unterscheidung von »öffentlichem« und »privatem« Gebrauch der Vernunft hat sich die Brisanz dieses Politikbegriffs noch erhalten, auch wenn sie bei Kant letztlich dazu dient, die Möglichkeit der Gleichzeitigkeit von »privater« Kritik und »öffentlichem« Befehl sicherzustellen. Erst sehr viel später, zum Ende des 19. Jahrhunderts, wird in direkter Nachfolge dieser kantischen Unterscheidung der *Intellektuelle* derjenige sein, der sich gleichsam als »Gebildeter ohne politischen Auftrag« wieder außerhalb der staatsbürgerlichen Pflichten als »Privatmann« versteht; vgl. Dietz Bering: Die Intellektuellen. Geschichte eines Schimpfwortes, Stuttgart 1978, S. 45–56.

mit der Thomasius sich gegen die »gelehrte Unterscheidung« wendet, welche die Klugheit als Kunst, die richtigen Mittel zu wählen, und die Weisheit als Fähigkeit, auf den Endzweck zu sehen, noch trennt. Diese grundlegende Unterscheidung von *ars* als technischer Praxis und praktischer Philosophie findet sich im Verhältnis von »beurtheilender« und »rathgebender Klugheit« wieder. Das Urteil als Urteil über eine menschliche Handlung ist zugleich Kritik im Sinne einer Beschreibung, Unterscheidung oder Differenzierung und moralisches Richten nach den Prinzipien des *honestum, justum* und *decorum.* So verkörpert die »beurtheilende Klugheit« die Einheit von Weisheit und technischer Klugheit; ebenso die »rathgebende.« Sie zeigt nach der urteilenden Analyse, wie »man die Mittel geschickt einrichten und brauchen solle / daß sie mit dem Endzweck [der Weisheit] wohl zusammen stimmen« (§ 33). Beide sind also schon Einheiten der traditionellen Unterscheidung und verhalten sich zueinander noch einmal wie theoretisches Erkennen und praktisches Handeln. Das Verstehen von Geschichte wird durch die theoretische Beobachtung einer Vergangenheit geleistet, die dann für die diskontinuierte Gegenwart und Zukunft praktische Ratschläge bereithalten kann. Ein erster Begriff der modernen Geschichtsauffassung, so könnte man sagen, entsteht durch das Alternieren von Urteil und Ratschlag, von Theorie und Praxis, ihrer gegenseitigen Beobachtung und Erläuterung, welche im Deutschen Idealismus am deutlichsten in der Verzeitlichung der Kategorien hervortreten wird.

Während Thomasius in der *Hoff=Philosophie* die Klugheit vor allem aus ihrem höfischen Ursprung in das »gemeine Wesen« importieren wollte, sieht er in der bürgerlichen Klugheitslehre der *Politischen Klugheit* ihren hervorragenden Ort in der Fakultät der Rechtsgelehrten. Im dritten Kapitel geht er deshalb der Frage nach, »ob die Klugheit zu rathen vor die Rechts=Gelehrten gehöre« und beantwortet diese Frage mit einer Genealogie der allgemeinen Klugheit aus der Rechtsklugheit, die sich langsam und vor allem gegen die theologische Vorherrschaft über alle Fakultäten bis hin zum Nichtgelehrten ausbreiten soll. Diese Genealogie zeugt natürlich in erster Linie von dem neuen Selbstbewußtsein, das Thomasius Anfang des 18. Jahrhunderts jetzt nicht mehr im Schatten des Hofs formulieren muß. Alles, was jenseits der juristischen Problemlösungen liegt – Erziehung, Moral, Medizin und Glaube – soll nun von einer durch die Juristen hervorgebrachten Klugheitslehre auf seine Nützlichkeit hin neu durchstrukturiert werden. Denn die Juristen, so Thomasius, sind die einzigen, die beurteilen können, ob die »Republic darinnen sie leben / Vortheile oder Nachtheile davon zu gewarten habe« (Cap. III, § 54). Aus den höfischen Fürsten sind die juristischen Statthalter geworden, denen Thomasius aber wie ein Skeptiker gegen seine eigene Theorie einen Bereich entgegensetzt, der den Unterschied von *imperium* (Recht) und *justum* (Gerechtigkeit) wahrnimmt.

Genau in diesem Bereich des autonomen moralischen Urteils siedelt Thomasius nun das bürgerlich gewendete stoizistische Ideal der Gemütsruhe und der

Ausbildung einer vollkommenen Persönlichkeit an. Die inzwischen vollzogene Abkehr vom Hof und dem Ideal des Weltmanns bringt eine Mischung aus Handlungsanleitung und Bewahrung der persönlichen Souveränität durch Vertrauen stiftende Konversationskompetenz hervor. Denn die Gemütsruhe besteht nicht etwa in einer epikureischen Abgeschiedenheit (Cap. IV, § 3), sondern in einer gleichmäßig arbeitsamen Tätigkeit: »Ein Weiser bringet sein Leben nicht mit Speculiren / sondern mit Thun und Arbeiten zu. Wer nichts thut / thut auch nichts gutes / sondern faullenzet. Die Tugend wird durch Übung erhalten.« (§ 5)

Die »Klugheit sich selbst zu rathen« formuliert vor allem Regeln, wie man seine eigene Handlungskraft einschätzen soll, zu seinen Taten finden und sich mit ihnen identifizieren kann. Zwischen »Furchtsamkeit« und »Künheit« soll sie den Einzelnen so beraten, daß er sich deutlich und kontinuierlich zu erkennen geben kann, um möglichst viele Freunde und Mitstreiter zu finden (§ 13). Der Verstellungskunst der höfischen Klugheitslehren genau entgegengesetzt lehrt solche Klugheit, Zeichen zu geben, auf die Verlaß ist. Zwar gilt immer noch: »das Schicksal selbst ist unbeständig« (§ 32), aber »Vorsichtigkeit« und strategischer Umgang mit den Gelegenheiten des Schicksals sind nicht mehr die Antworten auf die Erfahrung von Unsicherheit. Im Gegenteil, man soll Vertrauen, »Herzhafftigkeit«, »Auffrichtigkeit« usw. auch und gerade weil sie nicht immer gegeben sind, simulieren, damit eine Kultur des gegenseitigen Austauschs von »Liebes=Diensten« und »Gutthaten« entsteht: »Es ist keine Verrichtung in der Welt / die nicht fremden Beystandes bedarff. Und wäre zu wünschen / daß man allzeit weise Leute darzu finden möchte / deren aber giebt es gar wenig; dannenhero muß ein kluger Mann auch mit der Beyhülffe der Narren zu frieden seyn / wenn er keine Weisen darzu finden kan.« (§ 48) Sicherlich ist diese bürgerliche Wendung der Klugheitslehre stark durch das Kaufmannsideal und die protestantische Leistungsethik beeinflußt, aber ihr zentrales Anliegen ist dennoch, eine Kommunikation möglich zu machen, die auf einem fiktionalisierten Freundschaftsideal basiert:

> Dergestalt wird einer / der klug ist / nicht geschehen lassen / daß ihm iemand umsonst diene; er wird auch niemanden mit leeren Versprechen abspeisen / sondern denen / die ihm geschwind geholfen / auch unverzügliche; denen aber / die mit ihrer Assistenz verweilet haben / ebenfalls späte Vergeltung thun / und dadurch beyde zu ferneren Diensten anreitzen / nemlich die ersten / daß sie sich künfftig eben so gut; die letzten aber / daß sie sich besser bezeigen mögen. (§ 56)

Das Netz der Abhängigkeiten, das ebenso wohl an die römische Kaufmannsregel *do ut da* wie an das gleichzeitige Verhältnis von Feindschaft und Freundschaft im höfischen Kontext erinnert, reformuliert die *Politische Klugheit* auf der Basis der Einsicht in die Gleichheit aller Menschen. Das daraus entstandene *decorum* ist dementsprechend auch nicht mehr die standesgemäße Adressierung, sondern vielmehr eine Geselligkeitsethik, die das Gespräch nicht abbrechen lassen soll. »Herzhafftigkeit«, »Auffrichtigkeit«, »Standhafftigkeit« sind nicht mehr nur Bestandteile einer Lehre der Conduite, sondern Signale, welche die Bereitschaft zum gemeinsamen Leben auch bei anderen erhöhen sollen.[130] Denn, so warnt Thomasius einen vermeintlich klugen Leser, der voller Ungeduld erwarte, daß er in der *Politischen Klugheit* erfahren kann, wie man seine Feinde »entwaffnen / ihre Anzahl vermindern kann«, der ist selbst ein »Narr« (§ 64).

Zwar ist dieses Ziel das »Haupt = Werck und der Mittel = Punct unserer gantzen Lehre«, aber da Klugsein eben nicht mehr bedeutet, schneller, flexibler, intelligenter als der Gegner zu sein, sondern auch die Endabsicht, die Weisheit als Blick auf die Gesamtheit der Kommunikation mit bedenken soll, haben sich die Mittel dazu grundlegend geändert. Zum Ende des Kapitels von der Selbsterkenntnis wird deutlich, wie sehr Thomasius den klassischen Klugheitslehren und ihrem Selbstbeherrschbarkeitsglaube inzwischen mißtraut:

> Hast du eine Sache klüglich angefangen / findest aber / daß der Ausschlag in deiner Gewalt nicht sey / so bist du entschuldigt. Hast du nicht klüglich gethan / so verdopele doch die Thorheit nicht durch unweisen und vergeblichen Widerstand. Laß dir den widerwärtigen Ausschlag der Sachen zur Lehre dienen / dich ins künfftige vorsichtiger aufzuführen. Aber gib auch achtung auff die verborgenen Wege der unendlichen Weisheit und Güte Gottes / die sich öffters unserer Feinde als eines Werckzeuges bedienet / unsere Anschläge die uns noch so klug und weise düncken / im Ausgange aber gar anders sich befinden / zu vernichten. Mancher wäre in der That verloren gangen / wenn er nicht seiner Meynung noch verloren gangen wäre. (§ 80)

Das Scheitern der eigenen Klugheit ist jetzt nicht mehr Anlaß, seine Klugheit scharfsinniger, strategischer oder eben noch verstellter einzusetzen, sondern darüber nachzudenken, wie die Kommunikation und der Austausch auf Dauer gestellt werden können. Dazu muß sie sich grundsätzlich von der Verstellungskunst abwenden. Dem, der über die Zustände klagt, daß ihm seine Angelegenheiten mißlingen und der unter den Bedingungen der Verstellungskunst nur »Antworten von gleichmäßigem Inhalt« auf seine Klagen bekommt, rät Thomasius, auf ein gänzlich anderes Verhalten im Netz der Kommunikation zu setzen: »Dein kläglich Thun wird keinen Menschen zu warhaffter Freundschaft gegen dich bewegen. Aber Standhafftigkeit im Creutz wird dir manchen zum Freunde machen, den du nimmermehr vermuthet hättest.« (§ 81)

Die Konzeption der »Klugheit sich in täglicher Conversation wohl aufzuführen« hat dementsprechend auch nicht mehr nur die Aufgabe, einen höfisch-zivilisierten Umgang zu lehren, sondern Geselligkeit als ethischen Selbstzweck des Menschen zu definieren. Die Differenz zum Tier, kommt Thomasius in diesem Zusammenhang noch einmal auf die cartesianische Unterscheidung zurück, besteht jetzt letztlich nicht mehr in der Rationalität, sondern in der

---

[130] Vgl. Manfred Beetz: Ein neuentdeckter Lehrer der Conduite. Thomasius in der Geschichte der Gesellschaftsethik, in: Christian Thomasius (Schneiders), S. 213.

»Conversation« als Ziel menschlichen Daseins (Cap. V, § 1). War in der Affektenlehre die antike Lehre der Stoa noch Vorbild für die Selbstbeherrschung, so
erscheint deren Ideal, in der Einsamkeit »GOTT mehr und mehr ähnlich zu
werden«, Thomasius nun als Hybris und »unheylbare Thorheit« (§ 5). Der
Kluge ist nicht mehr der, der die ihn umgebenden Narren flüchtet und nur
aus Not sie zu seinen Zwecken gebraucht, sondern der, der auch die alltägliche
und bisweilen unfreiwillige Konversation sucht, denn »unter ihnen hast du
dein Leben / deine Ehre / ja selbst die Weißheit / deren du dich rühmest /
erlanget« (§ 7). Nicht nur, daß der Kluge in alltäglicher Konversation ein
Vorbild abgeben soll, er selbst kann auch von den Narren lernen. Denn, da der
größte Feind immer noch die eigene Narrheit ist, ist auch der Kluge nicht nur
auf den freundschaftlichen Rat, sondern auch auf den Kommentar der anderen
angewiesen. Selbstbestimmung findet nicht mehr in der Abgeschiedenheit der
Souveränität und Verstellung statt, sondern in der Sozialität und Kommunikation. Diese aber müssen ebenso gelernt und einstudiert werden wie vormals die
Kunst der Dissimulation am Hof. Denn die neuen Klugen, Weisen und Narren
sind noch schwieriger auseinander zu halten als vorher. Was vorher Weisheit
war, kann durch die Einsicht in die Gleichheit der Menschen plötzlich Torheit
werden. Und der Schaden, der daraus entstehen kann, daß die Bürger nicht
kommunizieren können, wird für die Gemeinschaft schnell zu einem »unaus-
sprechlichen Schaden«, da die eigene Weisheit sich jederzeit in »Tyranney«
verwandeln kann (§ 14). Aus diesem Dilemma, daß es keine sicheren Kennzei-
chen für die Unterscheidung von Weisheit und Torheit gibt, führt nur die
Fähigkeit des Herumschweifens. Wer der philosophischen Substanzlehre folgend nach dem Wesen einer Sache fragt, das durch ihre Art und Weise nicht
verändert werden kann, wird das Verhältnis von einsamer Selbstbeobachtung
und Beobachtenlassen in der Konversation mit anderen nicht erlernen. Man soll
nicht suchen, sondern sich überall finden lassen (§ 16). Nicht die strategische
Fremdbeobachtung ist das Ziel der Selbsterkenntnis, vielmehr die Fähigkeit,
die Beobachtung der anderen zuzulassen. Denn der, der früher weise war und
nur den Umgang mit anderen Weisen gesucht hat, aber im höfischen System
eigentlich ein »Tuckmäuser« war, ist jetzt dumm, da er den Umgang mit
Narren verschmäht. Kriterium für Wahrheit, so läßt sich diese Maxime der
Konversationsklugheit zeitgenössisch wenden, kann nur ihre Kommunikabilität sein. Alle anderen Kriterien setzen sie einer möglichen Dogmatik aus.

Die Lehre von der »falschen Weisheit« richtet sich vor allem an die Gelehrten, die ein ungebildetes Publikum ablehnen. Sie halten sich zwar für weise,
aber gerade weil sie nicht »zu rechter Zeit närrisch seyn können« sind sie
unklug, denn die Narren können sich nicht »nach dem Naturell eines Weisen
richten / so wären sie nicht Narren / sondern weise« (§ 28). Die neue Verstellung des Klugen geht nicht mehr dahin, lediglich den »Höhern« zu gefallen,
sondern sich bisweilen mit den Narren, den »Geringern«, gemein zu machen.

Das Ziel der Simulation von Ehre, Tugend und Vertrauen ist es, nicht die vertikalen, sondern die horizontalen Koalitionen zwischen »seines gleichen« zu stärken. Mit »Höhern« redet der Kluge in täglicher Konversation wenig, mit »seines gleichen redet er so viel als sie«, mit »Geringern redet er viel / aber nicht allzu viel / sondern suchet sie zum Discurs auffzumuntern« (§ 39). Die *Politische Klugheit* ist für eine Kommunikationssituation entworfen, in deren Zentrum nicht mehr die Macht des Fürsten steht, sondern die Macht der Vielen, möglicher Weise die der Narren. Eine ihre Hauptmaximen lautet deshalb, »niemals aber schweiget er gantz stille / weil man ihm sonst würde vor einen Spion halten / oder glauben müssen / daß ihm die Compagnie zuwider sey« (§ 39). Den Verdacht der Dissimulation abzuwenden, ist zwar immer schon eine der wichtigsten Künste des Klugen, aber in einer Gesellschaft, die zunehmend weniger streng hierarchisch organisiert ist, wird die Simulation von Vertrauen und Beständigkeit zum notwendigen Standard, denn letztlich gibt es kein Außerhalb dieser Kommunikation mehr, keinen zeitweiligen Rückzug wie noch von der Bühne des Hofes. Deswegen soll man auch nicht in einer »Compagnie« etwas anderes über jemanden sagen als in einer anderen oder besser überhaupt nicht schlecht über Abwesende sprechen (§ 46), und zwar nicht aus Furcht, »er möchte es durch einen aus der Compagnie wieder erfahren«, sondern aus Klugheit nur »gutes von ihnen reden«, da man nicht auf den Erfolg eines einzelnen kommunikativen Aktes, vielmehr auf den Status der gesamten Kommunikation angewiesen ist. Die Klugheit der »auserlesenen Conversation mit guten Freunden« soll dazu der Modellfall sein. Freunde sind diejenigen, die »ihre Kräffte zusammen setzen / damit einer des andern Vorhaben befördere« (Cap. VI, § 5). Die Klugheit der »auserlesenen Conversation« ist deshalb vor allem eine Selektionsfähigkeit. Sie beobachtet die allgemeine Konversation auf ihren Status der Vertrauenswürdigkeit hin. Aber auch hier gilt, daß der Narr oder der Unkluge nicht verachtet werden darf, weil auch ein kluger Mensch täglich Hilfe braucht in allen möglichen Lagen: »Wie es ihm nun schlecht gefallen würde / wenn ihn andere Klügere ihre Vertrauligkeit gäntzlich entzögen / so erfordert es der Wohlstand / daß auch derjenigen / so ihm an Klugheit noch nicht gleich sind / seiner Vertraulichkeit nicht gäntzlich unwürdig achte.« (§ 7)

Selbst die auserlesene Unterhaltung ist also nicht mehr ein Arkanum, das sich gegen die allgemeine Konversation absetzt. Im Gegenteil, gerade um die horizontale Kommunikation zu stärken, müssen die geschlossenen Gesprächszirkel durchlässig gemacht werden. Verschiedene Grade an »Vollkommenheit« lassen die auserlesene Kommunikation in Wechselwirkung mit der allgemeinen treten. So soll das Modell der unverstellten Kommunikation unter Freunden auf die allgemeine wirken, mit dem Ziel, daß der Mächtigere mit dem Geringeren zu sprechen lernt. Diese Umkehrung der höfischen Ausbildung zur Kommunikation mit »Höhern« in ihr bürgerliches Gegenteil, mit »Geringern«

sprechen zu können, erweist die bürgerliche Klugheitslehre als grundsätzlich durch die Einsicht motiviert, daß niemand so mächtig ist, »daß er nicht geringerer Personen Beyhülfe bedürffen solle« (§ 14). Eine Kommunikation, die auf Furcht basiert, wie Machiavelli sie im höfischen System beobachtet hat, kann für eine Ethik der Geselligkeit nicht mehr grundlegend sein. Im Gegenteil, ihre Aufspaltung in Freunde und Feinde steht dem Programm einer möglichst regen Allgemeinkonversation sogar entgegen: »Das Band dieser Vereinigung ist Freundschaft; und das Sprichwort: Die Leute mögen mich immer hassen / wenn sie mich nur fürchten müssen / ist nur gültig / wenn es von unsern Feinden verstanden wird. Ja / wer klug ist / bemüht sich allzeit auch einige von seinen Feinden zugewinnen.« (§ 14)

»Macht« und »Ansehen« ist in der bürgerlichen Klugheit nicht mehr durch die souveräne oder geheime Herrschaft eines Einzelnen gekennzeichnet, sondern durch die »Vereinigung vieler Leute«. Die Einsamkeit und Melancholie des Fürsten ist abgelöst durch das Verlangen, Freunde zu finden (§ 20). Die Regel, »man solle sich unentbehrlich machen« bei Mächtigen, verkehrt sich zugunsten einer horizontalen Abhängigkeit von »seines gleichen« in die Regel, daß man »mit hohen Personen so umgehen [soll], daß man sie niemahls vor unentbehrlich halte [...]« (§ 24). Auf der Ebene der symmetrischen Kommunikation unterscheidet Thomasius deshalb nicht nur eine lebensnahe Weisheit von einer »falschen«, sondern auch eine »falsche Verstellung« von einer, welche die Freundschaft nicht nur als nützlich, sondern auch als »belustigend« und »erbar« ansieht (§ 27). Denn bei aller Simulation von Vertraulichkeit darf nicht vergessen werden, daß es um eine Kommunikation geht, die immer noch auf einem Wechselspiel von Fremd- und Selbstbeobachtung basiert, auch wenn nun alle Teilnehmer gleichgestellt sein sollen. Nie darf man einem »sein gantzes Herz ausschütten« (§ 32). So wie die Macht des Fürsten nicht mehr den Hintergrund der Verstellung bildet, darf auch die horizontale Abhängigkeit nicht auf *einen* Freund fixiert sein. Die »Vertraulichkeit« soll »zuversichtlich«, nicht »unschamhafftig« sein (§ 35). Über den Regeln der Freundschaft stehen immer noch die Regeln der Klugheit (§ 55) – sie ist nur das neue Modell der bürgerlich-diplomatischen Kommunikation.

Die folgende »Klugheit eines Hauß=Vaters« macht dies besonders deutlich. Die Gesamtgesellschaft besteht für Thomasius in der »Vereinigung vieler häußlicher Gesellschafften und derer darinnen lebenden Personen / soferne sie unter einen allgemeinen Regiment stehen« (Cap. VII, § 1). Die häusliche Gesellschaft setzt sich aus der Ehe, die für Thomasius ja wesentlich auf »vertrauter Freundschaft« beruht, dem Verhältnis von Eltern und Kindern sowie Herren und Gesinde zusammen. Der Weise, nun vollständig in die bürgerliche Welt integriert, sollte sich zur rechten Zeit verheiraten (§ 6). Die Partnerwahl soll so ausfallen, daß sich die Eigenschaften der Eheleute gegenseitig ausgleichen (§ 14). Da das Ziel der ehelichen Gesellschaft wie der bürgerlichen eine symmetrische Stabilität ist, soll der Mann seinen rechtlich höher angesiedelten »Befehl« nicht über die Frau stellen. Denn moralisch gesehen und als Ratgebende sind Mann und Frau in der ehelichen Gesellschaft gleichgestellt (§ 25). Darüber, daß eine solche Forderung auch noch für das beginnende 18. Jahrhundert eine Provokation darstellte, war sich Thomasius bewußt. Auf das mögliche Kopfschütteln seiner männlichen Leser erklärt er, es gehe ihm nicht darum, die Rechte und Privilegien der Frauen zu erklären, sondern Männern so zum klugen Umgang mit Frauen zu raten, daß diese überhaupt erst zu ihrer eigenen Klugheit finden könnten, um in die Ehe als Freundschaft einzuwilligen. Denn daß es wenige Frauen von so großer Klugheit gibt, wie zu einer solchen Ehevorstellung nötig, daran seien die »verderbten Zeiten« und »absonderlich die Männer schuld« (§ 33). Darauf folgen dann die Fälle, in denen sich ein Mann von einer »närrischen« Frau trennen darf, und das sind wenige. Die Kinder, denen Thomasius offensichtlich nicht so gut gesonnen ist wie den Frauen, sollen streng und hart erzogen, mitunter auch geschlagen werden, solange sie noch nicht verstehen können, und, wenn sie alt genug sind, nur dann, wenn sie nicht verstehen wollen (§ 51). Doch auch der Umgang mit den Kindern soll, sobald es die Erziehung und ihr Alter zulassen, auf der Freundschaft fußen. Selbst das Verhältnis von Herr und Knecht, das ja im Unterschied zur Familie aus Not entstanden ist, soll die Freundschaft nicht ausschließen (§ 72). Das Ziel eines allseits geliebten Herrschers, wie es schon Machiavelli formulierte,[131] hat sich zwar nicht grundlegend geändert, dagegen die Wahl der Mittel erheblich. Denn während Machiavelli eine komplizierte Ökonomie aus Liebe und Furcht, aus Abhängigkeit und Souveränität empfiehlt, um zumindest den Haß der Untertanen zu vermeiden, wählt die Klugheit des bürgerlichen Herrn nur solche Mittel, die eine dauerhafte Gegenliebe erzeugen (§ 75). Falsche Hoffnungen wecken oder ähnlich »arglistige« Mittel führen zwar zu einer vorläufigen Dankbarkeit aber letztlich nur zur knechtischen Furcht. Zwar heißt es, daß die »Furcht des Herrn der Anfang der Weisheit« ist (§ 61), aber dies gelte nur in einem »kindlichen« Sinn für den Bereich der Religion, auf den sich die Weisheit im Unterschied zur irdischen Klugheit ja letztendlich bezieht.[132] Die bürgerliche Klugheit hingegen vermeidet jede knechtische Furcht, denn in ihr formuliert sich erstmals neben der Fokussierung des praktischen Wissens auch eine praxiologische Ethik.

---

[131] Machiavelli: Der Fürst, XVII. Kapitel, Über Grausamkeit und Milde; und ob es besser ist, geliebt oder gefürchtet zu werden oder umgekehrt.

[132] Vgl. Hegel: Phänomenologie, S. 153; die Aufnahme dieses Psalms dient auch bei Hegel zur Unterscheidung des religiösen Verhältnisses des Dienens von der Illegimität des Verhältnisses von Herr und Knecht; (Psalm 111, 10: »Die Furcht des Herrn ist der Anfang der Weisheit; alle, die danach leben, sind klug. Sein Ruhm hat Bestand für immer.«)

Vier Augen sehen mehr als zwei

Die Argumentation der Klugheit geschieht immer von der Sache her, als Frage
nach der klugen Einrichtung einer Sache. Wenn die historische Vernunft, wie
sie später vor allem von Hegel formuliert wird, sich an der Spannung von
Genese und Geltung entwickelt, dann übernimmt sie im Kern dieses Verhältnis
von der praktischen Philosophie der Klugheit. Gerade am Entwicklungsgedan-
ken der *Phänomenologie des Geistes,* dessen Bewegung stets aus den Selbstwidersprüchen einer jeweiligen Einzelmeinung hervorgehen soll, läßt sich beobachten, wie Denken zunehmend nicht nur als praktische Philosophie, sondern
selbst als Praxis verstanden wird. Dies wäre ohne die radikale Trennung der
Weisheit als jenseitige, überzeitliche und göttliche Wahrheit von der Klugheit
als irdische, situative und praktische Wahrheit nicht möglich gewesen. Das
Primat des Praktischen in der Wissensordnung des 18. Jahrhunderts wäre ohne
die Aufnahme der Klugheitslehre, die damit auch eine erste Begründung bürgerlicher Philosophie lieferte, nicht denkbar.

Die »Klugheit in bürgerlicher Gesellschaft« differenziert ihren Wissensbe-
griff einerseits gegen den »Müßiggang« der »Gelehrsamkeit« und andererseits
gegen den »Müßiggang« der »Frommigkeit« (Cap. VIII, § 5). Beides sind nur
»Scheinklugheiten«, da sie keinem direkten menschlichen Zweck dienen, sondern nur »müßige« Wahrheiten hervorbringen. Im System des Wissens als
Warentausch sind sie nutzlos. Denn entweder sie basieren auf »Arbeit ohne
Witz«, also auf »Esels=Arbeit«, oder aber auf »Witz ohne Arbeit«, also auf
»Betrug und Spitzbüberey« (§ 9). Die erste Legitimation einer eigenständigen
portestantisch-bürgerlichen Philosophie im Unterschied zum theologischen
und universitären Gebäude besteht in der Forderung nach Leistung. Arbeitsam-
keit ist keine verachtete Notwendigkeit des »Nährstandes« mehr, sondern eine
Tugend, die auch dem Reichen abverlangt wird (§ 8); eine Tugend, die alle
gleich macht. Diese Leistung muß aber − im Unterschied zur polyhistorischen
oder scholastischen Leistung − auch für die Gesellschaft nützlich sein. Der
Witz als Nachfolge des *ingenium* ist das Vermögen von Einkauf und Verkauf.
Neben dem »Fleiß« ist die »Witzigkeit« eine »Fertigkeit«, die »allem Erwerb
gleichsam das Leben gibt.« Um die Zirkulation des Wissens aufrecht zu halten,
ist sie als Forderung gegen den Müßiggang eine »kluge Erwegung und fertige
Ergreiffung aller Gelegenheiten / dabey man rechtmäßiger Weise etwas erwerben kann« (§ 10). Der Witz regelt das Verhältnis zum anderen: »theils die
Käuffer ehrlicher Weise an sich zu ziehen / theils nicht zu viel noch zu wenig
zu trauen geschickt seyn« (§ 11). Wie das Ratsuchen zum Ratgeben verpflichtet und die Affektenlehre zwischen »Verschwendung« und »Geiz« vermittelt,
den dem Kreislauf entgegengesetzten Extremen, so ist der Witz jenes Verhältnis von »connexion« und Selektion des Wissens, welches das bürgerliche Wis-
sensspektrum einem Handelsraum gleich definiert. Dieser Raum ist nicht mehr

der Raum des *imperium*, der Gesetze, der Institutionen, des Souveräns, sondern das aus dem *decorum* hervorgegangene Private des Bürgers, das erst viel später in der englischen Tradition der liberalen Freihandelslehren – wie etwa durch Adam Smith' *An inquiry into the nature and causes of the wealth of nations* (1776) – auch seine ökonomische Grundlage erhält.

Die Ökonomie des Wissens, die der kluge Witz einleitet und die ihren Höhepunkt in den Salontheorien der Romantiker finden wird, macht aber schon in dieser Frühphase deutlich, wie sehr diese Ökonomie als gesellschaftliche Grundlage nicht auf gesetzliche Regelungen, sondern auf Vergleiche und Mediationen angewiesen ist (§ 33 – § 37). Die Strategie der »Klugheit in bürgerlicher Gesellschaft« ist es nicht, einen Staatsbürger zu erziehen, sondern einen selbstbewußten Bürger mit den Fähigkeiten zur Selbstbestimmung auszustatten. Wie eine Freihandelszone durch die Schaffung von symmetrischen Abhängigkeiten funktioniert, sollte dazu die Klugheit das Instrument der Vernetzung und der Bewahrung dieses Raumes sein. Daß Thomasius die *Politische Klugheit* konkret als Anleitung und Handbuch einer solchen funktional-ethischen Haltung für den Bürger gedacht hat, zeigt der Abdruck eines exemplarisch gemeinten Lebenstestaments im Anhang an die bürgerliche Klugheit, das die kluge Tugend vor allem als eine auf Gegenseitigkeit beruhende formuliert und mit den Worten abschließt: »Ich habe keinen Tag vor glücklicher geachtet / als den / da ich dem gemeinen Wesen oder guten Freunden beystehen und Nutzen schaffen können.«[133] Alle anderen Testamente, so Thomasius, haben keinen Sinn. Denn ihr Grund kann nur in einer »ungescheiden Rachgier« oder einer »unzeitigen Begierde« bestehen (§ 74). Das erwirtschaftete Vermögen und das durch Erfahrung gewonnene Wissen hätten nur dann einen Sinn, wenn sie auch weiterhin in Umlauf blieben. Warum die »Klugheit / guten Rath zu suchen / und anderen zu geben« das eigentliche Zentrum seiner Philosophie ist, ergibt sich für Thomasius aus dem Vorhergehenden von selbst. Er handelt sie auf den letzten Seiten der *Politischen Klugheit* fast beiläufig ab. Ratgeben und Ratsuchen wird zu einer Art Informationspflicht für alle Bürger. Wer sich aus »Mißtrauen« oder »Einfalt« von dieser Informationsgesellschaft ausschließt, gefährdet nicht nur sich selbst, sondern auch die gesamte Zirkulation (Cap. IX, § 4–6). Der Aufruf zum Selbstdenken besteht nicht so sehr in einer »Mündigkeit«, allgemeinheitsfähige Urteile zu fällen, sondern in der »Aufmercksamkeit« zu wissen, wen und wie man um Rat ersuchen soll. Das heißt auch, daß der Gelehrte als ehemaliger Experte dem Ratsuchenden zur Verfügung stehen muß. Was früher als Gelehrtenrepublik sich von den Ungebildeten differenziert hat, soll nun diesen dienen (§ 14). Das Netz des Ratgebens und Ratsuchens ist grundsätzlich unterschieden vom »Befehl«, dem Informations-

---

[133] Thomasius: Polistische Klugheit, S. 241.

mittel der Gesetze und des *imperium* (§ 19).[134] Denn im Unterschied zur er-
zwungenen Handlung durch das Recht soll der Rat ja nur eine mögliche weitere Perspektive eröffnen.[135] Das endgültige Urteil oder die Handlung bleiben
dem Einzelnen überlassen. Auch von der Logik des Selbstdenkens ist der Rat
dadurch unterschieden, daß er nicht auf die Identität des Denkens setzt, sondern aus der »menschlichen Schwachheit« resultiert (§ 18). So wie der, der auf
anderen Rat angewiesen ist, erst lernen muß, den jeweiligen »Verständigen«
zu fragen, so muß der, der Rat gibt, auch die Verantwortung für seinen Rat
übernehmen (§ 40). »Freundschafts=Pflicht und Billigkeit« binden Ratsuchenden und Ratgebenden so aneinander, daß der Rat immer auch die spezifische
Situation beider bedenkt. Nicht die Formel »Wenn die Sache mich angienge /
würde ichs so und so machen« (§ 25) soll die Leistung des Informationsaus-
tausches sein, sondern die situative Rücksicht auf das »Temperament« des Ratsuchenden und auf die Ausführbarkeit des Rats. Kriterium für das kluge Denken des Ratsuchens und Raterteilens ist noch nicht die Verallgemeinerbarkeit:
daß jeder sich an »die Stelle jedes Anderen zu denken«[136] fähig sei. Im Gegenteil, die aus den höfischen Beobachtungstheorien stammende Regel »Vier Augen sehen mehr als zwei« (§ 18) soll jetzt ein zusammenhängendes Netz aus
Einzelrationalitäten betreffen. Die Suche nach »kurtzen / deutlichen / und aus
der Sache selbst ungezwungen fliessenden Regeln«[137] als Gegenprogramm zum
kategorialen, logisch dominierten Denken endet zwar bei Thomasius zuletzt in
dem etwas skeptischen Rat, trotz aller Regeln bestehe der beste Rat darin, daß
jeder den »Entschluß selbsten fasset« (§ 43). Aber der Thomasische Versuch,
Wissen als Werkzeug für das sich emanzipierende Subjekt zu begreifen, stellt
innerhalb der Geschichte der Philosophie die erste Sensibilisierung für eine
inhärente ethische Praxis des Denkens dar, die aus dem klassischen Schema des
Skeptizismus und der Weltflucht ausbricht. Mit der Aufnahme der höfischen
Klugheitstheorie in das philosophische System der Vernunft und ihrer Umformulierung zu einer bürgerlichen Selbstaufklärung durch den Gedanken einer
neuen publizistisch basierten Zirkulation des polyhistorischen Wissens hat
Thomasius sein Ziel, die »Freyheit [...] seinen Meinungen nachzugehen«, erreicht, ohne »eine neue Secte in das gemeine Wesen einzuführen«[138].

---

[134] Vgl. Thomasius: Fundamenta juris naturae (1705), I 4, §§ 61f.
[135] Vgl. Fichte: Versuch einer Kritik aller Offenbarung, in: Sämtliche Werke, hrsg. v.
I. H. Fichte, Berlin 1845/46, Bd. 5, S. 53; Fichte wird später genau diese Unterscheidung zum Anlaß nehmen, die Klugheit in den Bereich des Privaten zu verweisen,
da sie nicht zur »Pflicht« fähig sei.
[136] Kant: Anthropologie, S. 228.
[137] Thomasius: Politische Klugheit, S. 61.
[138] Thomasius: Hoff=Philosophie, S. 51.

IV. Anthropologische Ordnung

Meinungsschaffen und Autorschaft

Der Eintritt der Kommunikation in die Ordnung des Wissens wird von Thomasius auf drei Ebenen gedacht: Zunächst ist Wissen nicht mehr ausschließlich an einen privilegierten Ort wie den der Universität gebunden, sondern entsteht, als politisches klassifiziert, aus der Konfrontation von gesellschaftlichen Praxen. Erst die Fähigkeit zur Kommunikation, also Erfahrungswissen aus einem gesellschaftlichen Teilbereich in einen anderen zu transformieren, generiert solches politisches Wissen, das nicht mehr Abbild einer bestimmten Institution ist und infolgedessen zur nützlichen Information werden kann. Die zweite, sich anschließende Ebene stellen die medialen Informationswege dar: Zeitungen und Zeitschriften bilden die Träger dieser gesellschaftlichen Zirkulation von Information. Sie lösen deshalb den als material betrachteten Ort von Wahrheit in Büchern und Bibliotheken ab. Die Öffnung der barokken-hermetischen Räume führt zur Notwendigkeit einer neuen, nicht-institutionellen Ordnung von Wissen, die sich zunächst als Selektionsproblem artikuliert. An die Stelle des privilegierten Gelehrten im Sinne eines humanistischen Verwalters des Archivs des Wissens tritt deshalb der politische Gelehrte, der einerseits ratgebende Funktion haben soll, also die Fähigkeit, den Medienwechsel zwischen Buch bzw. Bibliothek als Speicher und Zeitschrift bzw. Zeitung als Aktualisierung des Speichers zu beherrschen, andererseits aber zugleich die Zirkulation dieses neuen Wissens – die »tägliche Konversation« – wiederum beobachten soll. Aus dieser Beobachtung ergibt sich auch die neue Aufgabe des Gelehrten, der jetzt nicht mehr in erster Linie Produzent und Vermittler von Wissen ist, sondern Lehrer für die Anleitung zum Lernen wird. Urteilsvermögen, Kritikfähigkeit und Konversationskompetenz sind deshalb die Ziele des Unterrichts, dessen prinzipiell jeder Mensch jeden Standes bedarf. Diese Ziele sind aber zugleich die Grundlagen dafür, daß die Zirkulation auf Dauer gestellt werden kann und nicht asymmetrisch verläuft. Dazu muß jeder Lesende auch zu einem Teil Autor werden, das heißt, sich Wissen für seine eigene Lebenssituation aneignen können. So wird das Selektionsproblem nicht mehr durch die Autorität einer privilegierten Gruppe gelöst, sondern durch die Fähigkeit der Einzelnen, am Kreislauf des Wissens teilzunehmen, an die gesellschaftlichen Bedürfnisse zurückgebunden. Die dritte Ebene bilden die neuen Träger des Wissens, die nun nicht mehr die verwalteten Bücher sind, die das humanistische Archiv des Wissens darstellten, sondern die personalen Gedächtnisse der Kommunizierenden. An die Stelle der Mnemotechniken tritt deshalb die Ausbildung des Charakters des Wissenden, für die der politische Gelehrte Sorge zu tragen hat. Denn entscheidend für die neue demokratische Wissensordnung – die »liebreizende Gleichheit« – ist, daß die kritische Kompetenz der Teilnehmer eine neue »Sektenbildung« verhindert.

Während Thomasius dazu das »Volck« als Kommunikationsgemeinschaft selbst als »Lehrer der Wahrheit« konzipiert und damit auch eine grundsätzlich neue Idee von Wahrheit jenseits einer einzelnen Aussage in den Blick nimmt, setzt mit der systematischen Aufklärung, die wesentlich an der Schaffung von staatlichen Institutionen interessiert ist, auch eine gewisse Verstaatlichung der Kommunikation und der Sprachphilosophie ein. Auch wenn die deutsche Aufklärung und der Idealismus ebenfalls wie Thomasius gegen das Maschinendenken des 17. Jahrhunderts an einem Primat der Sprache festhalten, das seit der Wiederbelebung der Rhetorik in der Renaissance immer auch auf gesellschaftliche Bildung ausgerichtet ist, so erhält dieses Primat im Laufe des 18. Jahrhunderts durch die Nationalisierung eine grundsätzliche Wendung. Die Idee, daß Wissen sich erst in der gesellschaftlichen Zirkulation von Wissen bildet, führt vor allem bei Hegel zu einer ersten Theorie der Gesellschaft, welche die Gesamtheit dieser Zirkulation zu beobachten versucht. Zu diesem Zweck muß aus dem ratgebenden Philosophen, der die Träger des Wissens für die gelingende Zirkulation in ihre Eigenständigkeit entlassen mußte, ein Staatsphilosoph werden, der das Wissen der Einzelnen auf die Gesamtheit des Wissens hin ordnet.

Seit Kants Kritik an der rhetorisch-höfischen Sprachauffassung zugunsten einer »natürlichen«, auf staatsbürgerlichem Charakter fußenden Sprachauffassung wird deshalb der Bereich der Träger des Wissens von der neuen Anthropologie verwaltet. Einerseits erbt die Anthropologie den Charakterbegriff von der Umstellung der Ordnung des Wissens auf seine Zirkulation bei Thomasius, andererseits tilgt sie jeden höfischen Zug dieses Charakterbegriffs, um ihn durch einen staatsbürgerlichen zu ersetzen. Das Zentrum der Hegelschen Anthropologie bildet deshalb die Frage nach den Mitteln der Enteignung und der Deprivatisierung des souveränen Individuums, zu welchem die politische Klugheit Anleitung geben sollte.

Während die Bestrebungen der Rationalisten und systematischen Aufklärer dahin gingen, eine sichere Methode unabhängig vom dem zu durchdringenden Stoff zu etablieren, also wenigstens formal eine *visio dei* in der Architektur der Vernunft aufzurichten, so formuliert Hegel für die zweite Generation der Idealisten mit der Kritik des Kantischen Formalismus als »lebloser« »schematischer« und »tabellarischer« »Triplizität« das Programm der Verwirklichung des abstrakten Denkens als Verflüssigung seiner Kategorien.[1] Im Unterschied zur kantischen Konstruktion von Wirklichkeit durch den Verstand sollen Verstand und Wirklichkeit sich gegenseitig durchdringen, indem die Wirklichkeit die Kategorien des Verstandes im Verlauf seines zeitlichen Begreifens negieren und aufbrechen kann. Das verständige »Aufheben« soll eben auch ein »Aufgeben«[2] im Sinne einer rationalen Überformung sein, damit der kategoriale Verstand sich selbst zum Problem werden kann. Zugleich soll es aber auch der Verstand sein, der die Wirklichkeit erst zu dem Lebendigen werden läßt, das die »Arbeit des Begriffs« zur Selbstbewegung des Gedankens führt. Die Aufgabe der idealistischen Philosophie besteht darin, so Hegel, die festgewordenen Schemata des aufklärerischen Denkens aus dem abstrakt Allgemeinen zu befreien: »Jetzt besteht darum die Arbeit nicht so sehr darin, das Individuum aus der unmittelbaren sinnlichen Weise zu reinigen und es zur gedachten und denkenden Substanz zu machen, als vielmehr in dem Entgegengesetzten, durch das Aufheben der festen, bestimmten Gedanken das Allgemeine zu verwirklichen und zu begeisten.«[3]

Das problematische Verhältnis von Individuum und instrumentalem Verstand dient bei Hegel dazu, eine Ordnung zu installieren, in der das einzelne Denken stets auf eine höhere Größe verwiesen ist, die es selbst bedingt. In seinem Tagebuch der Reise in den Berner Oberalpen (25. Juli bis August 1796) vergleicht er das Resultat des einfrierenden Blicks der systematischen Aufklärung mit dem Anblick eines Gletschers, während er das idealistische Vorhaben, Stabilität durch eine negierende Bewegung des Begriffs zu gewinnen, mit einem Wasserfall gleichsetzt:

> Wir sahen heute diese Gletscher nur in der Entfernung von einer halben Stunde, und ihr Anblick bietet weiter nichts Interessantes dar. Man kann es nur eine *neue Art von Sehen* nennen, *die aber dem Geist schlechterdings keine weitere Beschäftigung gibt*, als daß ihm etwa auffällt, sich in der stärksten Hitze des Sommers so nahe bei Eismassen zu befinden, die selbst in einer Tiefe, wo sie Kirschen, Nüsse und Korn zur Reife bringt, von ihr nur unbeträchtlich geschmelzt werden können. [...] Durch eine enge Felsenkluft drängt oben das Wasser schmal hervor, fällt dann in breiteren Wellen senkrecht herab; in Wellen, die den Blick des Zuschauers beständig mit sich niederziehen und die er doch nie fixieren, nie verfolgen kann, denn ihr Bild, ihre Gestalt, löst sich alle Augenblicke auf, wird in jedem Moment von einem neuen verdrängt, und *in diesem Falle sieht er ewig das gleiche Bild und sieht zugleich, daß es nie dasselbe ist.*[4]

Das gefrorene Resultat des Verstandes wird nicht durch den Wechsel des Lebens und dessen »Reife« berührt, wohingegen der Zuschauer eines Wasserfalls selbst in die Bewegung des Wassers hineingezogen wird. Der erhabene Eindruck, den dieses Schauspiel auf den Zuschauer macht, läßt sich nach Hegel nur durch ein Gemälde vermitteln, wenn es »dem Auge so nahe gebracht werden [könnte],

[1] Hegel: Phänomenologie, S. 48.
[2] Hegel: Berliner Schriften, Notizen und Aphorismen, Bd. 11, S. 574.
[3] Hegel: Phänomenologie, S. 37.
[4] Hegel: Tagebuch der Reise in die Berner Oberalpen, Bd. 1, S. 614f.

daß es Mühe hätte, das Ganze zu überblicken, es nicht neben andere Gegenstände versetzen könnte und so völlig allen Maßstab verlöre.«Sonst würde das Bild nur die Gleichheit ausdrücken können, nur den »einen Teil des Eindrucks« wiedergeben, während der andere,»die ewige Auflösung jeder Welle, jedes Schaumes, die das Auge immer mit sich herniederzieht«, verloren ginge. Mit diesem Sinnbild versucht Hegel, die inhärente Beziehung des Blicks auf das, was er nicht sieht, zu verdeutlichen. Das sich selbst sichere Wissen der Methode gibt dem Geist als der »Gemeinschaft der Lebendigen« keinen Anlaß zur Rede, während erst die Beziehung des Wissens zu seiner subjektiven Grenze es mit anderem Wissen in Verbindung bringt. Der tote Verstand sieht den Dingen nur den »Schatten« ihrer Form an. Daß die Dinge im Subjekt nicht aufgehen, macht es nötig, die Kommunikation über die jeweiligen Perspektiven in die Ordnung des Wissens einzubeziehen. Aber wie sieht das ausgehende 18. Jahrhundert nun diese Sprechergemeinschaft, deren Subjekte aus der »unmittelbaren sinnlichen Weise« gereinigt und zur »denkenden Substanz« geworden sind:

> Nachdem so die Wellen eine beträchtliche Höhe mehr heruntergefallen sind, als daß sie sich herabstürzen, treffen sie auf Felsen, wo sie sprudelnd sich in drei Öffnungen hervordrängen, dann zusammenfließen und sich jetzt donnernd in einen Abgrund stürzen, in dessen Tiefe der Blick sie nicht verfolgen kann, weil er von Felsen aufgehalten wird. Nur in einiger Entfernung sieht man aus einer Kluft einen Rauch wogen, den man für den vom Fall aufspritzenden Schaum erkennt.

Der Quell der Subjektivität, die gemeinsame Tiefe, welche die Einzelnen unsichtbar aneinander bindet, und ihre Gemeinschaft im gleichzeitigen Auseinander- und Zusammenströmen sind am deutlichsten am Wandel des Autorbegriffs zur exemplarischen Subjektivität im Laufe des 18. Jahrhunderts zu verstehen. Aus der neuen frühaufklärerischen Sprechergemeinschaft ist eine Sprachgemeinschaft geworden, bei der nicht die gesellschaftliche Beziehung der Einzelnen im Vordergrund steht, sondern die Beziehung des Einzelnen zur Allgemeinheit, vermittelt durch die Teilhabe an einer gemeinsamen – vor allem sprachlich-nationalen – Schöpfung, bei der die Ausstattung des Individuums durch die Techniken der Klugheit nicht mehr ausreicht und durch eine neue Anthropologie des gesellschaftlichen Menschseins als selbstbeherrschender Herrscher ersetzt werden muß.

In der Geschichte der Souveränitätstheorien war bis dahin analog zur aristotelischen Unterscheidung von Theorie und Praxis die politische Herrschaft und der philosophische Rat getrennt gedacht worden. Die Freundschaft zwischen einem Herrscher und einem Philosophen galt von Platon bis Machiavelli als das Ideal von Politik. Dion Chrysostomus von Prusa (40–120) etwa klagt in seiner Rede *Von der Herrschaft* das Modell, daß es überhaupt nur durch die Doppelspitze von Herrschaft und philosophischem Rat eine gerechte Regierung geben kann, gegen die Dekadenz der römischen Kaiserzeit ein.[5] Die Zusammenziehung von Philosoph und Herrscher kann man in der Definition des Genies im 18. Jahrhundert wiederfinden. Der Genius zeichnet sich zunächst durch eine Naturwüchsigkeit aus, die innerhalb der zivilisierten Seelenwelt einen neuen Machtanspruch formuliert: »Genie ist die angeborene Gemütsanlage (*ingenium*), durch welche die Natur der Kunst die Regel gibt.«[6] War bisher der Philosoph der vernünftige Gesetzgeber und der Herrscher die Institution, welche die Gewalt der Verwirklichung der Gesetze innehatte, verkörperten beide also eine erste theoretische Gewaltenteilung zwischen Judikativer und Exekutiver, so fällt im Genie der Regelerfassende und Regelerschaffende zusammen. Die entscheidungsbegründende Blindheit der Macht und die voraussehende Weisheit bedingten sich im Freundschaftsmodell von Herrscher und Philosoph gegenseitig, während das Genie in zwei Naturen auseinander fällt. Nämlich in die, welche es nach »bestimmten vorausgesetzten Regeln« versteht, und in die, welcher das Genie durch die erste Natur als zweiter im Übertreten und im Erschaffen neue Regeln gibt. Wie die *majestas* des Herrschers »dunkel« oder »göttlich«, aber in jedem Fall unhinterfragbar bleiben muß, so muß auch die »Schöpferkraft« dem Genie selbst undurchsichtig, das heißt Natur bleiben. Denn seine Autorschaft besteht nicht mehr in der gelungenen Ausführung einer allgemeinen Regel der Gelehrsamkeit, sondern zeitigt eine Initiative. War bisher die Frage nach dem menschlichen *ingenium* als Frage nach den angeborenen Fähigkeiten des Menschen, mögliches Gefäß für die Universalität des Wissen zu sein, vor allem eine didaktische Frage, so kehrt genau dieses Vermögen in der Anthropologie und der Urteilsbildung als Vermögen, die Vielheit zu strukturieren, in seiner umgekehrten aktivischen Form zurück. Als Profession faßt das Genie gleich »einer frühen Kontingenzformel für das Gelingen von Karrieren«[7] die – bisher nicht dem Normalfall von Laufbahnen entsprechenden – Figuren als Normalfall zusammen: etwa als Abenteurer, Projektemacher oder Autodidakt. Die berufliche und interdisziplinäre »Initiative« des Genies ist zunächst als Reaktion auf die zunehmende Kontingenz der Ereignisse einer bürgerlichen Laufbahn zu verstehen, die gelehrtes Wissen zugunsten politischen Wissens in den Hintergrund treten läßt. Die Zusammenziehung des Herrschers und des Philosophen im Genie kann aber nur durch die Verzeit-

---

[5] Vgl. Dion Chrysostomos: Sämtliche Reden, eingl., übers. u. erl. v. Winfried Elliger, Zürich 1967, Von der Herrschaft, S. 5; vgl. Plutarch: Von der Ruhe des Gemüts, übers. u. eingl. von Bruno Snell, Zürich 1968, Philosophen und Herrscher, S. 161.

[6] Kant: Kritik der Urteilskraft, hrsg. v. Karl Vorländer, Hamburg 1990, S. 160, (Akademie-Ausgabe, S. 181); vgl. Jürgen Fohrmann: Schiffbruch mit Strandrecht. Der ästhetische Imperativ in der ›Kunstperiode‹, München 1998, S. 19; das »Vermögen der doxa« des selbstbewußten Sprechers der Aufklärung ist von Anfang an auf das »Gesetz der Natur« verwiesen, das sich, so bei Gottsched und Wolff, in der »gesunden Vernunft« ausspricht.

[7] Georg Stanitzek: Genie: Karriere/Lebenslauf. Zur Zeitsemantik des 18. Jahrhunderts und zu J. M. R. Lenz, in: Lebensläufe um 1800, hrsg. v. Jürgen Fohrmann, Tübingen 1998, S. 255.

lichung des Naturbegriffs gelöst werden. Der zugleich verständige und seine
Verständigkeit übertretende Schöpfer als Natur, die sich damit einem Wieder-
eintritt gleich als ungezähmte Natur in die gezähmte Eintritt verschafft, produziert das »Neue«, die »Originalität«, eine zweite Natur, deren Regeln erst
wieder von anderen verstanden werden müssen. Was ausgestellt wird, ist nicht
mehr das gelungene poetische Beispiel in der Anwendung einer allgemeinen
Regel, sondern der kreative Akt, bestehende Regeln zu reduzieren, zu überschreiten und durch ein einziges »Muster«, das für andere exemplarisch sein
muß, zu ersetzen. Kunst ist der Bereich der Rückkopplung von Theorie und
Praxis, die Belebung des mechanischen Befehls: »Die Einbildungskraft (als pro-
duktives Erkenntnisvermögen) ist nämlich sehr mächtig in Schaffung gleichsam
einer anderen Natur aus dem Stoffe, den ihr die wirkliche gibt.«[8]

In der schönen Kunst wird nach Kant der *modus logicus* um den *modus aesthe-
ticus* erweitert. Das Genie hat nicht nur dem Gesetzgeber gleich die Fähigkeit,
Regeln für die zweite Natur zu geben, sondern verkörpert auch als Produk-
tionsinstanz die Ablösung des jeweils »Angemessenen«. So erst läßt sich Kulturgeschichte um jene »Meisterwerke« schreiben, die epochenbegründend das
Allgemeine und Einzelne im Individuellen auf nicht-mechanische Weise zu-
sammenfassen:

> Der Geschmack ist, so wie die Urteilskraft überhaupt, die Disziplin (oder Zucht) des
> Genies, beschneidet diesem sehr die Flügel und macht es gesittet oder geschliffen;
> zugleich aber gibt er diesem eine Leitung, worüber und bis wie weit es sich verbreiten
> soll, unzweckmäßig zu bleiben; und indem er Klarheit und Ordnung in die Gedan-
> kenfülle hineinbringt, macht er Ideen haltbar, eines dauernden, zugleich auch allge-
> meinen Beifalls, der Nachfolge anderer und einer fortschreitenden Kultur fähig.[9]

Die Aufgabe der Funktion *Genie* ist es, das Neue der Sprechergemeinschaft auf
Dauer zu stellen. Denn einerseits löst das *ingenium* zwar die Vielzahl der gelehrten Ordnungsversuche ab, indem es sie an die Nützlichkeit der Politik zurückbindet, aber andererseits ruft diese Öffnung der *disputatio* eine Kommunikation
hervor, die in zu viele Teilnehmer und zu schnelle Abfolge des Neuen auseinan-
der zu fallen droht. Die Konzeption des Genies überführt die Selektion der
Klugheit in den Diskurs der Öffentlichkeit. Über die göttliche Stellung des
Künstlers in der Renaissance und des Helden im 17. Jahrhunderts wird
Kunstschaffen das Vorbild zum Meinungsschaffen im ausgehenden 18. Jahrhundert. Noch Nietzsche leitet zum Ende des 19. Jahrhunderts das »souveräne
Individuum« seiner Geschichtsutopie aus der Ausstellung des künstlerischen
Schöpfungsvorgangs zwischen dionysischer Natureinheit und apollinischer Ver-
nunftdifferenzierung her. Das Beispiel, das die Kunst gibt, ist die Vorlage für
die Herstellung einer Person, eines »großen Individuums«, im 18. Jahrhundert

---

[8] Kant: KdU, S. 174 (AA, S. 202).
[9] Kant: KdU, S. 175 (AA, S. 203).

schlechthin. Die Neubewertung des Meinens, welches etwa bei Kant in der Hierarchie Wissen – Glauben – Meinen durch die Aufgabe der selbstsicheren Metaphysik gestärkt wird, drückt die Aneignung des Wissens durch das politische Individuum und seine Aneignungsformen – etwa durch Zeitungslesen – deutlich aus. Hegel kritisiert dieses Meinen als zu bürgerlich gefaßtes Verständnis von Besitz: »eine Meinung ist mein«[10]. Denn würde sich jedes Individuum gleich dem berühmten Napoleon als »Weltgeist zu Pferde« wie ein Genie fühlen, dessen Auftrag es ist, die Regeln des Verstandes und der Sittlichkeit zu überspringen, um Allgemeines und Einzelnes nicht mehr in der Synthese der Subsumption, sondern der Überschreitung, der *creatio*, zurückzubinden, dann wäre die Möglichkeit des Auseinanderströmens der Meinungen weit wahrscheinlicher als ihr Zusammenfließen. Was Kant mit der Einführung eines schwachen *sensus communis* zu lösen versuchte, löst die aufkommende Anthropologie des 18. Jahrhunderts durch die Unterscheidung von gesunder und krankhafter Individualität.

Nach Hegel ist das »Selbstgefühl« des Individuums das Erwachen der Seele aus der Versenktheit des Stoffs zum Gefühl des Besonderen. Und deshalb ist dieses »subjektive Eins« aufgrund seiner Unmittelbarkeit, seiner »partikularen Verleiblichung«, »noch der Krankheit fähig«[11]. Das Festhalten an der eigenen Meinung, so läßt es sich auch bei Kant finden, führt zum Wahnsinn. Der aus dem Alptraum der mannigfaltigen Welt erwachte »herrschende Genius«, der die Fähigkeit hat, »jeden vorkommenden *besonderen* Inhalt der Empfindung, Vorstellung, Begierde, Neigung usf.« seinem Selbstgefühl einzuverleiben, kann Gefahr laufen, innerhalb des Wachens wieder einem Traum zu verfallen. Nicht, weil er erneut der Vielgestaltigkeit der Welt entschlafen könnte, sondern weil sein eigenes Wachen und Herrschen selbst ein Traum sein könnte: »[...] hier fällt der Traum innerhalb des Wachens selbst, so daß er dem wirklichen Selbstgefühl angehört.« Während der Geist frei und darum »für sich dieser Krankheit nicht fähig« ist, birgt gerade das leiblich festgemachte Meinen im Unterschied zur Wissensordnung des 17. Jahrhunderts ganz neue Gefahren. Daß sich die Unmenge des Wissens dem Körper des Genius zuschreiben lassen muß, macht es auch möglich, daß dieser Körper sich gleich einem widerspenstigen Fels dem Strom entgegensetzt.[12] Das Individuum muß dem neuen Genius auch Platz machen können: »Das Werk ist also überhaupt etwas Vergängliches, das durch das Widerspiel anderer Kräfte und Interessen ausgelöscht wird und viel mehr die Realität der Individualität als verschwindend denn als vollbracht darstellt.«[13] Hätte das Individuum einen eigenen Körper, könnte es dem Ganzen

---

[10]　Hegel: Geschichte der Philosophie, S. 20.
[11]　Hegel: Enzyklopädie, § 407 u. 408, S. 160f.
[12]　Zum neuzeitlichen Körperverständnis vgl. Rudolf zur Lippe: Vom Leib zum Körper. Naturbeherrschung am Menschen in der Renaissance, Hamburg 1988.
[13]　Hegel: Phänomenologie, S. 301.

nicht mehr als Markierung dienen. Hegel gibt folgerichtig eine der ersten prä-
gnanten modernen Definitionen von Wahnsinn:»Das Subjekt befindet sich auf
diese Weise im *Widerspruche* seiner in seinem Bewußtsein systematisierten Totalität und der besonderen in derselben nicht flüssigen und nicht ein- und untergeordneten Bestimmtheit, – die *Verrücktheit*.«[14]
Es geht also um die Möglichkeit einer begrenzten Kommunikabilität. Während zu einer bestimmten Zeit das Individuum Genius, also undurchschaubare,
aber reduzierende Natur sein soll, muß dieses Auseinanderfließen zu einer anderen Zeit durch die Aufhebung dieser Natur in die Ordnung des Ganzen aufgefangen werden. Der Verrückte befindet sich im Widerspruch zu dem, was es
ihm ermöglichte, ein Genius auf Zeit zu sein, da

> die Verrücktheit nicht abstrakter Verlust der Vernunft, weder nach der Seite der
> Intelligenz noch des Willens und seiner Zurechnungsfähigkeit, sondern nur der Ver-
> rücktheit, nur Widerspruch in der noch vorhandenen Vernunft [ist], wie die physische
> Krankheit nicht abstrakter, d. i. gänzlicher Verlust der Gesundheit (ein solcher wäre
> der Tod), sondern ein Widerspruch in ihr ist. Diese menschliche, d. i. ebenso wohlwol-
> lende als vernünftige Behandlung [...] setzt den Kranken als Vernünftiges voraus und
> hat hieran den festen Halt, an dem sie ihn nach dieser Seite erfassen kann, wie nach
> der Leiblichkeit an der Lebendigkeit, welche als solche noch Gesundheit in sich ent-
> hält.[15]

Nicht jeder wird ein souveräner Autor seiner Meinungen. Hegel verweist an dieser Stelle auf den französischen»Irrenarzt« Philippe Pinel (1745–1825), der als
einer der ersten die»Irrenhäuser« nicht mehr von der Gesellschaft trennte, sondern öffnete, um zu beweisen, daß»Irre« nicht vernunftlos, sondern nur im
Widerspruch zu ihrer eigenen Vernunft stehen.[16] Auf dem Weg von der gelehrten *auctoritas* zur kommunikativen Autorschaft hat das gebildete Ich noch
einige Gefahren neben Wahnsinn und Verrücktheit zu überstehen: Beschränkt-
heit, Irrtümer, Torheiten, Somnambulismus, Narrheit, Zweiheit der Persönlichkeit, Borniertheit, Verschlossenheit, Eigentümlichkeit, Blödsinn, Zerstreutheit,
Faselei, Kretinismus, Stumpfsinnigkeit, Raserei, Epilepsie, Starrsucht, Taume-
lei, Geschwätz, Delirium, Verdrehtheit, Lebensüberdruß, Gleichgültigkeit,
Widerlichkeit des Lebens, Verstocktsein, Melancholie, Verzweiflung, Geiz, Zer-
rissenheit, Tollheit, Aus-den-Fugen-Kommen, Wut der Vernunft, Grillen,
hypochondrische Stimmungen, Ergrimmtheit, Eigensinnigkeit, Anflüge von
Bösartigkeit, Triebe, Mordlust und Tobsucht. Dies alles sind die Ausgrenzungs-
felder, um den Wasserfall herzustellen, der sich ständig verändert und doch
gleich bleiben soll:

---

[14] Hegel: Enzyklopädie, S. 161.
[15] Ebd. S. 161.
[16] Vgl. Philippe Pinel: Traité médico-philosophique sur l‹aliéntation mentale ou la
     manie, Paris 1801.

Dies Flüssigwerden der fixen Vorstellungen wird besonders dadurch erreicht, daß man die Irren nötigt, sich geistig und vornehmlich körperlich zu beschäftigen; durch die Arbeit werden sie aus ihrer krankhaften Subjektivität herausgerissen und zu dem Wirklichen hingetrieben. [...] Durch Sichhinundherbewegen auf der Schaukel wird der Wahnsinnige schwindelig und seine fixe Vorstellung schwankend.[17]

Subjektivität, wie die Frühaufklärung sie gefordert hat, fällt nicht nur in eine gesunde und kranke auseinander, sondern führt grundsätzlich eine gewisse Krankheit mit sich. Auf diese Krankheit ist die Anthropologie die Antwort, die das Risiko, daß die Zirkulation unkontrollierbar wird, mindern soll. Dieses ist die Nachtseite des »geschärften Befehls zum Selbstdenken«[18]. Die Geschiedenheit des Subjektiven vom Objektiven, dem gemeinsamen Strömen, so Hegel, macht es möglich, daß aus dem Satz, »Was ich denke, das ist wahr« der »Unverstand des Verstandes« hervorgeht. Der neue Gelehrte ist zwar nicht mehr der Gefahr ausgesetzt, durch zu vieles Studieren lebensunfähig zu werden, dafür aber der neuen Verantwortung, sich falsch oder unnütz gegenüber der Gesellschaft zu verhalten: »Ein anderes hierher gehöriges Beispiel liefert *Newton*; dieser Gelehrte soll einst den Finger einer Dame ergriffen haben, um denselben als Pfeifenstopfer zu gebrauchen. Solche Zerstreutheit kann Folge von vielem Studieren sein; sie findet sich bei Gelehrten, zu mal bei den einer früheren Zeit angehörenden, nicht selten.«[19]

Während der Autor des 17. Jahrhundert sich keineswegs als eine sich selbst setzende Kreativität verstand, sondern Geschmack durch den gelungenen Vollzug einer poetischen Regel unter Beweis stellte, wird mit der aufkommenden Ästhetik die Rhetorik durch theologisch abgesicherte Anthropologie ersetzt. Die Produktivität des neuen Autors verweist auf sein undurchschaubares Inneres, das aber zugleich über den einzelnen Autor hinausweist. Lieferte der gelehrte Dichter mit »schicklichen Händen« – wie Friedrich Hölderlin in seiner Ode *Blödigkeit* schreibt – ein artifizielles Gebilde, das Erstaunen aufgrund seiner Kunstfertigkeit auslöste, so stellt der moderne Autor *Sinn* her.[20] Das Werk als der symbolische Ausdruck von Sinn ist das Versprechen, daß Allgemeines und Einzelnes auf eine besondere, eben nicht-mechanische Weise, zusammenfinden. Die Geschlossenheit eines Werkes, der Sinnzusammenhang, verweist auf die Geschlossenheit einer größeren Ordnung. Wie der Symbolbegriff der Klassik und des Deutschen Idealismus eine Wiedereinführung von Totalität im Besonderen darstellt, erhält das Individuum in seiner Subjektivität die Fähigkeit, Welt zu repräsentieren: »die Welt im besonderen Ich«[21]. Das »sinnliche

17 Hegel: Enzyklopädie, S. 181.
18 Vgl. Heinrich Bosse: Der geschärfte Befehl zum Selbstdenken, S. 31ff.
19 Hegel: Enzyklopädie, S. 175.
20 Vgl. Jürgen Fohrmann: »Dichter heißen so gerne Schöpfer«. Über Genies und andere Epigonen, in: Merkur 39 (1985), im weiteren folge ich Fohrmanns Interpretation des modernen Schöpfungsakts.
21 Niklas Luhmann: Individuum, Individualität, Individualismus, in: ders.: Gesell-

Scheinen der Idee« im Ganzen, wie Hegel die Notwendigkeit von moderner
Ästhetik betont, muß deshalb immer wieder beschwört werden, weil das Verhältnis von Einzelnem und Ganzem im modernen Staat von dem Widerspruch
der partikularen und der gemeinsamen Interessen durchzogen aber auch getra-
gen wird. Der Überschuß dieses Verhältnisses, das eben nicht einfach abgebildet, sondern erst gebildet werden muß, oder die Tiefe des Genius, spiegelt
sich in der Pflicht zum Selbstdenken, zum Meinungsmachen, und in der gleichzeitigen Pflicht, das Mein der Meinung auf die Gesamtheit der Meinungen
hin zu überschreiten, also in der Gleichzeitigkeit von Personalisierung und
Depersonalisierung. Diese Gesamtheit der Zirkulation, der als Gesamtheit
nicht Ausdruck gegeben werden kann, ist einerseits die erste Natur als Schöpfung, Makrokosmos, Urquell und andererseits die zweite Natur als Natur des
Menschen, der Kunst und des Schöpfers. Zwischen beiden Erscheinungen von
Natur vermittelt das Genie. Sinn ist dabei das Vertrauen in die Gemeinschaft
der Kommunikation, die »Schöne Kunst« das Modell des Diskurses der »geselligen Mitteilung« und seiner Institutionen, die Sprachgemeinschaft die lebendige Heraushebung aus der dem »bloßen Buchstaben«, welche die Kommunikationsgemeinschaft einschließt:

> Weil aber das Genie ein Günstling der Natur ist, dergleichen man nur als seltene
> Erscheinung anzusehen hat, so bringt sein Beispiel für andere gute Köpfe eine Schule
> hervor, d.i. eine methodische Unterweisung nach Regeln, soweit man sie aus jenen
> Geistesprodukten und ihrer Eigentümlichkeit hat ziehen können; und für diese ist
> die schöne Kunst sofern Nachahmung, der die Natur durch ein Genie die Regeln
> gab.[22]

Der Begriff »National-Litteratur« ist zum ersten Mal in Johann Gottfried Her-
ders handschriftlicher Fassung der zweiten Fragmentsammlung *Über deutsche
Litteratur* (1768) belegt.[23] Die »Schöne Kunst«, der Kant die Kraft zusprach,
»das theoretische Vermögen mit dem praktischen auf gemeinschaftliche und
bekannte Art zur Einheit« verbinden zu können, und deren Aufgabe es war,
einerseits das »selbsttätige Gemüth« zu stärken und andererseits zur gemeinsamen Kunstreflexion aufzurufen, findet sich im Laufe des 18. Jahrhunderts als
»teutsche schöne Literatur« wieder.[24] Die Verengung der Ästhetik auf die Na-
tionalliteratur zeigt ihren von Anfang an öffentlichen Auftrag im gemein-

---

schaftsstruktur und Semantik. Studien zur Wissenssoziologie der modernen Gesellschaft, Bd. 3, Frankfurt a.M. 1991, S. 207.
[22] Kant: KdU, S. 173 (AA, S. 200).
[23] Vgl. Klaus Weimar: Literatur, Literaturgeschichte, Literaturwissenschaft / Zur Geschichte der Bezeichnungen für eine Wissenschaft und ihren Gegenstand, in: Zur
Terminologie der Literaturwissenschaft, hrsg. v. Christian Wagenknecht, Würzburg
1986, S. 15.
[24] Vgl. Leonhard Meister: Beyträge zur Geschichte der teutschen Sprache und National-
Litteratur, 2 Bde, Bern 1777; Johann Christoph Adelung: Magazin für die Deutsche
Sprache. Ersten Jahrganges viertes Stück, Leipzig 1783, S. 114, 144f.

schaftsbildenden Charakter. In der Einteilung der »schönen Künste« hatte Kant die Dichtung als die »erhabenste« an oberste Stelle gesetzt, da sie als einzige das System der Rhetorik und ihrer Verstellungskunst verdrängen konnte. Sinn als Vertrauen auf die Kommunikationsgemeinschaft läßt sich mit der *ars oratoria* nicht herstellen:

> Denn wenn sie gleich bisweilen zu an sich rechtmäßigen und lobenswürdigen Absichten angewandt werden kann, so wird sie doch dadurch verwerflich, daß auf dieser Art die Maximen und Gesinnungen subjektiv verderbt werden, wenngleich die Tat objektiv gesetzmäßig ist; indem es nicht genug ist, das, was Recht ist, zu tun, sondern es auch aus dem Grunde allein, weil es Recht ist, auszuüben.[25]

Die »Maschinen der Überredung«, auch wenn sie den »Regeln des Wohllauts der Sprache und der Wohlanständigkeit« gehorchen, können den »geheimen Verdacht« der »künstlichen Überlistung« nicht entkräften. Dagegen gilt: »In der Dichtkunst geht alles ehrlich und aufrichtig zu.« Kant merkt an dieser Stelle an, daß der Genuß eines »schönen Gedichts« immer »reines Vergnügen« macht, weil es der »Achtung« würdig ist. Denn was zu Ciceros Zeit der »Redner ohne Kunst« war, genauer, ohne Verstellungskunst, der sich nicht der »Schwächen der Menschen« bediente, sondern von »patriotischer Denkungsart« war, so Kant, das ist heute der Dichter, der »die Sprache nach deren Reichtum und Reinigkeit in seiner Gewalt hat« und »lebhaften Herzanteil am wahren Guten nimmt«[26]. Aus der *ars* ist die Kunst geworden, deren Auftrag die Ausformung einer Sprache des Herzens ist, welche die Kommunikation aller mit allen zurückbindet an die Tiefe des Individuums, um dieses nicht vergessen zu lassen, daß es auf die Gemeinschaft als Haus seiner Sprache und seiner Nation verwiesen bleibt. Die gegenseitige Beobachtung im sichtbaren Raum der höfischen Zeichen der Ehre und des Ruhmes ist abgelöst durch einen unsichtbaren Diskurs des Herzens und der Moral. Und dieses »Herzklopfen für das Wohl der Menschheit«, mahnt Hegel, geht »in das Toben des verrückten Eigendünkels über, in die Wut des Bewußtseins, gegen seine Zerstörung sich zu erhalten [...].«[27] Denn die Sprache des Herzens kann nur bestehen, wenn sie sich als Verhältnis von privater und zugleich öffentlicher Sprache der anderen Herzen versteht. Mit dem einzelnen Herzen spricht immer schon die Gesamtheit aller Herzen.[28]

---

[25] Kant: KdU, S. 184 (AA, S. 217).
[26] Kant: KdU, S. 185 (Anmerkung).
[27] Hegel: Phänomenologie, S. 280.
[28] Vgl. Hegel: Enzyklopädie, § 471.

Die Nation als lebendige Rechenmaschine

Die Homogenisierung der Wissensordnung im 18. und frühen 19. Jahrhundert und die Erzeugung ihrer eigenen stets mitschreitenden Grenze als die andere, »unzufriedene Klasse«, unter der Chiffre des »verlorenen Paradieses« oder dem »unglücklichen Bewußtsein« mündet in der Erfindung der Realpolitik eines Napoleon und der Notwendigkeit, diese Ordnung an ihrem Nullpunkt stets neu zu initialisieren. Dazu empfiehlt Hegel einen regelmäßigen Krieg, der die Erinnerung des Bürgers an den Staat wach halten soll.[29] Das »verlorene Paradies« im »unendlichen Bewußtsein« wiederzufinden, das heißt, in der Künstlichkeit der Simulation, im zweiten »Essen vom Baum der Erkenntnis«[30] die Grenze zur Natur zu transzendieren, ist das Programm der Moderne nach Hegels *Erkennen heilt die Wunde, die es ist.*[31] Dieses Programm wird schließlich in der Sakralisierung des protestantisch-preußischen Obrigkeitsstaats mit der Identifikation von Staat und Religion eingelöst. Hegel hat in der Figur des »Unglücklichen Bewußtseins« die christlich-protestantische Subjektivität als die innere Exzentrik der Logik von Sein und Nichts, der Verinnerlichung des Opfers Christi in der Gewissensambivalenz von Selbstbehauptung und Selbstverneinung dargelegt, die zuletzt gerade aufgrund der Abwesenheit Gottes auf Erden in der Säkularisierung einer Resakralisierung des Opfers im und der Sehnsucht nach dem Staat anheimfallen mußte.[32] Der höfische Raum der Klugheit, der sich in der modernen Ausbildungsuniversität nur kurzzeitig etablieren konnte, ist damit endgültig einem normativen, homogenen Wissen gewichen, das schließlich auch seine Institution in der Staatsuniversität gefunden hat. Dort wird der Wissenserwerb des Einzelnen zur Pflicht, aber nicht im Sinne von Thomasius, um eine wechselseitige Beobachtung der Wissenden möglich zu machen, sondern damit — wie Fichte es am prägnantesten ausdrückt — der Einzelne »seine Schuld an die Gesellschaft abzutragen wenigstens suche; er muß seinen Platz besetzen; er muß die Vollkommenheit des Geschlechts, das so vieles für ihn getan hat, auf irgend eine Art höher zu bringen sich wenigstens bestreben.«[33]

Das Archiv der Moderne erhält damit seine wesentliche Legitimation in einem dauernden Sündenfall, einer ursprünglichen Schuld, die in der Entfer-

---

[29] Hegel: Jenenser Realphilosophie. Die Vorlesungen von 1805/6, hrsg. v. Johannes Hofmeister, Leipzig 1931, S. 249.

[30] Kleist, Heinrich von: Über das Marionettentheater, Werke, hrsg. v. Helmut Sembdner, München 1990, S. 807; vgl. Wolfgang Coy: Industrieroboter: Zur Archäologie der zweiten Schöpfung, Berlin 1985.

[31] Zur modernen Umdeutung dieses antiken Topos vgl. Renate Schlesier: »Amor vi ferì, vi sani amore«, in: Das Schicksal der Liebe, hrsg. v. Dietmar Kamper u. Christoph Wulf, Berlin 1988.

[32] Hegel: Phänomenologie, S. 169.

[33] Vgl. Johann Gottlieb Fichte: Einige Vorlesungen über die Bestimmung des Gelehrten, Sämtliche Werke, Bd. 6, S. 319.

nung des Einzelnen von der Gesellschaft besteht und nur durch das mitunter auch gewaltsame Inanspruchnehmen der Fähigkeiten der Staatsbürger durch den Staat abgetragen werden kann. Dieses Schuldverhältnis drückt sich in der modernen Wissensordnung durch die bewußte Gleichzeitigkeit der Überformung bzw. Konstruktion von Natur und ihrer Idealisierung aus. Erst die Historisierung dieses Verhältnisses löst ein Problem, das Kant schon mit der Frage nach der Rechtfertigung des modernen Wissens formuliert hat. Denn gerechtfertigt ist die Konstruktion des modernen Wissens, wenn es die Differenzen, die es – etwa zur Welt – produziert, selbst auch einholen kann. Die Anfälligkeit der Linearität, die Bedrohung des modernen Archivs, daß das Versprechen der Kontinuität von Daten über die Welt nicht aufgeht, daß eine Lücke, ein Bruch entstehen könnte und so die Lesbarkeit und Wiederholbarkeit des Ganzen gefährdet ist, und die Verteidigung dieser Anfälligkeit in einer permanenten Neubegründung der Ordnungsversuche, wird im zeitlichen Diskurs der Moderne aufgehoben. Das Regulativ des gesellschaftlichen »Friedens«, in dem das Vielgestaltige im formierten Diskurs der Meinungen eine stabile staatliche Ordnung erzeugen soll – widergespiegelt in der Unterscheidung von Bürgerkrieg und Staatenkrieg[34] – ist analog zum regulativen Ideal der reinen Vernunft letztlich darauf ausgerichtet, ein lebendig-reproduktives Gedächtnis des Staates in seinen Bürgern zu schaffen.

Die Karriere der Rechenmaschine – etwa in Hobbes' *Leviathan* (1651) als Problemlösungsverfahren mit der Tätigkeit des unsprachlichen Denkens gleichgesetzt[35] – ist der Grund für die strukturgleiche Ausprägung von Rationalismus und Empirismus. War die barocke Wissenschaft bemüht, mit einem komplexen lokalistischen *memoria*-Modell die Einzelheiten von Welt zu systematisieren, so ging es im Rationalismus darum, kleinste operative Einheiten des Denkens zu bestimmen sowie im Empirismus die Realität des mathematischen Wissens zu beweisen. Obschon in beiden Verfahren die Abstraktionslinien einmal von oben nach unten und umgekehrt verliefen, so bildeten sie komplementär das Einsatzgebiet der Mathematik. Locke bringt die moderne Konstruktion von Welt auf eine einfache Formel: »Die Existenz ist nicht erforderlich, um abstraktes Wissen zu realem zu machen.«[36] Zwar hat sich die Philosophie des 18. Jahrhunderts gegen das mathematische Ideal der Wissenschaft gewandt, weil mathematische Zeichen im Unterschied zu sprachlichen Zeichen nichts bedeuten müssen, sondern *ad infinitum* auf andere verweisen

---

34 Vgl. Kant: Zum ewigen Frieden, Bd. VIII, S. 346; »Denn irgendein Vertrauen auf die Denkungsart des Feindes muß mitten im Kriege noch übrig bleiben, weil sonst auch kein Friede abgeschlossen werden könnte, und die Feindseligkeit in einen Ausrottungskrieg (bellum internecivum) ausschlagen könnte; [...].«
35 Thomas Hobbes: Leviathan or the Matter, Forme & Power of A Commonwealth, Ecclesiatical and Civil, ed. A. R. Waller, Cambridge 1904, S. 18.
36 Vgl. Locke: Versuch, Bd. II, Über die Realität des Wissens, S. 221.

können, also nicht im Moment des Handelns stillgestellt und deswegen zwar mathematikfähig, jedoch nicht gesellschaftstragend sind. Dennoch ist damit die »kopernikanischen Wende« der Rekonstruktion von Welt zur Konstruktion eingeleitet. Hegels Kritik an dem logischen Formalismus des »toten Verstandes« ist der Vorwurf, daß das sprachliche und insofern auch gesellschaftliche Wissen solchen Denkens nur eine einzige rhetorische Figur, nämlich die Tautologie, kennt und deshalb lediglich fähig ist, einen formallogischen Anfang des Wissens – wie Fichte ihn formuliert hat – abstrakt zu setzen, aber keinen lebendigen Inhalt – auch im haptischen Sinne – zu begreifen bzw. zu produzieren. Schon Leibniz hat sich mit dem Ideal der »lebendigen Rechenbank« gegen die rein mechanistische Auffassung der logisch-mathematischen Sprach- und Denkmaschinen gewandt und versucht, in seiner Promotionsschrift _De Arte Combinatoria_ (1666) der »Vulgär-Cabbala« mit der Erfindung einer »Logicae Inventionis semina« auch die Kraft der Logik zur Schaffung von lebendigen Körpern hinzuzufügen[37] – wie es letztendlich die Aufgabe der _Fruchtbringenden Gesellschaft_ sein sollte, einen neuen Staats- und Sprachkörper zu kreieren. Die Geschichte des Auseinandertretens von Geist und Gedächtnis, den rhetorischen _loci communes_ als Basis der _memoria_ von Welt und dem logischen _intellectus_ als neuzeitliches Konstruieren des _ordo_, beginnt schon bei Erasmus, wenn ein gutes Gedächtnis nicht mehr lokalistisch, sondern vom Verstehen her gedacht wird. Über Lessings Loslösen der Poesie aus der Bilderwelt der Malerei in _Laokoon oder über die Grenzen der Malerei und Poesie_ (1762–1765) bis zu Hegels Formulierung des »mechanischen Gedächtnis«[38] als Gewalt der Intelligenz, »ihr Eigentum äußern zu können«, vollzieht sich diese Wendung in der Geschichte der »reproduktiven Einbildungskraft« zu dem von der »Phantasie« »produzierten Bild«, dem die Intelligenz im Zeichen »eigentliche Anschaulichkeit« und »Sein an sich selbst«, das heißt, konkrete Realität verleihen kann. Die »Zeichen machende Phantasie« ist die Reaktion des Idealismus auf die fehlende gesellschaftliche Relevanz des mathematisch-symbolischen Wissens, um nicht nur exaktes operatives Wissen zu besitzen, sondern dieses Wissen in Realphilosophie und gesellschaftliche Wirklichkeit zu überführen. War es die Leistung – im Sinne von Luhmanns Leistungsbegriffs eines Teilsystems für ein anderes – des enzyklopädischen Polyhistoren, gelehrtes Wissen von historischen und sinnlichen Einzelheiten für die _inventio_ der Rede im höfischen oder theologischen Gebäude bereitzustellen, so besteht die Leistung des operativen Wissens darin,

---

[37] Zur »Metaphorik des Frugalen« bei Leibniz vgl. Werner Künzel/Peter Bexte: Allwissen und Absturz. Der Ursprung des Computers, Frankfurt a. M. 1993, Textsamen, S. 120–130.

[38] Hegel: Enzyklopädie, § 454–457; vgl. Derrida: Der Schacht und die Pyramide, in: ders.: Randgänge der Philosophie, hrsg. v. Peter Engelmann, Wien 1988, S. 91; »Die Vorstellung ist erinnerte Anschauung. Sie ist das _Eigene_ der Intelligenz, das darin besteht, die sinnliche Unmittelbarkeit zu verinnerlichen, um _sich in sich selbst anschauend zu setzen._«

Konstruktionsanleitungen für organisatorische Weltvorstellungen[39] zu liefern – wie sie etwa in der Gleichzeitigkeit von Hobbes' Mathematikverständnis
und seinem Staat als exakte Organisationsform vorliegen.

Vor allem am Beispiel Conradus Celtius (1459–1508) lassen sich die Anfänge einer gebildeten Hofgesellschaft zeigen, in welcher der humanistische
Gelehrte immer zugleich logisches und soziales Wissen besitzt. Die Struktur
der Geselligkeit ist zwar noch durch den gemeinsamen Adressaten, den Fürsten,
gegeben. Der Hofmann läßt sich seinen Platz in der literarischen *memoria* des
Fürsten anweisen. Er macht sich aber selbst zum Inhalt der Kommunikation,
indem er den Fürsten und den Lobpreis zum Gegenstand der *litterae politores*
erhebt. Die Kommunikation wird zum Zentrum von Politik.[40] Erst der Idealismus hat die rationalistische Doppelung der *res extensa* und der *res cogitans*, auf
die sich die ordnende Methode von Descartes bezog,[41] wieder aufgehoben, indem er das Wissen über die Einzeldinge aus dem Reservoir der Ästhetik, in
die es als nicht-konstruierbarer Rest der *historia* hinübergegangen war, wieder
in den neuerlich enzyklopädischen Entwurf integrierte, dieses Mal aber von
dem Supersignifikanten *Staat* her geordnet. Der Graben zwischen dem Primat
der Sprache in der Wissensordnung der Klugheit und dem in der idealistischen
könnte größer nicht sein. Es ist kein Zufall, daß die Diskussion um das System-
fragment von 1796/97 das hegelsche System auch als rein ästhetizistisches Programm verstehen läßt. War es doch das Ziel der Realphilosophie, operatives
Wissen für das organische Leben zu liefern: »Die Blumen sind zwar trocken,
und das Leben ist aus ihnen geschwunden; aber was ist denn Lebendiges auf
der Welt, wenn der Geist des Menschen ihm nicht lebendigem Othem ein-
haucht [...].«[42]

Da der Gesellschaftsentwurf Kants, noch am Alten Testament orientiert,[43]
den Menschen als ein gesellschaftliches-ungeselliges Wesen mit der Fähigkeit

---

[39] Zur Rückübertragung der Idee der künstlichen Intelligenz zum Verständnis des Menschen als Reiz-Reaktionsmaschine vgl. Thomas Malsch: Vom schwierigen Umgang
der Realität mit ihren Modellen. *Künstliche Intelligenz* zwischen Validität und Viabilität, in: ArByte: Modernisierung der Industriesoziologie?, hrsg. v. Thomas Malsch u.
Ulrich Mill, Berlin 1992.

[40] Vgl. Jan-Dirk Müller: Gedechtnus. Literatur und Hofgesellschaft um Maximilian I,
München 1982, S. 259.

[41] Zur Karriere der Methode seit Petrus Ramus vgl. Walter J. Ong: Ramus. Method,
and the Decay of Dialog. From the Art of Discourse to the Art of Reason, London
1984; vgl. Werner Künzel/Heiko Cornelius: Die Ars Generalis Ultima des Raimundus Lullus, Studien zu einem geheimen Ursprung der Computertheorie, Berlin
1986.

[42] Briefe von und an Hegel, hrsg. v. Johannes Hofmeister, Hamburg 1952, Bd. I, Br. 38,
S. 55.

[43] Vgl. Sigmund Freud: Neue Folge der Vorlesungen zur Einführung in die Psychoanalyse, Frankfurt a. M. 1991, S. 159; Freud führt Kants Zusammenziehung des »ge-
stirnten Himmels« als äußeres und dem »Sittengesetz« als inneres Gesetz auf die
Urszene des Vaters zurück: »Derselbe Vater (die Elterninstanz), der dem Kind Leben

zur Selbstgesetzgebung sah und Welt in der Unterscheidung von Wahrneh-
mungs- und Erfahrungsurteil einerseits operativ und dennoch frei beschreiben
konnte, wurde die Ästhetik als Kontrapunkt des logischen Urteils in der *Kritik
der Urteilskraft* zum Anlaß des späteren unendlichen Gesprächs der Romantiker.
Denn das ästhetische Urteil der *Kritik der Urteilskraft* läßt sich in seiner Hinwendung zur Kommunikation als Destruktion des logischen verstehen. Zwar
ist bei Kant im Verhältnis von Pflicht und Neigung das Opfer verinnerlicht,
aber das Gesetz bleibt im jüdischen Sinne übertretbar, während für Hegel nach
dem Opfertod Christi ein umfassendes Reich angebrochen ist. Im hegelschen
System gibt es für die Spannung von Entsagen und Übertreten kein Außen
mehr. Staatliches Gesetz und Opfer sind gleichzeitig allumfassend.[44] Hegel
konnte den Tod Gottes ernst nehmen und einen »neuen Bund« ausrufen, weil
er im Gefüge von Staat, operativem Wissen und modernem enzyklopädischen
Ideal den Menschen restlos als das Programm seiner eigenen Schöpfung sehen
konnte. Der Ausschluß der essentiellen höfisch-rhetorischen Dimension des
Wissens aus der modernen Ordnung machte es von Anfang an nötig, auf die
Antike als das natürliche Reservoir alles Konkreten bezogen zu bleiben. Das
seit der Renaissance des 16. Jahrhunderts geschichtlich institutionalisierte
Antikebild, das regulierend das kompensieren sollte, was der autodidaktischen
Moderne fehlte, und ihre künstliche Bilderwelt von Winckelmann bis Goethe
und Schiller beleben sollte,[45] konnte Hegel zurücklassen. Den gemeinsamen
Ruf des jungen Idealismus und der frühen Romantik nach einer »neuen Mythologie«[46] setzte Hegel mit dem Ineinssetzen von Vernunft und Wirklichkeit in
die Tat um. Deswegen braucht die hegelianische Geschichtsschreibung kein
kritisches Regulativ mehr: »Wenn es uns erlaubt wäre, eine Sehnsucht zu haben − so nach solchen Lande [Griechenland], solchem Zustande.«[47] (1833/36)
    An dieser Stelle endet das sentimentalische Archiv des 18. Jahrhunderts mit
der folgerichtigen Zuspitzung in Hegels Behauptung vom Ende der Geschichte
und dem philosophischen Staat als der Aufhebung des verzeitlichten Wissens.
Dem folgt zwangsläufig die *politische* Aufspaltung der Junghegelianer, die sich
alle auf je verschiedene Weise mit der Ausgestaltung des sinnlich Konkreten

---

gegeben und es vor den Gefahren desselben behütet hat, belehrte es auch, was es tun
darf und was es unterlassen soll [...].«
[44] Vgl. Horkheimer/Adorno: Dialektik der Aufklärung, S. 62ff; »Die Geschichte der
Zivilisation ist die Geschichte der Introversion des Opfers.«; zur Thematik des Opfers
in der Konzeption des modernen Staates vgl. Renate Schlesier: Kulte, Mythen und
Gelehrte. Anthropologie der Antike seit 1800, Frankfurt a. M. 1994.
[45] Zur Genese und Rolle der Querelle vgl. Peter K. Kapitzka: Ein bürgerlicher Krieg
in der gelehrten Welt. Zur Geschichte der Querelle des Anciens et des Modernes in
Deutschland, München 1981.
[46] Friedrich Schlegel: Gespräch über die Poesie, Ausgewählte Werke, hrsg. v. Wolfgang
Hecht, Leipzig 1980, Bd. 1, Rede über die Mythologie, S. 159−171.
[47] Hegel: Geschichte der Philosophie, hrsg. v. Ludwig Michelet, Berlin 1833, Bd. I.,
S. 141.

im Verhältnis zu seiner Vermassung und industriellen Reproduktion befassen, bis zur Reformulierung des idealistischen Programms auf der materialistischen Grundlage bei Karl Marx und der antipodischen Figur alles nichtpositivistisch Unglücklichen in der Philosophie Søren Kierkegaards.

Wenn man die Geschichte der Formalisierung und Kalkülisierung des Denkens ausgehend von Raimundus Lullus (1235–1315), Petrus Ramus (1515–1572), Athanasius Kircher (1602–1680) über Leibniz und Descartes bis zur vollständigen Algorithmysierung des Lebendigen in der Struktur der Gene als eine Erfolgsgeschichte bezüglich der mathematischen Eleganz eines kurzen Beweises, der Selektions- und Entscheidungskriterien erzählen will, dann muß man vergessen, daß die Abkürzung des Denkens im Symbol, die Universalsprachenprojekte des 17. Jahrhunderts oder auch Leibnizens Pläne zu einer Denkmaschine[48] aus einer Absturzbewegung hervorgegangen und selbst gescheitert sind.[49] Angesichts der hysterischen polyhistorischen Ordnungsversuche von Welt, der Entmonopolisierung der Theologie als Kommunikationsordnung, des Zerfalls des Reiches in Territorialstaaten, dem Dreißigjährigen Krieg und einer unaufhaltbaren Spaltung der Kirche wirkte die Erfindung einer Denkmaschine, einem internationalen Protokoll, in dem alle Meinungsverschiedenheiten aufgehoben, alle ethischen Fragen auf eine *morale définitiv* reduziert werden sollten, wie das Versprechen einer prästabilierten Harmonie, für die im 18. Jahrhundert nur noch Spott übrig blieb. An die Stelle einer notwendig auch unverständlichen Kommunikation setzte das rechnerische Denken den Ausweg einer Problemlösungsverschiebung. Formalisierung bedeutet, das zu lösen, was aus der Sicht des operativen Wissens zu lösen ist. Man wird aber nicht umhin kommen können, Leibnizens Leistungen auf dem Feld der Mathematik und der Logik abhängig von seinem universalen Projekt zu betrachten, die Welt als Gesamtes dem operativen Wissen anheim zu stellen: »Denn hätten wir sie [die vernünftige Schrift oder Sprache] in der Form, in der ich sie mir vorstelle, dann können wir in der Metaphysik und der Moral beinahe genauso argumentieren wie in der Geometrie und der Analysis.«[50]

Unter der Chiffre der chinesischen Schrift, von der sich Leibniz laut Hegel durch seinen »Verstand« zu der Idee einer fixen Bedeutung der universalen Symbolsprache »verführen« lassen hat, wird die Diskussion einer Gesellschaft nach dem Vorbild der Maschine – wie Ernst Jünger sie später in seinem theoretischen Hauptwerk *Der Arbeiter* (1932) beschrieben wird – und ihrer Unmög-

---

48 Zu den vielzähligen Wunschmaschinen des 17. Jh. vgl. Bernhard Dotzler: Papiermaschinen: Versuch über Communication & Control in Literatur und Technik, Berlin 1996, S. 530.

49 Zur Entwicklung der Maschine als »Gestalt gewordener Kosmologie« vgl. Künzel/Bexte: Allwissen und Absturz, S. 50ff.

50 G. W. Leibniz: Die philosophischen Schriften, hrsg. v. Carl I. Gerhardt, Hildesheim 1961, Bd. 7, S. 21.

lichkeit im Idealismus kritisiert.[51] Der Idealismus reagierte auf die Unhaltbarkeit des universalen operativen Denkens mit der Wiedereinführung des Primats der Sprache in das Zentrum der Rationalität,[52] aber so, daß die Sprache nutzbar im Sinne einer kontrollierten Remythologisierung als das Andere des Denkens selbst in das Denken integriert wird. Hatte Kant mit der Leerstelle des *Ding an sich* die menschliche Freiheit von der mechanistischen Erscheinung getrennt, so setzte genau an dieser Leerstelle der »kräftigere« Idealrealismus ein.[53] Das Maschinendenken in der Tradition des *deus ex machina* und *theatrum* bzw. *machina mundi* steht für das 18. Jahrhundert auf der Seite der sprachlichen Verstellung und ist als materialisiertes Mathematikideal eine Entfremdung des Geistes. Da jede Entfremdung aber zugleich der Macht des Geistes unterworfen ist, wird der Idealismus zum Kontrollprogramm für die Naturbeherrschung durch die Maschine. So wie nach Hegel das mechanische Gedächtnis des Zettelkastens nur dann sinnvoll einzusetzen ist, wenn es dazu dient, den »Schatz des Geistes« zu bergen, kann die Maschine nur ihrer Zufälligkeit entkommen, wenn sie in »lebendige« gesellschaftliche Realität überführt wird, das heißt, an die Stelle des mechanischen Weltbildes tritt das organische. Das »Schema«, so Hegel, bilden erst die »Knochen«, aber »Fleisch« und »Blut« sind der »lebendige Geist« im Gegensatz zum »toten Verstand«. Im Zuge des gesamtgesellschaftlichen Bildungsprogramms sollen die Menschen zum lebendigen Gedächtnis des Staates werden.[54] Konnte Kant noch das »innere Gesetz« und den »bestirnten Himmel« als das Höchste bezeichnen, so ist für Hegel der Sternenhimmel im Vergleich zum Schatz des Denkens nur noch ein »Aussatz« am Himmel, der durch die Äußerung des menschlichen Schatzes ersetzt werden soll. An die Stelle des mechanischen Weltbildes tritt die schöpferische Organologie. Auf die Aufmerksamkeit des jungen Studenten Heinrich Heine für eben diesen Sternenhimmel als Zeichen für das Uhrwerk Welt konnte Hegel deshalb antworten: »Die Sterne, hum! hum! die Sterne sind nur ein leuchtender Aussatz am Himmel.«[55]

---

[51] Hegel: Enzyklopädie, § 459; dagegen § 457: »Das [zeitlich verklingende] Zeichen muß für etwas Großes erklärt werden.«; vgl. Richard Widmaier: Die Rolle der chinesischen Schrift in Leibniz' Zeichentheorie, Wiesbaden 1983.
[52] Vgl. Theodor Bodammer: Hegels Deutung der Sprache. Interpretationen zu Hegels Äußerungen über die Sprache, Hamburg 1969.
[53] Zu den Stationen der Entwicklung eines »kräftigeren Idealismus« über Jacobi, Fichte, Maimon bis zu Hegel vgl. Manfred Frank: »Unendliche Annäherung« Die Anfänge der philosophischen Frühromantik, Frankfurt a. M. 1997, S. 94f; vgl. Hegel: Phänomenologie, S. 50; vgl. Werner Künzel/Peter Bexte: Maschinendenken / Denkmaschinen, Frankfurt a. M. 1996, S. 78–94.
[54] Vgl. Hans-Georg Gadamer: Wahrheit und Methode. Grundzüge einer philosophischen Hermeneutik, Tübingen 1960, S. 9; Gadamer beschreibt das hegelianische Konzept von Bildung in der Spannung von *formatio* und *Abbild* treffend als »Aufbewahrung«.
[55] Zit. n. Heinrich Heine: Historisch-kritische Gesamtausgabe, hrsg. v. Manfred Windfuhr, Hamburg 1982, Bd. 15, Geständnisse, S. 34.

Die Erfindung des Weiblichen

Klugheit, vermerkt der aktuelle Brockhaus, ist »die verständige Überlegenheit richtigen Verhaltens in schwierigen Situationen; lenkt die Handlung in einer konkreten Situation und unterscheidet sich insofern von der Weisheit. Den Beiklang der Schläue hat das engl. Wort ›cleverness‹, das als dt. Fremdwort leicht abwertend i.S. von ›Glätte‹, ›Geschäftstüchtigkeit‹ gebraucht wird.« An dieser doppelseitigen Bedeutung der Klugheit, die sie ab der Mitte des 18. Jahrhunderts erfährt, ist nicht nur ihre neue zwielichtige Stellung innerhalb des Vernunftsystems abzulesen, sondern auch der Import von Leistungsmaßstäben in das System des Wissens.[56] Zum Ende des 17. Jahrhunderts ist die Klugheit kein Spezialinstrument mehr, das entweder auf die höfische Situation oder auf die Auswahl der Mittel in der praktischen Philosophie restringiert ist. Als Klugheit zu urteilen, zu widersprechen, auszulegen, zu reden oder zu lieben ist sie zur Vernunfttechnik des bürgerlichen Lebens geworden. Im Unterschied aber zu den antiken Lehren der Lebenskunst,[57] die vor allem das private Glück unter eingeschränkten Bedingungen des Einzelwillens ermöglichen sollten, dehnt die bürgerliche Klugheit ihren Bereich auf das gesamte überlieferte Wissen aus. Jeder, unabhängig von Stand und Macht, ob Politiker, Gelehrter, Kaufmann, Bauer oder Fürst, soll in seinem Sinne von diesem Wissen optimalen Gebrauch machen können. Diese Umstrukturierung des polyhistorischen Wissens zu einem nützlichen Wissen ist eine Vorform der Selektion von Wissen nach wahr und nicht wahr. Nützlich ist das Wissen dann, wenn es das Subjekt dieses Wissens in seinem eigenen Handeln und damit in seiner Autonomie unterstützt. Wahr ist das Wissen dann, wenn es das Subjekt dieses Wissens überhaupt erst als solches konstituiert. In den antiken Philosophien der Lebenskunst war die Klugheit zwingend an die Ideale der Weisheit gebunden. Klugheit ohne Weisheit wird im neuzeitlichen Verständnis vom Primat des Praktischen zur Schlauheit. Der Gegenbegriff der bürgerlichen Klugheit aber ist die Dummheit. Bedeutet bei Thomasius Dummheit noch, keinen Gebrauch zu machen vom Nutzen des Wissens, was für den Gelehrten nicht ganz so schlimm ist wie für den Kaufmann oder den Juristen, wird Dummheit im 18. Jahrhundert zur bedrohenden Charakterschwäche des sich selbst konstituierenden Subjekts. Aus Dummheit oder Torheit, wie der seinen eigenen Vorteil verschwendende Charakterzug bislang hieß, wird eine Schuld gegenüber der Gesellschaft.

Das Wissen der bürgerlichen Klugheit, an deren Stelle die bürgerliche Vernunft tritt, verschiebt sich im 18. Jahrhundert in die Anthropologie. Während für Thomasius die Theologie die Garantie für die Möglichkeit des Guten im

---

[56] Vgl. Thomasius: Politische Klugheit, Cap. VIII, § 5, § 8, § 10.
[57] Vgl. Wilhelm Schmid: Philosophie der Lebenskunst. Eine Grundlegung, Frankfurt a. M. 1998.

Willen des Menschen lieferte, damit aber an der Gestaltung dieses weltlichen
Willens keinen Anteil mehr hatte, kehrt in der Anthropologie eine neue Ver-
schränkung von Philosophie und Theologie zurück. Hatte Kant die Bedingungen einer Notwendigkeit des Denkens herausgearbeitet, so blieb die Leerstelle
seines Systems der *sensus communis*. Wenn ein Denken notwendig und insofern
wahr sein soll, dann muß es das Zustandekommen und den Bereich seiner
Urteile ausweisen können. Der Frage nach der logischen Möglichkeit eines Urteils in der *Kritik der Urteilskraft* korrespondiert die Frage nach der »Kraft«
dieses Urteils in der *Anthropologie in pragmatischer Hinsicht*. Denn nur der theologisch fundierte Charakter des Urteilenden garantiert, daß dieses Urteil nicht
nur möglich, sondern auch tatsächlich wirksam wird. Der Definition der Urteilskraft als einem Vermögen, »das Besondere als enthalten unter dem Allgemeinen zu denken«[58], wird in der *Anthropologie* mit der Benennung der »Ge-
müthsschwächen im Erkenntnißvermögen« erst Wirklichkeit verliehen.[59] Den
Gemütsschwächen, von denen Dummheit diejenige ist, welche die Urteilskraft
komplett außer Kraft setzt, und deshalb nicht nur ihren Gebrauch ausschließt,
sondern auch den Gebrauch des Subjekts für die Gemeinschaft unmöglich
macht, folgen die Gemütskrankheiten. Wenn der Mensch sich durch Selbstdenken überhaupt erst als Subjekt konstituiert und sich dadurch, etwa vom
Tier, unterscheidet, dann sind zwar Unwissenheit, Langsamkeit, Desinteresse
folglich ein Verschulden, mitunter auch ein Selbstverschulden, das eine Vor-
mundschaft nötig macht. Aber erst Dummheit, *stupiditas*, ist das Ausscheiden
aus dem »Sensorio communi«, das wie bei einem »Verrückten« eine Veränderung der Perspektive – etwa eine »Vogelperspective« – hervorruft.[60] Eine
solche »Verrückung« läßt allerdings das Denkvermögen »subjectiv zum Behuf
des thierischen Lebens« intakt, aber suspendiert das Subjekt von der »wahren
Erkentniß der Dinge«. Die Tüchtigkeit des Denkens, die Thomasius jedem in
seinem Umfeld abverlangte, wird zum Merkmal der Einheit von wahren Urteilen und wahren Subjekten. Der Übergang vom nützlichen Wissen zur sozialen
und gemeinschaftsbildenden Funktion des Wissens ist damit eingeleitet. Die
Normierung der Subjekte fällt deshalb auch in den Kompetenzbereich der Philosophie und nicht etwa in den der Mediziner oder der Juristen: »Wenn also
jemand vorsetzlich ein Unglück angerichtet hat und nun, ob und welche Schuld
deswegen auf ihm hafte, die Frage ist, mithin zuvor ausgemacht werden muß,
ob er damals verrückt gewesen sei oder nicht, so kann das Gericht ihn nicht
an die medicinische, sondern müßte (der Incompetenz des Gerichtshofes halber)
ihn an die philosophische Facultät verweisen.«[61]

---

[58] Kant: KdU, S. XXVI.
[59] Kant: Anthropologie, 1. Theil, § 46ff.
[60] Ebd. S. 216.
[61] Ebd. S. 213.

Denn die Frage, ob das Subjekt im »Besitz« seines »Beurtheilungsvermögens« und die Übertretung des »jedem Menschen beiwohnenden Pflichtgesetzes« damit zusammenhängt, kann nur der neue Philosoph klären. Kant berichtet auch gleich von einem Richter, der mit dem Satz – »Wer aus falschen Prämissen wahre Schlüsse folgert, ist verrückt.« – seine Inkompetenz unter Beweis stellt.[62] Es geht nicht mehr, wie bei Thomasius, um die Beherrschung der Logik, einer praktischen Logik für jeden, sondern um die Perspektive des Einzelnen auf die Gemeinschaft. Verrückt ist derjenige, dessen »Abweichung von der Regel des Gebrauchs der Vernunft« eine Perspektive zur Folge hat, in die man sich nicht mehr hineinversetzen kann. »Verrücktheit« ist im wörtlichen Sinne ein Hinausrücken aus dem gemeinsamen Blick – etwa auf eine Landschaft eine Vogelperspektive haben. Die »natürliche« Ordnung der einzelnen Urteilsvermögen ist gestört. Während das Genie, in Kants Übersetzung der »eigentümliche Geist«[63], aus dergleichen »originalen Tollheit« ein erfolgreiches »Muster« produziert, also alle anderen überzeugen kann, erfüllt der Verrückte zwar in gewisser Weise auch den ersten Punkt der »unwandelbaren Gebote« für die »große Verschiedenheit der Köpfe«: »1) Selbst denken.« Aber nicht den zweiten: »2) Sich (in der Mittheilung mit Menschen) in die Stelle jedes Anderen zu denken.« Das dritte Gebot ist dann am Verrückten nicht mehr zu überprüfen: »3) Jederzeit mit sich selbst einstimmig zu denken.«[64]

Zwar ist der neue Philosoph selbst »noch« von dem Genie »als dem erfinderischen unterschieden«, aber grundsätzlich ist er ihm strukturgleich, denn er ist – im Unterschied zur Gebrauchsfähigkeit der Klugheit durch den Einzelnen – der *einzige*, der die »Menge des historischen Wissens, die Fracht von hundert Kameelen, durch die Vernunft zweckmäßig zu benutzen« weiß.[65] Mit der Bestimmung der Urteilskraft durch die Mündigkeit des Urteilenden hat sich das neue Philosophieren auch die Kompetenz zugeschrieben, die Unmündigkeit des Urteilenden zu bestimmen. Folgerichtig ist von nun an jede Theorie des Wissens in eine umfassende Kulturtheorie eingebettet. In Hegels berühmten Ausführungen zum Verhältnis von Herrschaft und Knechtschaft in der *Phänomenologie des Geistes* wird Wissen erstmalig als gesellschaftliches Wissen verstanden. Kulturbildend sind für Hegel – wie später für Freud – Substitutionsentwicklungen. Der Aufschub der Begierde des Knechts durch die Arbeit ermöglicht den Raum für ein Wissen, das der Herr nicht haben kann. Dieses Wissen kann nicht mehr von seiner gesellschaftlichen Situation dekontextualisiert werden, was zur Folge hat, daß im 19. Jahrhundert der Supersignifikant für Wissen Gesellschaft wird.

---

[62] Ebd. S. 214. Anm.
[63] Ebd. S. 225.
[64] Ebd. S. 228.
[65] Ebd. S. 227.

War der Philosoph des 18. Jahrhunderts als Universitätsangestellter oder im extremen Fall als Staatsphilosoph kompetenter Kommentator von Gesellschaft, der insofern Geschichte schreiben konnte, als er stellvertretend zum Urteil befähigt war, so versteht sich der Philosoph des 19. Jahrhundert als Diagnostiker, Arzt oder Therapeut der Gesellschaft. Im Anschluß an Hegels Einbettung des denkenden Subjekts in einen kulturellen Prozeß, der im modernen Staat seine höchste Entfaltung findet, untersucht Nietzsche – etwa im Zusammenhang von Gewissen und Wissenschaft – die Erfindung des modernen Subjekts durch das Wissen. Anthropologie als Lehre vom Menschen oder Kulturtheorie als Theorie von der Genese des Sozialen gelten Nietzsche schon als gesellschaftliche Techniken zur Herstellung des Menschen. Auch Freud als letzter Philosoph der Gesellschaft muß seine Psychoanalyse noch in die Spannung von Anthropologie und Kulturtheorie einbetten. Das Problem der Begründung des *sensus communis*, das sich bei Kant in die Anthropologie verschob, löst Freud mit der Ausgestaltung der Anthropologie zur Wissenschaft, zur teleologischen Anthropologie. Auf die drei Fragen der Philosophie Kants – »Was will ich?« (Verstand), »Worauf kommt es an?« (Urteilskraft), »Was kommt heraus?« (Vernunft)[66] – antwortet die Freudsche Psychologie mit einer regulativen Lehre vom Menschen, welche als moderne umfassende Wissenschaft vom Menschen das kurzzeitig autonome Subjekt vollständig an das Programm der »Kulturbildung«, der Zweckmäßigkeit von Kultur, anschließt. Damit ist Freud der letzte Vertreter der modernen Philosophie, der wie Kant Wissen vom Standpunkt des Gebrauchs dieses Wissens durch die Gemeinschaft formuliert hat.

Interessant in der Geschichte der Zurechnung des modernen Wissens auf den Charakter des Urteilenden sind die neuen Rollen, welche den Trägern dieses Wissens zugeordnet werden. Konnte Thomasius aufgrund seiner Konzeption der Klugheit für den Gebrauch des Einzelnen neben der allgemeinen Reform der Universität zum Nutzen der Bürger noch das »gelehrte Frauenzimmer« fordern, so erhält der Charakter »Frau« im staatsbildenden Wissen einen besonderen Wissenstypus zugeordnet. Kant sieht die »Gleichheit der Ansprüche« zweier Menschen, stellvertretend vielleicht für die Menschen, entstanden durch den Konflikt der »Selbstliebe«, dadurch gelöst, daß im »Fortgange der Cultur« ein Teil dem anderen »auf heterogene Art überlegen« sein muß.[67] Zwar ist die Frau dem Mann »unterworfen« und er ihr »natürlicher Vormund«, aber ihr Anteil an der Kulturbildung ist darum nicht geringer. Dem Mann ist das Urteil eigen, und er reiht sich damit in die gesellschaftskonstituierenden Subjekte ein, während in dieser Hinsicht die Frau sich neben Kindern und anderen Unmündigen wiederfinden muß. Aber im Unterschied zum »rohen Naturzustande« muß die Frau dem Mann nicht nur folgen: »Er fußt sich auf

---

[66] Ebd. S. 227.
[67] Ebd. S. 303f.

das Recht des Stärkeren, im Hause zu befehlen, weil er es gegen äußere Feinde schützen soll; Sie auf das Recht des Schwächeren: vom männlichen Theile gegen Männer geschützt zu werden, und macht durch Thränen der Erbitterung den Mann wehrlos, indem sie ihm seine Ungroßmüthigkeit vorrückt.«

Aus der Selektion des Wissens wird im Zuge der Entdeckung des Charakters die Selektion der Charaktere. Das Verhältnis des Selbstdenkens und der dennoch garantierten Beziehung auf die Gemeinschaft der Denkenden, in der Ordnung des Staates im Verhältnis von kleinem und großem Haus widergespiegelt, wird im 18. Jahrhundert auf zwei Charaktere verteilt: das Männliche und das Weibliche. Während das Weibliche für die Identitätsbildung zuständig ist, hat das Männliche seine Aufgabe in der Überschreitung der Identität auf die Gemeinschaft hin. Dem »Weib« werden solche »Kulturleistungen« wie die »Monogamie« zugerechnet, dem Mann der Übergang vom »Krieg« zum »Geschäft«. Hegel hat diese Aufteilung des modernen Gemeinschaftscharakters auf das Männliche und das Weibliche sogar zum entscheidenden Moment der Begründung von gesellschaftlicher Sozialität gemacht: »Indem das Gemeinwesen sich nur durch die Störung der Familienglückseligkeit und die Auflösung des Selbstbewußtseins in das allgemeine sein Bestehen gibt, erzeugt es sich an dem, was es unterdrückt und was ihm zugleich wesentlich ist, an der Weiblichkeit überhaupt seinen inneren Feind.«[68]

Alles, was zur Erhaltung der Gemeinschaft im Zusammenhang mit der Überschreitung des Einzelnen notwendig ist, übernimmt der Mann, im Extremfall etwa den Krieg, um den Einzelnen aus seinem Egoismus zu befreien. Alles, was zur Erhaltung der Gemeinschaft im Zusammenhang mit der Identitätsbildung notwendig ist, übernimmt die Frau, im Extremfall den Selbstmord, um die Sittlichkeit zu bewahren. Hierbei ließe sich anhand dieser Aufteilung sehr genau der Unterschied eines männlichen Heldenopfers und eines weiblichen Tugendopfers herausarbeiten. In Hegels Rezeption des Antigone-Mythos als der Markierung des Verhältnisses von Staat und Einzelnem wird der Widerstreit des modernen Charakters, verteilt auf das Männliche und das Weibliche, besonders deutlich. Denn es ist Antigone, die durch ihr Opfer verhindert, daß der moderne Staat direkt aus dem Machtstaat des absolutistischen Fürsten hervorgeht, indem sie das Individuum höher schätzt als das Recht des *imperium*. Wenn Freud später aus dem gleichen Bereich der antiken Mythen den Ödipus-Komplex an die Stelle des Antigone-Mythos setzt und die hegelschen Kulturgrößen Kunst, Religion, Philosophie, Staat und schließlich Gesellschaft im Keim auf das vereinnahmende Verhältnis des Kindes zur Mutter und das überschreitende Verhältnis zum Vater verweist,[69] dann schreibt sich gerade auch

---

[68] Hegel: Phänomenologie, S. 352.
[69] Freund: Totem und Tabu. Einige Übereinstimmungen im Seelenleben der Wilden und der Neurotiker, eingl. v. Mario Erdheim, Frankfurt a. M. 1991, S. 212.

die Psychologie in diese moderne Aufgabenteilung ein. Nicht umsonst gilt deshalb und nicht erst seit den Romantikern: »Daher ist in der Anthropologie die weibliche Eigenthümlichkeit mehr als die des männlichen ein Studium für den Philosophen.«[70]

Aus der Tüchtigkeit des Denkens ist die Tüchtigkeit der Charaktere geworden, denen als geschlechtliche je ein spezifischer Wissenstypus zugeordnet wird. Oder, um es zugespitzter zu formulieren, die verschiedenen Wissenstypen erzeugen erst die Geschlechter. Denn neben der »körperlichen Stärke« des Mannes ist es das Recht, das sein Geschlecht kennzeichnet.[71] Und neben der »Erhaltung der Art« ist es die »Cultur der Gesellschaft und Verfeinerung derselben«, welche die Weiblichkeit bildet. Aus der »natürlichen Schwäche« der Frau, »von einem Kind unsichtbar gefesselt« zu sein, ist die »Sittsamkeit, die Beredtheit in Sprache und Mienen« geworden, »wenn gleich sie dadurch eben nicht zur Moralität selbst« gelangt ist. Erst durch den Ehevertrag des Männlichen und des Weiblichen kann aus dem »gesitteten Anstand«, dem »Kleid« der Frau, aus der »Vorbereitung und Empfehlung« staatsbürgerliche Moral werden.[72] Man könnte sagen, die Erfindung der Weiblichkeit als Tugend des urteilenden Charakters bringt die Klugheit zur Vernunft.[73]

---

[70] Kant: Anthropologie, S. 303.
[71] Zur Enstehung der Differenz zwischen sichtbarem Geschlecht des Körpers (*sex*) und unsichtbarem Geschlecht des Charakters (*gender*) vgl. Foucault: Über Hermaphrodismus / Der Fall Barbin, Frankfurt a. M. 1998.
[72] Kant: Anthropologie, S. 306.
[73] Thomasius: Ausübung der Vernunftlehre, S. 249f; »Wir müssen aber bey dieser Gelegenheit des Vorurtheils / das man von dem Geschlechte nimmt nicht so gar vergessen. Die Wahrheit weil sie in Übereinstimmung des allen Menschen gemeinsamen Verstandes und der äußerlichen Dinge besteht / kan folglich auch von allen Menschen / waserley Geschlechts sie auch seyen / erkandt / und folglich auch wieder anderen beygebracht werden. Alleine was das weibliche Geschlecht betrifft / so hält sie das gemeine Vorurtheil wider aller Vernunfft entweder hierzu ganz ungeschickt / und betrachtet ihre Bücher als Irrthumns volle Schrifften / oder aber / wenn man ja in diesem Praejudicio uneinig ist / so admiriret man als was sonderliches und sehr gutes / wenn eine Weibs=Person in Sachen wie die Sprachen / die Historie / und etwan Liebes=Geschichten betreffen / sich vor andern ihres Geschlechts hervor thut / und fällt blindlings auff ein ungemeines und irraisonables Lob dergleichen Schrifften / ehe man sie noch gelesen; Hingegentheil aber pfleget man gemeiniglich die nützlichen Schrifften frommer und Tugendhaffter Weibes=Personen / die der wahren Weisheit und höchst nützlichen Wahrheit viel näher kommen / auch ohne Lesung derselben alsobald für phantastisch und gefährlich auszuschreyen / wodurch man auf beyderley Weise / andere vielfältige Inconvenientien zu geschweigen / die dem weiblichen Geschlecht auch von der Natur her schuldige Ehrerbietung und Hochachtung gröblich verletzt.«

Vademecum: Der kritische Polyhistor

Das Werk des Polyhistoren sei seine höchste Erwartung und sein größter Ruhm, schreibt Daniel Georg Morhof über seinen umfassenden Versuch, rhetorisches Wissen praxiologisch neu zu ordnen. Aber ob man etwas ein Werk nennen könne, schließt er gleich selbstkritisch an, das unter großen Mühen kaum erst als Halle oder sogar erst als Vorhalle erschlossen worden ist.[1] Schon Morhofs direkter Erbe Christian Thomasius hat diesem Versuch eine bürgerlich-moderne Wendung gegeben, welche die polyhistorische, materiale Prachthalle zugunsten eines zirkulierenden Wissens auflöste. Nach der klugen Maxime »Man soll nicht suchen, sondern sich überall finden lassen« läßt sich dieses Wissen nicht mehr mit der Architektur eines Hauses vergleichen, sondern vielmehr mit einem herumschweifenden Spaziergang, welcher der Beweglichkeit des frühen bürgerlichen Lebens wesentlich angemessener war.[2] Wissen definiert sich in der Frühaufklärung vor allem durch den Wandel seiner Träger. Die zunehmende Nützlichkeitsanforderung zersprengt das Haus des Polyhistoren zunächst in alle Bereiche der horizontalen Kommunikation von Gesellschaft, bis es von der Hochaufklärung und dem Deutschen Idealismus erneut als Staatsbürgerhaus aufgebaut wird. Thomasius' Einführung der Kommunikation in die polyhistorischen Archive des Wissens bildet für diesen Umbau einen entscheidenden Schritt zur Demokratisierung des Wissens, der von den praxisfernen philosophischen Systemen zugunsten einer Staatsräson wieder aufgehoben wurde.

In einem fingierten Gespräch in der Unterwelt zwischen Machiavelli und Montesquieu von 1864 läßt der Autor Maurice Joly den Staatstheoretiker Machiavelli auf den Vorwurf, er habe gelehrt, wie man Gift herstelle und nicht um den Körper damit zu heilen, sondern um ihn mit Krankheiten zu infizieren, sich mit dem Argument verteidigen, daß das Gute aus dem Bösen hervorgehen könne, daß man zum Guten komme durch das Böse hindurch, so wie man geheilt werde durch das Gift, so wie man das Leben rette durch das scharfe Messer. Er habe sich weniger mit dem beschäftigt, was gut und moralisch sei,

---

[1] Vgl. Daniel Georg Morhof: Polyhistor, Lübeck 1747, B3.
[2] Zur Metapher des Spaziergangs im modernen Skeptizismus vgl. Jean-Jacques Rousseau: Träumereien eines einsamen Spaziergängers, in: Schriften, Bd. 2, hrsg. v. Henning Ritter, München 1978.

als mit dem, was nützlich und notwendig sei.[3] Die mehrseitige Antwortrede
endet in einer erfolgsorientierten Rechtfertigung der Mittel zur Erreichung
der jeweiligen Ziele. Trotzdem bleibt Joly in seiner Bewertung Machiavellis
ambivalent: einerseits sieht er in ihm den vernünftigen Entwurf einer praxisbe-
zogenen Staatstheorie, welche die Grundlage für die Freiheit des Einzelnen
geschaffen habe und auch im 19. Jahrhundert noch in jedem Stabilitätskonzept
von Gesellschaft wirksam sei, andererseits sieht er in Machiavelli auch den
großen Manipulierer, der mit der gleichen Bewegung, mit der er den modernen
Staat geschaffen hat, das Ergebnis, die Freiheit des Einzelnen, als relativ wegwi-
schen kann. Diese Ambivalenz, die am besten mit dem Hervorgehen des Guten
aus dem Bösen getroffen ist, kennzeichnet die Bewertung der Klugheit unter
der Chiffre des Machiavellismus in der philosophischen Tradition nach 1700.
Der Klugheit als ein Wissen, das Macht verleiht, wird in einer bürgerlichen
Welt skeptisch begegnet. Einerseits wird ihr als Wendung zum Praktischen in
der Geschichte der Philosophie eine entscheidende Rolle bei der Begründung
des modernen Denkens zugestanden. Als Vermögen, das weder dem scholastischen oder universitären, noch dem theologischen Wissenserwerb diente, geht
von der höfischen Klugheitslehre zum ersten Mal eine frühe Begründung bürgerlicher Philosophie aus. Andererseits ist es genau dieser Werkzeugcharakter
des Wissens, der die Klugheitslehre dem Verdacht eines unmoralischen und
rücksichtslosen Instruments aussetzt, dessen man sich nur außerhalb des sozialen Rahmens und zu einer bestimmten historischen Zeit aus Not bedienen
mußte. Die Vehemenz, mit der im 18. Jahrhundert selbst Staatsoberhäupter
gegen die Klugheitslehre, immer unter der Chiffre des Machiavellismus, angin-
gen – man denke an Friedrich des Großen *Antimachiavell* (1739) –, zeigt
deutlich, wie groß das Interesse war, vergessen zu lassen, daß nicht nur der
moderne Staat unmittelbar aus dem Fürstenhof hervorgegangen war, sondern
auch der Kern aller Vertrags- und Staatstheorien wesentlich näher an Machiavellis Trennung von gut und nützlich als an antiken Republikentwürfen orientiert blieb.[4] Diese Vehemenz sollte den Werkzeugcharakter des modernen Denkens insgesamt verhüllen.

In der *Heiligen Familie* (1844/45) hat Marx die Entfaltung des modernen
Denkens in der Gleichzeitigkeit von Rationalismus und Materialismus in einer
zunehmenden Betrachtung der Umwelt, die im 16. Jahrhundert noch »in poe-
tisch-sinnlichem Glanze« lache, als eine »menschenfeindliche« Verstandesum-
welt beschrieben, die zuletzt ihren Höhepunkt in der Vereinigung des französischen Rationalismus und des englischen Materialismus in Lamettries *L'homme*

---

[3] Vgl. Maurice Joly: Gespräche in der Unterwelt zwischen Machiavelli und Montesquieu oder Der Machiavellismus im XIX. Jahrhundert, übers. v. H. Leisegang, Hamburg 1948, S. 8f.
[4] Vgl. Carl Schmitt: Die Diktatur. Von den Anfängen des modernen Souveränitätsgedankens bis zum proletarischen Klassenkampf, Berlin 1994, S. 95–126.

machine (dt. 1748) fand.[5] Doch genau diese Entwicklung, so Marx, war nötig, um die theologischen und antimaterialistischen Implikationen der Metaphysik des 17. Jahrhunderts zurücklassen und den Menschen als einen restlos auf seine tatsächliche Umwelt verwiesenen verstehen zu können. Erst so konnte aus dem »rohen«, »unzivilisierten« Materialismus ein »realer Humanismus« werden, die »logische Basis« des Kommunismus. Marx berühmter voluntaristischer Aufruf, die Welt nicht zu interpretieren, sondern zu verändern, sollte das lange Enden der Metaphysik beenden. Er skizziert die Geschichte des Materialismus als dieses Enden: Bayle gegen Descartes, Locke gegen Hobbes, Condillac gegen Leibniz, Feuerbach gegen Hegel. Während der eine Strang der cartesianischen Begründung des kontrafaktischen Denkens für Marx in die moderne Naturwissenschaft mündet, verläuft der andere über den französischen Materialismus des 18. Jahrhunderts und erfüllt sich im Sozialismus. So wendet sich die Kritik am Umbau der humanistischen und polyhistorischen Materialliebe durch den maschinenorientierten Rationalismus in eine Verteidigung des modernen Wissens. Die *Kritische Schlacht gegen den französischen Materialismus* ist zu dessen Gunsten ausgefallen. Was Marx trotz aller Antipathie gegen die Metaphysik des 17. Jahrhunderts, gegen Descartes, Malebranche, Spinoza und Leibniz zur Hilfe kommt, ist die Geschichte. Was Condorcet 1794 in *Esquisse d'un tableau historique des progrès de l'esprit humain* erstmalig als Motor der Moderne formulierte, ist Mitte des 19. Jahrhunderts als ihre neue Metaphysik schon nicht mehr sichtbar. Die Idee des Fortschritts hat bis heute alle Zweifel an der impliziten Ethiklosigkeit des modernen Wissens ausgelöscht.

Thomasius' Philosophie ist außerhalb seiner Leistungen auf dem Gebiet des Naturrechts von Ernst Blochs *Gelehrter ohne Misere* bis zu Werner Schmidts *Ein vergessener Rebell* in der Regel als Beispiel für allgemeine Menschlichkeit, Liberalität und Verweltlichung des Universitätsdenken herangezogen worden. Die Gründe seiner Faszination für die höfische Klugheitslehre sind bisher nicht als ein zentrales Moment eines Gesellschaftsentwurfs rekonstruiert worden, in dem der Einzelne durch die Bemächtigung von praxiologischem Wissen unhintergehbar werden sollte. Bemerkenswert ist dabei Thomasius' Aufmerksamkeit für das Verhältnis von Informationsmedium und Gemeinschaftsbildung. Jedes neu sich etablierende Medium geht mit einer neuen Gemeinschaftsbildung einher. Ohne den Buchdruck etwa wäre die Idee einer gesellschaftsumspannenden *res publica litteraria* – außerhalb von Institutionen wie Universität oder Kloster – nicht möglich gewesen. Gleichzeitig ermöglicht ein neues Medium eine Zäsur im Archiv des Wissens, die es erlaubt und auch nötig macht, eine Reformation der transformierten Daten vorzunehmen. Diese Zäsur hat Thomasius in der

[5] Karl Marx: Die Heilige Familie, in: Die Frühschriften, hrsg. v. Siegfried Landshut, Stuttgart 1953, Kap. Kritische Schlacht gegen den französischen Materialismus, S. 324–336.

zunehmenden Zeitschriftenentwicklung zum Beginn des 18. Jahrhunderts
deutlich gesehen. Das Kommunikationsmodell, mit dem er auf die erhöhte
Datenmenge im Schriftraum reagiert, ist das des Marktplatzes mit der philosophischen Idealfigur Sokrates. Seine Programmschriften zum Umbau der Gelehrtenuniversität zu einer modernen Ausbildungsuniversität reagieren auf diesen Medienwechsel. Eine Kommunikation, nach dem Modell des Marktplatzes
strukturiert, macht aber auch neue Instrumente des Wissens nötig. Hier setzt
seine bürgerliche Klugheitslehre ein, die vor allem dazu dient, den Wissensem-
pfänger selbst zum Wissensvermittler zu machen, denn die Wissensproduktion
findet mit dem Verlassen des universitären Bereichs für Thomasius vor allem
in der täglichen Konversation statt. Der entscheidende Umbruch in der Archivordnung vom 17. zum 18. Jahrhundert besteht in der politischen Umwertung
der Gedächtnisleistung, die nicht mehr die *memoria* als eines der Hauptvermögen der philosophischen Vernunft sieht, sondern an ihre Stelle das Urteil (*judicium*) positioniert, die Fähigkeit, Wissen nach seiner gesellschaftlichen Relevanz, dem gemeinen Wohl, zu selektieren. Damit ist aber auch schon exakt der
Unterschied zu einer wesentlich differenzierteren Gedächtnistradition beschrieben, in der die *memoria* keinen *copia*-Raum darstellte, sondern selbst ein Erkenntnisinstrument bildete. Während in der gelehrten und auch in der rhetorischen Tradition bis dahin die *memoria* nicht nur memorierendes, sondern auch
strukturierendes Element der Wissensordnung war, steht sie spätestens seit
Kants Kritik an den polyhistorischen Materialsammlungen bis hin zu Nietzsches Historismussatire unter dem modernen Horizont des gesellschaftlich-päd-
agogischen Gebrauchs. Folgerichtig hat Nietzsche dann auch das Gedächtnis
ausschließlich in Relation zum Vergessen für bestimmbar gehalten. Modern
heißt in diesem Zusammenhang, daß das Gedächtnis nur insofern erkenntnistheoretisch wichtig wird, als es eine Homogenisierung und Selektion der Einzeldaten leistet. Bei der Frage nach dem Gedächtnis geht es also seit der Moderne wesentlich weniger um die Frage der Speicherung als um die Frage der
Zirkulation und der Generierung von Information, der Einheit und der Begrenzung des *copia*-Raums. Polyhistor ist Thomasius aber insofern geblieben, als er
das Primat der ordnenden Sprache nicht zugunsten eines logisch-dynamischen
Wissensverständnisses aufgegeben hat, sondern im Zuge seiner Konversations-
und Klugheitslehre der Zirkulation und den neuen Kommunikationsmedien
anzupassen versuchte. Der höfische Zug seiner Philosophie und sein Verschwinden im Laufe der historischen Aufklärung gibt noch Zeugnis von diesem kommunikationstheoretischen Schwerpunkt. Rationalität sah Thomasius deshalb in
besonderer Weise an Kommunikationskompetenz gekoppelt. Vielleicht formuliert die Klugheit in der Geschichte der Philosophie die erste Theorie des Wissens, die menschliche Erkenntnis und göttliche Weisheit vollkommen trennt.
Die Demokratisierung des Wissens und der Informationssysteme waren für
Thomasius unabdingbare Voraussetzungen für eine demokratische Gesellschaft.

Im Vordergrund seiner Theorie des Denkens stand nicht die Bewältigung eines heterogenen Stoffs, sondern die Navigation in der Unübersichtlichkeit von Welt. Während die Gesellschaftsentwürfe des Rationalismus, Kantianismus, Idealismus und Materialismus ohne ihre theologischen und universalistischen Implikationen nicht denkbar sind, ist die Klugheit ein endlich-praktisches Vermögen, dessen Leistung wesentlich kurzfristiger auf die konkreten gesellschaftlichen Probleme gerichtet ist. Die Klugheitslehre ist eine Theoriegattung, deren Zentrum die Anstrengung bildet, die Wechselwirkung der Unsicherheit von Gesellschaft und Wissen als dem Umgang mit dieser Unsicherheit nicht zu vergessen. Als Vermögen der wechselseitigen Beobachtung führt sie damit in die Ordnung des Wissens die Frage nach einer demokratischen Politik des Wissens ein.

Literaturverzeichnis

Primärtexte

Aebbtlin, Georg: Tractatio de archivis atque registraturis vulgo Anführung zu der Registraturkunst, Ulm 1669.

Agricola, Rudolph: De Inventione dialectica, Vorw. v. Wilhelm Risse, Nachdr. d. Ausg. Köln 1528, Hildesheim 1976.

Alsted, Johann Heinrich: Clavis Artis Lullianae, et verae logices duos in libellos tributa, Straßburg 1609.

−: Encyklopaedia. Septem tomis distincta, Herborn 1630.

−: Systema mnemonicum duplex, Francofurti 1610.

Aristoteles: Werke, hrsg. v. Helmut Flashar, Berlin 1986ff.

−: Metaphysik, hrsg. v. Franz F. Schwarz, Stuttgart 1978.

Bacon, Francis: A Natural History, London 1826.

−: Neues Organon, übers. u. erl. v. J. H. von Kirchmann, Berlin 1870.

Belon du Mans, Pierre: La nature et diversité des poissons avec leurs portroits, representez au plus prés du naturel, Paris 1555.

Bernhard, Johann Adam: Kurzgefaßte Curieuse Historie derer Gelehrten, Frankfurt a. M. 1718.

Bodin, Jean: Sechs Bücher über den Staat, hrsg. v. P. C. Mayer-Tasch, München 1987.

Bonifacius, Balthasar: De Archivis liber singularis, Venedig 1632.

Bornitz, Jakob: Discursus de prudentia politica comparanda, ed. Johannes Bornitus, Erphrodiae 1602.

Brüggemann, Fritz (Hg.): Aus der Frühzeit der Deutschen Aufklärung. Christian Thomasius und Christian Weise, Darmstadt 1966.

Bruno, Giordano: Heroische Leidenschaften und individuelles Leben, hrsg. v. Ernesto Grassi, München 1950.

Campanella, Thomas: De sensu rerum et magia, Francofurti 1620.

−: Der Sonnenstaat, übers. v. G. Brauns, G. Heise u. a., Berlin 1955.

−: Philosophiae rationales partes V, Parisiis 1638.

Cardano, Girolamo: Offenbarung der Natur und natürlicher Dinge auch mancherley subtiler Würckungen, Basel 1559.

Castiglione, Baldassare: Das Buch vom Hofmann, übers. v. F. Baumgart, Bremen 1960.

Cicero, Marcus Tullius: De oratore/Über den Redner, übers. u. hrsg. v. Harald Merklein, Stuttgart 1976.

Comenius, Johann Amos: Vorspiele. Prodromus pansophiae. Vorläufer der Pansophie, hrsg., übers. u. erl. v. Herbert Hornstein, Düsseldorf 1963.

Cusanus, Nikolaus: De docta ignorantia/Die belehrte Unwissenheit, übers. u. hrsg. v. Paul Wilpert, Hamburg 1967.

Descartes, René: Philosophische Werke, übers. u. erl. v. J. H. von Kirchmann, Berlin 1870.

−: Regeln zur Leitung des Geistes, übers. u. hrsg. v. Artur Buchenau, Hamburg 1959.

Dion Chrysostomos: Sämtliche Reden, eingl., übers. u. erl. v. Winfried Elliger, Zürich 1967.

Dunkelmännerbriefe. Epistolae obscurorum virorum an Magister Ortuin Gratius aus Deventer, hrsg. v. Karl Riha, Frankfurt a. M. 1991.

Eichendorff, Joseph von: Geschichte der poetischen Literatur Deutschlands (1857), Neue Gesamtausgabe, München 1958.

Erasmus von Rotterdam: Ausgewählte Schriften, hrsg. v. Werner Welzig, Darmstadt 1980ff.

Fabricius, Johann Andreae: Abriß einer allgemeinen Historie der Gelehrsamkeit, Leipzig 1752.

Feist, Wilhelm Adolph von: Handbuch der Fürsten und Fürstlichen Beampten: worinnen Der rechte Kern der Politischen klugheit aus den vornehmbste verscheidenen newen, sowol Latein. als Franz. Polit. Schreiberen, kurtz zusammen gezogen, u. verfassetin dieses Tractaetlein, Bremen 1660.

Fichte, Johann Gottlieb: Sämtliche Werke, hrsg. v. I. H. Fichte, Berlin 1845/46.

Fritsch, Ahasver: Tractatus de jure archivi et cancellariae, Jena 1664.

Giambattista della Porta: Des vortrefflichen Herren Johann Baptista Portae, von Neapolis, Magia Naturalis, oder Haus-, Kunst- und Wunderbuch, Nürnberg 1680.

Gorgias von Leontinoi: Reden und Fragmente, hrsg. v. Thomas Buchheim, Hamburg 1966.

Gracián, Baltasar: [Oraculo manual, y arte de prudencia] [Oracul, das man mit sich führen, und stets bey der Hand haben kan] Balthasar Gracians Oracul, das man mit sich führen, und stets bey der Hand haben kan: das ist: Kunst-Regeln der Klugheit / vormahls von Amelot de la Houssay [...] ins Frantzösische, anietzo aber aus dem span. Original [...] ins Deutsche übers., mit neuen Anmerckungen, in welchen die maximen des Autoris aus den gründen der Sittenlehre erkläret [...] werden von August Friedrich Muellern, 2. Aufl. Leipzig 1733.

–: Der Held, übers. v. Elena Carvajal Diaz u. Hannes Böhringer, Berlin 1996.

–: Handorakel und Kunst der Weltklugheit (1647), übers. v. Arthur Schopenhauer, Stuttgart 1992.

Günther, Carl Gottlob: Über die Einrichtung der Hauptarchive, besonders in teutschen Reichslanden, Altenburg 1783.

Hamann, Johann Georg: Vom Magus im Norden und der Verwegenheit des Geistes/ Ausgewählte Schriften, hrsg. v. Stefan Majetschak, Bonn 1993.

Hartnack, Daniel: Erachten Von Einrichtung Der Alten Teutschen und neuen Europäischen HISTORIEN, Celle 1688.

Hegel, G. W. F.: Werke. Auf der Grundlage der Werke von 1832–1845 neu editierte Ausgabe, Redaktion Eva Moldauer u. Karl Markus Michel, Frankfurt a. M. 1970.

–: Briefe von und an Hegel, hrsg. v. Johannes Hofmeister, Hamburg 1952.

–: Jenenser Realphilosophie. Die Vorlesungen von 1805/6, hrsg v. Johannes Hofmeister, Leipzig 1931.

–: Vorlesungen über die Geschichte der Philosophie, hrsg. v. Ludwig Michelet, Berlin 1833.

–: Wissenschaft der Logik. Die Lehre vom Sein (1832), hrsg. v. Hans-Jürgen Gawoll, Hamburg 1990.

Heidegger, Martin: Kant und das Problem der Metaphysik, Frankfurt 1991.

–: Sein und Zeit, 17. Aufl. Tübingen 1993.

Heine, Heinrich: Historisch-kritische Gesamtausgabe, hrsg. v. Manfred Windfuhr, Hamburg 1982.

Herder, Johann Gottfried: Frühe Schriften 1764–1772, hrsg. v. U. Gaier, Frankfurt a. M. 1985.

Hobbes, Thomas: Leviathan or the Matter, Forme & Power of A Commonwealth, Ecclesiatical and Civil, ed. A. R. Waller, Cambridge 1904.

–: Leviathan, hrsg. v. Iring Fetscher, übers. v. W. Euchner, Hamburg 1966.

Hoffmann, Friedrich: Effertur funus illustris Christiani Thomasii, ad quod advocat Academiae Rector, Halle 1728.

Huarte, Juan: Examen de Ingenios para las Ciencias, Baeza 1575.

Joly, Maurice: Gespräche in der Unterwelt zwischen Machiavelli und Montesquieu oder Der Machiavellismus im XIX. Jahrhundert, übers. v. H. Leisegang, Hamburg 1948.

Kant, Immanuel: Werke, hrsg. v. der Deutschen Akademie der Wissenschaften zu Berlin, Berlin 1910–1970.

–: Beantwortung der Frage: Was ist Aufklärung? [Dezember-Nummer der Berlinischen Monatsschrift von 1783], in: Was ist Aufklärung?, hrsg. v. Ehrhard Bahr, Stuttgart 1974.

–: Kritik der reinen Vernunft, hrsg. v. Johann Friedrich Hartknoch, Riga 1781.

–: Kritik der Urteilskraft, hrsg. v. Karl Vorländer, Hamburg 1990.

Knigge, Adolph Frhr. von: Über den Umgang mit Menschen, 2. Teil, Hannover 1788.

Leibniz, Georg Wilhelm: Die philosophischen Schriften, hrsg. v. Carl I. Gerhardt, Hildesheim 1961.

–: Neue Abhandlungen über den menschlichen Verstand, übers. u. hrsg. v. C. Schaarschmidt, Leipzig 1904.

–: Unvorgreiffliche Gedancken, betreffend die Ausübung und Verbesserung der Teutschen Sprache. Collectanea Ethymologica, Hannover 1717, Repro. Nachdruck Hildesheim/New York 1970.

Lessing, Gotthold Ephraim: Werke, 3 Bde., hrsg. v. Kurt Wölfel, Frankfurt a.M. 1967.

–: Eine Dublik, in: Lessings Schriften, hrsg. v. Karl Lachmann, Bd. 13, Leipzig 1897.

Locke, John: Versuch über den menschlichen Verstand, hrsg. v. Reinhard Brandt, Hamburg 1981.

Ludewig, Joann Petr. de: Memorias viri illustris Christiani Thomasii – scripsit, Halae Magd. 1728.

Lullus, Raimundus: Ars Magna. Opera, ed. Zetzner 1598, Neudr. m. Einl. v. E. W. Platzeck, in: Opuscula Bd. 1, Hildesheim 1971.

–: Das Buch vom Heiden und den drei Weisen, übers. u. hrsg. v. Theodor Pindl, Stuttgart 1998.

Machiavelli, Niccoló: Der Fürst, übers. u. hrsg. v. Rudolf Zorn, Stuttgart 1978.

Marx, Karl: Die Frühschriften, hrsg. v. Siegfried Landshut, Stuttgart 1953.

Massl, Franz X.: Christliche Tugendschule oder Unterweisungen in den christlichen Tugenden: Kanzel-Vortraege an Monatsonntagen; ein Beitrag zum Damme gegen die hohe Fluth der Entsittlichung unserer Zeit, Schaffhausen 1851.

Meister, Leonhard: Beyträge zur Geschichte der teutschen Sprache und National-Litteratur, 2 Bde., Bern 1777.

Melanchthon, Philipp: Erotemata dialectices, Witbergae 1547.

Meyer, Jürgen Bona (Hg.): Friedrich's des Großen Pädagogische Schriften und Äußerungen (Bibliothek pädagogischer Klassiker), Langensalza 1885.

Morhof, Daniel Georg: Polyhistor: literarius, philosophicus et practicus; cum accessionibus a Johannes Frick et Johannes Moller; 3 tomi in 2 vol., Neudr. d. 4. Ausg. Lübeck 1747.

Multz von Oberschönfeld, Jacob Bernhard: De jure concellariae et archivi, Öttingen 1692.

Nietzsche, Friedrich: Kritische Studienausgabe, 15 Bde., hrsg. v. Giorgio Colli u. Mazzino Montinari, München 1988ff.

Ockham, Wilhem von: Summa Logicae, hrsg. v. Philotheus Boehner, Gedeon Gál u. Stephen Brown, New York 1974.

Paracelsus, Theophrastus: Liber Paramirum, Paris 1913.

Pelzhoffer, Franz Albrecht von Schoenau: Neu entdeckte Staats-Klugheit: in hundert politischen Reden oder Discursen und ungemeinen Anmerkungssprüchen [...], Franckfurt/Leipzig 1710.

Pfeiffer, August: Klugheit der Gerechten: in 8 Catechismus-Predigten, Lübeck 1697.

Philolaos: Über das Weltall, in: Die Vorsokratiker, hrsg. v Jaap Mansfield, Stuttgart 1988.

Pinel, Philippe: Traité médico-philosophique sur l'aliéntation mentale ou la manie, Paris 1801.

Platon: Sämtliche Werke, hrsg. v. Ernesto Grassi, n. d. Übers. v. Friedrich Schleiermacher, Hamburg 1957.

Plutarch: Von der Ruhe des Gemüts, übers. u. hrsg. v. Bruno Snell, Zürich 1968.

Pufendorff, Samuel: Briefwechsel, hrsg. v. Detlef Döring, Bd. 1, Berlin 1996.

Ramminger, Jakob: Summarischer Bericht, was es mit einer künstlichen und vollkommenen Registratur für eine Gestalt, Heidelberg 1571.

–: Von der Registratur und jren Gebäuwen und Regimenten, Heidelberg 1571.

Rousseau, Jean-Jacques: Emile oder über die Erziehung, übers. v. L. Schmidts, Paderborn 1975.

–: Schriften, hrsg. v. Henning Ritter, München 1978.

Schiller, Friedrich, Sämtliche Werke, hrsg. v. Gerhard Fricke u. Herbert G. Göpfert, München 1975.

Schlegel, Friedrich: Ausgewählte Werke, hrsg. v. Wolfgang Hecht, Leipzig 1980.

–: Über das Studium der Griechischen Poesie, hrsg. v. Ernst Behler, Paderborn 1981.

Schopenhauer, Arthur: Parerga und Paralipomena: kleine philosophische Schriften, Werke, Redaktion Claudia Schmölders, Fritz Senn u. Gerd Haffmans, Zürich 1977.

Schottelius, Justus Georg: Der schreckliche Sprachkrieg. Horrendum Bellum Grammaticale Teutonum antiquissimorum, hrsg. v. Friedrich Kittler u. Stefan Rieger, Leipzig 1991.

Schröckh, Johann Matthias: Leben des Königlich-Preußischen Geheimen Rathes Christian Thomasius, in: J. M. Schröckh: Allgemeine Deutsche Biographie, Bd. 5, Berlin 1778.

Spinoza, Baruch de: Tractatus de intellectus emendatione. In: Opera, hrsg. v. C. Gebhardt, Bd. 2, Heidelberg 1925.

Stieler, Kaspar: Zeitungs Lust und Nutz, Neudr. d. Originalausg. v. 1695, hrsg. v. Gert Hagelweide, Bremen 1969.

Stuss, Friedrich: Von Archiven, Leipzig 1799.

Thomasius, Christian: Ausübung der Vernunfft=Lehre, oder kurtze, deutliche und wohlgegründete Handgriffe, wie man in seinem Kopff auffräumen, und sich zur Erforschung der Wahrheit geschickt machen; Die erkannte Wahrheit anderen beybringen; andere verstehen und auslegen; von anderen ihren Meynungen urtheilen, und Irrthümer geschicklich wiederlegen solle. Worinnen allenthalben viel allgemeine heut zu Tag in Schwang gehende Irrthümer angezeiget, und deutlich beantwortet werden. Nebst einer Vorrede, Halle 1691, Reprint 1968, hrsg. v. Werner Schneiders.

–: Bericht von Einrichtung des Pädagogii zu Glauchau an Halle, nebst der von einem gelehrten Manne verlangten Erinnerung über solche Einrichtung, Frankfurt/Leipzig 1699.

–: Cautelae circa praecognita jurisprudentiae in unsum auditorii Thomasiani, Halle 1710.

–: Christian Thomas Eröffnet der studierenden Jugend zu Leipzig in einem Discours, Welcher Gestalt man denen Frantzosen in gemeinem Leben und Wandel nachahmen solle? Ein Collegium des Gratians Grund=Reguln / Vernünftig / klug und artig zu leben, in: Christians Thomasens allerhand bißer publicirte kleine deutsche Schriften. Nebst etlichen Beylagen und einer Vorrede. Gedruckt und verlegt von Christoph Salfelds Witwe und Erben, Leipzig 1707.

−: Christian Thomas eröffnet der studirenden Jugend in Halle / Ein Collegium Privatum über seine Institutiones Jurisprudentiae Divinae. Discurs von der Freiheit der itzigen Zeiten gegen die vorigen, in: Christians Thomasens allerhand bißer publicirte kleine deutsche Schriften. Nebst etlichen Beylagen und einer Vorrede. Gedruckt und verlegt von Christoph Salfelds Witwe und Erben, Leipzig 1707.

−: Christian Thomas eröffnet der studirenden Jugend einen Vorschlag, wie er einen jungen Menschen, der sich ernstlich fürgesetzt, Gott und der Welt dermahleins in vita civili rechtschaffen zu dienen, und als ein honnet und galant' homme zu leben, binnen dreyer Jahre Frist in der Philosophie und singulis jurisprudentiae partibus zu informieren gesonnen sey, in: Christians Thomasens allerhand bißer publicirte kleine deutsche Schriften. Nebst etlichen Beylagen und einer Vorrede. Gedruckt und verlegt von Christoph Salfelds Witwe und Erben, Leipzig 1707.

−: Christian Thomasius Ostergedancken / Vom Zorn und der bitteren Schreib-Art wider sich selbst. In: Christians Thomasens allerhand bißer publicirte kleine deutsche Schriften. Nebst etlichen Beylagen und einer Vorrede. Gedruckt und verlegt von Christoph Salfelds Witwe und Erben, Leipzig 1707.

−: D. Melchiors von Osses Testament gegen Hertzog Augusto Churfürsten zu Sachsen. Zum Gebrauch des Thomasischen Auditorii, Halle 1717.

−: De prudentia legislatoria, hrsg. v. Gottlieb Stolle, Halle 1740.

−: Des Herrn Christiani Thomasii, Königl. preußischen Rates und Professoris Juris Ordinarii auf der Universität zu Halle, Vorrede von der Historie des Rechts der Natur auf Grotium; von der Wichtigkeit des Grotianischen Werks und von dem Nutzen gegenwärtiger Übersetzung, in: Walter Schätzel (Hg.): Die Klassiker des Völkerrechts in modernen deutschen Übersetzungen, Bd. I, Tübingen 1950.

−: Drey Bücher der Göttlichen Rechtsgelahrtheit, In welcher Die Grundsätze des natürl. Rechts nach denen von dem Freyherrn von Pufendorff gezeigten Lehrsätzen deutlich bewiesen / weiter ausgearbeitet / Und von denen Einwürffen der Gegner desselben / sonderlich Herrn D. Valentin Alberti befreyet / Auch zugleich die Grundsätze der Göttlichen allgemeinen geoffenbarten Gesetze gezeiget werden. Nebst des Herrn Autoris allerneusten Grundlehren Des Natur und Völcker Rechts In das Teutsche übersetzt mit einer Vorrede Ephraim Gerhards Von denen Hindernüssen der natürlichen Rechtsgelahrtheit / und dem Nutzen dieser Übersetzung, Hall im Margdeburgischen 1709.

−: Einleitung zu der Vernunfft=Lehre, worinnen durch eine leichte und allen vernünfftigen Menschen, waserley Standes oder Geschlechts sie seyen, verständige Manier der Weg gezeiget wird, ohne die Syllogistica das wahre, wahrscheinliche und falsche von einander zu entscheiden, und neue Wahrheiten zu erfinden, nebst einer Vorrede, Halle 1691.

−: Einleitung zur Hoff-Philosophie, Oder / Kurtzer Entwurff und die ersten Linien von der Klugheit zu Bedencken und vernünfftig zu schliessen / Worbey die Mittel-Strasse, wie man unter den Vorurtheilen der Cartesianer / und ungereimten Grillen der Peripatetischen Männer / die Wahrheit finden soll / gezeigt wird, Leipzig 1712.

−: Erklärung und Vertheydigung der Lehre; über die Frage: Ob denen Lutheranern von ihren Lehrern mit gutem Gewissen könne untersaget werden, mit denen Reformirten keine Gemeinschaft zu halten, noch ihre Predigten zu besuchen?, in: Christians Thomasens allerhand bißer publicirte kleine deutsche Schriften. Nebst etlichen Beylagen und einer Vorrede. Gedruckt und verlegt von Christoph Salfelds Witwe und Erben, Leipzig 1707.

−: Ernsthafte, aber doch muntere und vernünfftige Thomasische Gedancken und Erinnerungen über allerhand außerlesene Juristische Händel (Teil 1−4), Halle 1720/21.

−: Freymüthige, Lustige und Ernsthaffte, jedoch Vernunfft= und Gesetzmäßige Gedankken oder Monats=Gespräche / über allerhand, fürnehmlich aber Neue Bücher durch alle zwölf Monate des 1688. und 1689. Jahrs durchgeführet von Chrstian Thomas, Faksimile d Ausg. Halle 1690, Frankfurt a.M. 1972.

−: Fundamenta Juris Naturae er gentium ex sensu communi deducta, in quibus ubique seceruntur principia Honesti, Justi, ac Decori, cum adjuncta emendatione Institutionum Jurisprudentiae divinae, Halle/Leipzig 1705.

−: Grundlehren des Natur= und Völker=Rechts, übers. v. J. G. Zeidler, Halle 1709.

−: Historie der Weisheit und der Klugheit, Halle 1693.

−: Hochnöthige Cautelen / Welche ein Studiosus juris, der sich zur Erlernung der Kirchen=Rechts=Gelahrtheit / Auff eine kluge und geschickte Weise vorbereiten will / zu beobachten hat. Nebst einem dreyfachen und vollkommenen Register, Halle 1713.

−: Institutiones iurisprudentiae divinae, Leipzig 1688.

−: Introductio ad Logicam et praxin logicae, ex idiomate Germanico in latinam linguam translate, Frankfurt/Leipzig 1693.

−: Introductio ad Philosophicam aulicam, seu lineae primae libri de prudentia cogitandi et ratiocinandi, ubi ostenditur media inter praeiudicia Cartesianorum, et inepitas Peripateticorum, veritatem inveniendi via, cum Ulr. Huberi oratione de Paedantismo, Leipzig 1688.

−: Introductio in Philosophiam moralem, sive de arte rationaliter amandi, Halle 1706.

−: Kurtzer Entwurff der Politischen Klugheit, sich selbst und andern in allen Menschlichen Gesellschaften wohl zu rathern, und zu einer gescheiten Conduite zu gelangen; Allen Menschen, die sich selbst klug zu seyn düncken, oder die noch klug werden wollen, zu höchstnöthiger Bedürffnis und ungemeinem Nutzen, Frankfurt a.M. 1705, Reprint Frankfurt a.M. 1971.

−: Kurze Abfertigung derer in der Ausführlichen Beschreibung des Pietistischen Unfugs enthaltenen Lästerungen, Halle 1693, in: Christians Thomasens allerhand bißer publicirte kleine deutsche Schriften. Nebst etlichen Beylagen und einer Vorrede. Gedruckt und verlegt von Christoph Salfelds Witwe und Erben, Leipzig 1707.

−: Praxis logices, seu breviora perspicua ac bene fundata compendia, Frankfurt/Leipzig 1694.

−: Praxis Philosophiae Moralis, Halle 1697.

−: Primae lineae jureconsultorum prudentia consultoria, in quibus docetur, quid sit prudentia, quid consultoria, qua ratione ea ad Jctos pertineat, quid observet prudentia tam in dirigendi actionibus propriis, in conservatione quotidiana et selecta, in societate domestica et civili, quam quoad ipsa consilia aliis danda et ab iis petenda, fere ubique ex sensu communi deductae in usum auditorii Thomasiani, Halle/Leipzig 1705.

−: Summarischer Entwurf derer Grund=Lehren / Die einem Studioso Juris zu wissen nöthig / nach welchen Christian Thomas. künfftig / so Gott will Lectiones privitissimas zu halten / in vier verschiedenen Collegiis anzustellen gesonnen ist, Halle 1699.

−: Über die Folter/Dissertatio de tortura ex foris christianorum proscribenda, übers. u. hrsg. v. Rolf Lieberwirth, Weimar 1960.

−: Über die Hexenprozesse, lat./dt. Parallelausg., hrsg. v. Rolf Lieberwirth, Weimar 1967.

−: Vernünfftige und Christliche, aber nicht scheinheilige Thomasische Gedancken und Erinnerungen über allerhand gemischte Philosophische und Juristische Händel (Teil 1−3), Halle 1723.

−: Versuch vom Wesen des Geistes / oder Grund=Lehren / so wohl zur natürlichen Wissenschaft / als der Sitten=Lehre. In welchen gezeiget wird, daß Licht und Lufft

ein geistiges Wesen sey / und alle Cörper aus Materie und Geist bestehen / auch in
der gantzen Natur eine anziehende Krafft / in dem Menschen aber ein zweyfacher
guter und böser Geist sey, Halle 1698.

−: Von der Artzeney wider die unvernünftige Liebe und der zuvor nöthigen Erkäntniß
Sein Selbst oder: Ausübung der Sittenlehre, Halle 1697.

−: Von der Kunst, vernünfftig und tugendhaft zu lieben. Als dem einzigen Mittel zu
einem glückseligen, galanten und vergnügten Leben zu gelangen, oder Einleitung zur
Sittenlehre, Halle 1692.

−: Weitere Erläuterungen durch unterschiedliche Exempel des ohnlängst gethanen Vorschlags wegen der neuen Wissenschaft / Anderer Menschen Gemüther erkennen zu
lernen, Halle 1692.

Vossius, Gerhard Johannes: Ars historica, Leiden 1653.

Weise, Christian: Sämtliche Werke, hrsg. v. John D. Lindberg, Berlin/New York 1971−
1978.

−: Christian Weisens Politische Nachricht von sorgfältigen Briefen / Wie man sich in
odieusen und favorablen Dingen einer klugen Behutsamkeit gebrauchen / und Bey
Oratorischen und Epistolischen Regeln die politischen Exceptiones geschickt anbrin-
gen soll / An statt des dritten Theils zum curieusen Gedancken von deutschen Briefen
in einem absonderlichen Buche vorgestellet / Und so wohl mit gantz neuen Regeln /
als auch Mit practicablen Exempeln ausgeführet / Nebenst einem Vorbericht vom
Glanten Hoff=Redner, Dresden/Leipzig 1701.

−: Die unvergnügte Seele, in: Aus der Frühzeit der Deutschen Aufklärung. Christian
Thomasius und Christian Weise, hrsg. v. Fritz Brüggemann, Darmstadt 1966.

Wolff, Christian: Vernünftige Gedanken von dem gesellschaftlichen Leben der Menschen
und insonderheit dem gemeinen Wesen, Halle 1721.

−: Vernünftige Gedanken von den Kräften des menschlichen Verstandes, Krit. Ausg. v.
H. W. Arndt, Hildesheim/New York 1978.

Worm, Olaus: Museum Wormianum, Kopenhagen 1655.

Zinkernagel, Friedrich Bernhard: Handbuch für angehende Archivare und Registratoren,
Nördlingen 1800.

Sekundärtexte

Adorno, Theodor W./Max Horkheimer: Die Dialektik der Aufklärung, Frankfurt a. M.
1988.

Alewyn, Richard: Das große Welttheater. Die Epoche der höfischen Feste, München
1985.

Assmann, Jan/Tonio Hölscher (Hg.): Kultur und Gedächtnis, Frankfurt a. M. 1988.

Baecker, Dirk: Postheroisches Management. Ein Vademecum, Berlin 1994.

−: Themen und Konzepte einer Klugheitlehre, in: Klugheitslehre: militia contra malicia,
Akademie Schloß Solitude (Hg.), Berlin 1995.

Barner, Wilfried: Barockrhetorik, Tübingen 1970.

Baumanns, Peter: Kants vierte Antinomie und das Ideal der reinen Vernunft, in: Kant-
Studien. Zeitschrift der Kant-Gesellschaft, hrsg. v. Gerhard Funke u. Rudolf Malter,
79. Jahrgang (1988).

Beetz, Manfred: Frühmoderne Höflichkeit: Komplimentierkunst und Gesellschaftsrituale
im altdeutschen Sprachraum, Stuttgart 1990.

Bering, Dietz: Die Intellektuellen. Geschichte eines Schimpfwortes, Stuttgart 1978.

Berns, Jörg Jochen: Zeitung und Historia. Die historiographischen Konzepte der Zeitungstheoretiker des 17. Jahrhunderts, in: Daphnis. Zeitschrift für Mittlere Deutsche Literatur, Band 12, Heft 1. (1983).

Bianco, Bruno: Freiheit gegen Fatalismus. Zu Joachim Langes Kritik an Wolff, in: Zentren der Aufklärung I. Halle / Aufklärung und Pietismus, hrsg. v. Norbert Hinske, Heidelberg 1989.

Birkenhauer, Theresia: Legende und Dichtung. Der Tod des Philosophen und Hölderlins Empedokles, Berlin 1996.

Bloch, Ernst: Christian Thomasius, ein deutscher Gelehrter ohne Misere, Frankfurt a. M. 1967.

Blumenberg, Hans: Die Legitimität der Neuzeit, Frankfurt a. M. 1973.

–: Die Lesbarkeit der Welt, Frankfurt a. M. 1981.

Bodammer, Theodor: Hegels Deutung der Sprache. Interpretationen zu Hegels Äußerungen über die Sprache, Hamburg 1969.

Böhme, Gernot/Hartmut Böhme: Feuer, Erde, Wasser, Luft: eine Kulturgeschichte der Elemente, München 1996.

–: Das Andere der Vernunft. Zur Entwicklung von Rationalitätsstrukturen am Beispiel Kants, Frankfurt a. M. 1985.

Böhme, Gernot: Am Ende des Baconschen Zeitalters. Studien zur Wissenschaftsentwicklung, Frankfurt a. M. 1993.

Bolz, Norbert: Am Ende der Gutenberg-Galaxis. Die neuen Kommunikationsverhältnisse, München 1993.

Bolzoni, Lina: Das Sammeln und die ars memoriae, in: Macrocosmos in Microcosmo. Die Welt in der Stube. Zur Geschichte des Sammelns 1450 bis 1800, hrsg. v. Andreas Grote, Opladen 1994.

Böning, Holger/Reinhart Sieger (Hg.): Volksaufklärung. Biobibliographisches Handbuch zur Popularisierung aufklärerischen Denkens im deutschen Sprachraum von den Anfängen bis 1850, Stuttgart 1990ff.

Borges, Jorge Luis: Das Eine und die Vielen. Essays zur Literatur, München 1966.

–: Die Bibliothek von Babel, übers. v. Karl August Horst u. Curt Meyer-Clason, Stuttgart 1991.

Borinski, Karl: Baltasar Gracián und die Hofliteratur in Deutschland, Halle 1894.

Bosse, Heinrich: Der geschärfte Befehl zum Selbstdenken. Ein Erlaß des Ministers v. Fürst an die preußischen Universitäten im Mai 1770, in: Diskursanalysen 2. Institution Universität, hrsg. v F. A. Kittler u. a., Opladen 1990.

–: Die gelehrte Republik, in: »Öffentlichkeit« im 18. Jahrhundert, hrsg. v. Hans-Wolf Jäger, Göttingen 1997.

Brandt, Reinhard: D'Artagnan und die Urteilstafel. Über ein Ordnungsprinzip der europäischen Kulturgeschichte, Stuttgart 1991.

–: Das Titelblatt des Leviathan, in: Thomas Hobbes, Leviathan oder Stoff, Form und Gewalt eines bürgerlichen und kirchlichen Staates, hrsg. v. Wolfgang Kerstin, Berlin 1996.

Brenneke, Adolf: Archivkunde. Ein Beitrag zur Theorie und Geschichte des Europäischen Archivwesens, Leipzig 1953.

Brückner, Jutta: Staatswissenschaften, Kameralismus und Naturrecht. Ein Beitrag zur Geschichte der Politischen Wissenschaften in Deutschland des späten 17. und frühen 18. Jahrhunderts, München 1977.

Brunner, Otto: Adliges Landleben und europäischer Geist. Leben und Werk Wolf Helmhards von Hohberg, Darmstadt 1949.

Buck, August: Das gelehrte Buch im Humanismus, in: Gelehrte Bücher vom Humanismus bis zur Gegenwart, hrsg. v. Bernhard Fabian u. Paul Raabe, Wiesbaden 1983.

—: Juan Luis Vives' Konzeption des humanistischen Gelehrten, in: Juan Luis Vives. Arbeitsgespräch in der Herzog August Bibliothek Wolfenbüttel vom 6. bis 8. November 1980, hrsg. v. August Buck, Hamburg 1982.

Bühler, Christoph: Die Naturrechtslehre und Christian Thomasius (1655–1728), Regensburg 1991.

Burger, H. Otto: Dasein heißt eine Rolle spielen. Studien zur deutschen Literaturgeschichte, München 1963.

Carl, Wolfgang: Der schweigende Kant. Die Entwürfe zu einer Deduktion der Kategorien vor 1781, Göttingen 1989.

Clifford, James: Über ethnographische Autorität, in: Kultur, soziale Praxis, Text, hrsg. v. Eberhard Berg u. Martin Fuchs, Frankfurt a. M. 1995.

Coy, Wolfgang: Industrieroboter: Zur Archäologie der zweiten Schöpfung, Berlin 1985.

Curtius, Ernst Robert: Europäische Literatur und lateinisches Mittelalter, Bern/Zürich 1969.

Czaky, Moritz: Die «Sodalitas litteraria Danubiana»: historische Realität oder poetische Fiktion des Conrad Celtis?, in: Die Österreichische Literatur, hrsg. v. Herbert Zeman, Bd. 2, Graz 1986.

Dann, Otto: Vom Journal des Scavants zur wissenschaftlichen Zeitschrift, in: Gelehrte Bücher vom Humanismus bis zur Gegenwart, hrsg. v. Bernhard Fabian u. Paul Raabe, Wiesbaden 1983.

Deleuze, Gilles/Félix Guattari: Rhizom, Berlin 1977.

Deleuze, Gilles: Die Falte: Leibniz und der Barock, Frankfurt a. M. 1996.

Derrida, Jacques: Dissemination, hrsg. v. Peter Engelmann, Wien 1995.

—: Dem Archiv verschrieben, übers. v. Hans-Dieter Gondek u. Hans Naumann, Berlin 1997.

—: Randgänge der Philosophie, hrsg. v. Peter Engelmann, Wien 1988.

Dierse, Ulrich: Enzyklopädie. Zur Geschichte eines philosophischen und wissenschaftstheoretischen Begriffs, Archiv für Begriffsgeschichte, Supplementheft 2, Bonn 1977.

Doering, Detmar: Die Wiederkehr der Klugheit. Edmund Burkes und das »Augustan Age«, Würzburg 1990.

Dotzler, Bernhard: Papiermaschinen: Versuch über Communication & Control in Literatur und Technik, Berlin 1996.

Dyck, Joachim: Ticht-Kunst. Deutsche Barockpoetik und rhetorische Tradition, Bad Homburg/Berlin/Zürich 1969.

Eco, Umberto: Im Labyrinth der Vernunft. Texte über Kunst und Zeichen, Leipzig 1990.

Ehlert, Trude: Zeitkonzeptionen, Zeiterfahrung, Zeitmessung: Stationen ihres Wandels vom Mittelalter bis zur Moderne, Wien 1997.

Elias, Norbert: Über den Prozeß der Zivilisation: Soziogenetische und psychogenetische Untersuchungen, Bern 1969.

Fleischmann, Max (Hg.): Christian Thomasius. Leben und Lebenswerk, Halle 1931.

Fohrmann, Jürgen/Wilhelm Voßkamp (Hg.): Von der gelehrten zur disziplinären Gemeinschaft, Stuttgart 1987.

—: Wissenschaft und Nation. Studien zur Entstehungsgeschichte der deutschen Literaturwissenschaft, München 1991.

Fohrmann, Jürgen: »Dichter heißen so gerne Schöpfer«. Über Genies und andere Epigonen, in: Merkur 39 (1985).

—: Aufklärung als Doppelpunkt (:), in: Aufklärung als Form. Beiträge zu einem historischen und aktuellen Problem, hrsg. v. Helmut Schmiedt u. Helmut J. Schneider, Würzburg 1997.

—: Das Bild des 17. Jahrhunderts in der Literaturgeschichte nach 1848, in: Europäische Barock-Rezension, hrsg. v. Klaus Garber, Wiesbaden 1991.

−: Das Projekt der deutschen Literaturgeschichte. Entstehung und Scheitern einer nationalen Poesiegeschichtsschreibung zwischen Humanismus und Kaiserreich, Stuttgart 1989.

−: Organisation, Wissen, Leistung. Konzeptuelle Überlegungen zu einer Wissenschaftsgeschichte der Germanistik, in: Internationales Archiv für Sozialgeschichte der deutschen Literatur, hrsg. v. Wolfgang Frühwald, Georg Jäger, Dieter Langewiesche, Alberto Martino, 16. Band (1991), Hf. 1.

−: Robinsonaden. Abenteuer und Bürgertum. Zur Geschichte der deutschen Robinsonaden im 18. Jahrhundert, Stuttgart 1981.

−: Schiffbruch mit Strandrecht. Der ästhetische Imperativ in der ›Kunstperiode‹, München 1998.

−: Textzugänge. Über Text und Kontext, in: Scientia Poetica. Jahrbuch für Geschichte der Literatur und der Wissenschaften, Bd. 1/1997.

Foucault, Michel: Von der Subversion des Wissens, hrsg. v. Walter Seitter, Frankfurt a. M. 1987.

−: Die Ordnung der Dinge. Eine Archäologie der Humanwissenschaften, übers. v. Ulrich Köppen, Frankfurt a. M. 1994.

−: Über Hermaphrodismus/Der Fall Barbin, Frankfurt a. M. 1998.

−: Überwachen und Strafen. Die Geburt des Gefängnisses, übers. v. Walter Seitter, Frankfurt a. M. 1994.

−: Vom Licht des Krieges zur Geburt der Geschichte, Berlin 1986.

Frank, Manfred: »Unendliche Annäherung«. Die Anfänge der philosophischen Frühromantik, Frankfurt a. M. 1997.

Franz, Eckhart G.: Einführung in die Archivkunde, Darmstadt 1993.

Freud, Sigmund: Neue Folge der Vorlesungen zur Einführung in die Psychoanalyse, Frankfurt a. M. 1991.

−: Totem und Tabu. Einige Übereinstimmungen im Seelenleben der Wilden und der Neurotiker, Frankfurt a. M. 1991.

Frühsorge, Gotthardt: Der politische Körper. Zum Begriff des Politischen im 17. Jahrhundert und in den Romanen Christian Weises, Stuttgart 1974.

Gadamer, Hans-Georg: Wahrheit und Methode. Grundzüge einer philosophischen Hermeneutik, Tübingen 1960.

Gambin, Felice: Conoscenza e prudenza in Balthasar Gracián, in: Filosofia politica II (1987).

Gamm, Gerhard: Wahrheit als Differenz. Studien zu einer anderen Theorie der Moderne, Frankfurt 1986.

Garber, Klaus: Martin Opitz − »der Vater der deutschen Dichtung«. Eine kritische Studie zur Wissenschaftsgeschichte der Germanistik, Stuttgart 1976.

Geitner, Ursula: Die Sprache der Verstellung. Studien zum rhetorischen und anthropologischen Wissen im 17. und 18. Jahrhundert, Tübingen 1992.

Goldmann, Stefan: Statt Totenklage Gedächtnis. Zur Erfindung der Mnemotechnik durch Simonides von Keos, in: Poetica 21 (1989).

Göttert, Karl-Heinz: Kommunikationsideale. Untersuchungen zur europäischen Konversationstheorie, München 1988.

Graevenitz, Gerhart von: Mythos: zur Geschichte einer Denkgewohnheit, Stuttgart 1987.

Grimm, Gunter E.: Literatur und Gelehrtentum in Deutschland. Untersuchungen zum Wandel ihres Verhältnisses vom Humanismus bis zur Frühaufklärung, Tübingen 1983.

Grunert, Frank: Von polylogischer zu monologischer Aufklärung. Zu den Monatsgesprächen von Christian Thomasius, in: Die Philosophie und die belles lettres, hrsg. v. M. Fontius u. W. Schneiders, Berlin 1996.

Gumbrecht, Hans Ulrich/K. Ludwig Pfeiffer (Hg.): Paradoxien, Dissonanzen, Zusammenbrüche. Situationen offener Epistomologie, Frankfurt a. M. 1991.

Habermas, Jürgen: Der philosophische Diskurs der Moderne, Frankfurt a. M. 1996.

–: Strukturwandel der Öffentlichkeit, Frankfurt a. M. 1992.

–: Theorie des kommunikativen Handelns, Frankfurt a. M. 1981.

Harth, Dietrich: Philologie und praktische Philosophie. Untersuchungen zum Sprach- und Traditionsverständnis des Erasmus von Rotterdam, München 1970.

Hauser, Arnold: Der Manierismus. Die Krise der Renaissance und der Ursprung der modernen Kunst, München 1964.

Haverkamp, Anselm/Renate Lachmann (Hg.): Raum – Bild – Schrift. Studien zur Mnemotechnik, Frankfurt a. M. 1991.

Heimsoeth, Heinz: Zur Herkunft und Entwicklung von Kants Kategorien-Tafel, in: Studien zur Philosophie Kants, Bd. 2, Kant-Studien Ergh. 1970.

Herzog, Reinhart/Reinhart Koselleck (Hg.): Epochenschwelle und Epochenbewußtsein, Poetik und Hermeneutik XII, München 1986.

Hidalgo-Serna, Emilio: Das ingeniöse Denken bei Baltasar Gracián, München 1985.

Hinske, Norbert/Michael Albrecht (Hg.): Was ist Aufklärung? Beiträge aus der Berlinischen Monatsschrift, Darmstadt 1981.

Hinske, Norbert: Eklektik, Selbstdenken, Mündigkeit – drei verschiedene Formulierungen einer und derselben Programmidee, in: Eklektik, Selbstdenken, Mündigkeit, hrsg. v. Norbert Hinske, Hamburg 1986.

Hirschmann, Albert O.: Leidenschaften und Interessen: Politische Begründung des Kapitalismus vor seinem Sieg, Frankfurt a. M. 1980.

Hocke, Gustav René: Manierismus in der Literatur. Sprach-Alchimie und esoterische Kombinationskunst, Hamburg 1959.

Hodermann, Richard: Universitätsvorlesungen in deutscher Sprache um die Wende des 17. Jahrhundert. Eine sprachgeschichtliche Abhandlung, O. O. o. J.

Illich, Ivan: Im Weinberg des Textes. Als das Schriftbild der Moderne entstand. Ein Kommentar zu Hugos »Didascalicon«, übers. v. Ylva Eriksson-Kuchenbuch, Frankfurt a. M. 1991.

Jaumann, Herbert: Untersuchungen zur Literaturkritik zwischen Quintilian und Thomasius, Leiden/New York/Köln 1995.

Joachimsen, Paul: Gesammelte Aufsätze, hrsg. v. Notker Hammerstein, Aalen 1970.

Kapitzka, Peter K.: Ein bürgerlicher Krieg in der gelehrten Welt. Zur Geschichte der Querelle des Anciens et des Modernes in Deutschland, München 1981.

Kirchner, Joachim: Das deutsche Zeitschriftenwesen. Seine Geschichte und seine Probleme, 2 Bde, Wiesbaden 1958/1962.

Kittler, Friedrich A.: Dichter, Mutter, Kind. Deutsche Literatur im Familiensystem 1760–1820, München 1991.

–: Aufschreibesysteme 1800/1900, München 1995.

–: Über romantische Datenverarbeitung, in: Die Aktualität der Frühromantik, hrsg. v. Ernst Behler u. Jochen Hörisch, München 1987.

–: Vergessen, in: Texthermeneutik. Aktualität, Geschichte, Kritik, hrsg. v. Ulrich Nassen, München 1979.

Klein, Wolf Peter: Johann Heinrich Alsted oder Über die Verwandtschaft von Gelehrten und Ameisen, in: Zwischen Narretei und Weisheit. Biographische Skizzen und Konturen alter Gelehrsamkeit, hrsg. v. Gerald Hartung u. Wolf Peter Klein, Hildesheim/Zürich/New York 1997.

Koselleck, Reinhart: Die Verzeitlichung der Utopie, in: Utopieforschung, hrsg. v. Wilhelm Voßkamp, Bd. 3, Stuttgart 1982.

Krämer, Sybille: Berechenbare Vernunft. Kalkül und Rationalismus im 17. Jahrhundert, Berlin/New York 1991.

−: Sprache und Schrift oder: Ist Schrift verschriftete Sprache, in: Zeitschrift für Sprachwissenschaft (1/1997).

−: Symbolische Maschinen. Die Idee der Formalisierung in geschichtlichem Abriß, Darmstadt 1988.

Kuhlen, Rainer: Hypertext. Ein nicht-lineares Medium zwischen Buch und Wissenschaft, Berlin/Heidelberg 1991.

Kühlmann, Wilhelm: Gelehrtenrepublik und Fürstenstaat, Tübingen 1982.

Künzel, Werner/Heiko Cornelius: Die Ars Generalis Ultima des Raimundus Lullus. Studien zu einem geheimen Ursprung der Computertheorie, Berlin 1986.

Künzel, Werner/Peter Bexte: Allwissen und Absturz. Der Ursprung des Computers, Frankfurt a.M. 1993.

−: Gottfried Wilhelm Leibniz. Barock-Projekte, Berlin 1990.

−: Maschinendenken/Denkmaschinen, Frankfurt a.M. 1996.

Künzel, Werner: Der Oedipus Aegyptiacus des Athanasius Kircher. Das ägyptische Rätsel in der Simulation eines barocken Zeichensystems, Berlin 1989.

Latour, Bruno: Wir sind nie modern gewesen. Versuch einer symmetrischen Anthropologie. Aus dem Französischen von Gustav Roßler, Frankfurt a.M. 1998.

Lepenies, Wolf: Das Ende der Naturgeschichte. Wandel kultureller Selbstverständlichkeiten in den Wissenschaften des 18. und 19. Jahrhunderts, München 1976.

Lethen, Helmut: Verhaltenslehren der Kälte: Lebensversuche zwischen den Kriegen, Frankfurt a.M. 1994.

Lieberwirth, Rolf: Christian Thomasius. Sein wissenschaftliches Lebenswerk. Eine Bibliographie, Weimar 1955.

−: Die staatstheoretischen und verfassungsrechtlichen Anschauungen von Christian Thomasius und Christian Wolff, in: Arbeiten zur Rechtsgeschichte, hrsg. v. Hans-Wolf Thümmel, Festschrift für Gustaf Klemens Schmelzeisen, Stuttgart 1980.

Lippe, Rudolf zur: Vom Leib zum Körper. Naturbeherrschung am Menschen in der Renaissance, Hamburg 1988.

Luhmann, Niklas: Die Gesellschaft der Gesellschaft, Frankfurt a.M. 1997.

−: Individuum, Individualität, Individualismus, in: Gesellschaftsstruktur und Semantik. Studien zur Wissenssoziologie der modernen Gesellschaft, Bd. 3, Frankfurt a.M. 1991.

−: Liebe als Passion. Zur Codierung von Intimität, Frankfurt a.M. 1982.

−: Soziologie des Risikos, Berlin 1991.

−: Universität als Milieu, Bielefeld 1992.

Lyotard, Jean-François: Beantwortung der Frage: Was ist postmodern?, in: Postmoderne und Dekonstruktion, hrsg. v. Peter Engelmann, Stuttgart 1990.

−: Der Widerstreit, übers. v. Joseph Vogel, München 1987.

Malsch, Thomas: Vom schwierigen Umgang der Realität mit ihren Modellen. Künstliche Intelligenz zwischen Validität und Viabilität, in: ArByte: Modernisierung der Industriesoziologie?, hrsg. v. Thomas Malsch u. Ulrich Mill, Berlin 1992.

Man, Paul de: Rhetorik der Tropen. (Nietzsche), in: Rhetorik, hrsg. v. Josef Kopperschmidt, Darmstadt 1991.

Meier, Christel (Hg.): ›Der‹ Codex im Gebrauch, München 1996.

Menn, Walter: Ein Kupfertitel als Personalbibliographie, in: Gutenberg-Jahrbuch 1958, hrsg. v. Aloys Ruppel.

Moog-Grünewald, Maria: Tassos Leid − Zum Ursprung moderner Dichtung, in: Arcadia, hrsg v. Erwin Koppen, Bd. 21 (1986).

Mulagk, Karl-Heinz: Phänomene des politischen Menschen im 17. Jahrhundert, Berlin 1973.

Müller, Jan-Dirk: Gedechtnus. Literatur und Hofgesellschaft um Maximilian I., München 1982.

–: Konrad Peutinger und die Sodalitas Peutingeriana, in: Der polnische Humanismus und die europäischen Sodalitäten, hrsg. v. Stephan Füssel u. Jan Pirozynski, Wiesbaden 1997.

Naredi-Rainer, Paul von: Architektur und Harmonie. Zahl, Maß und Proportion in der abendländischen Baukunst, Köln 1982.

Neuber, Wolfgang/Jochen Berns (Hg.): Ars memorativa: Zur kulturgeschichtlichen Bedeutung der Gedächtniskunst 1400–1750, Tübingen 1993.

Neumeister, Sebastian/Conrad Wiedemann (Hg.): Res Publica Litteraria. Die Institutionen der Gelehrsamkeit in der frühen Neuzeit, Wiesbaden 1987.

Neumeister, Sebastian: Enzyklopädische Sichtbarkeit. Eine problemgeschichtliche Skizze, in: Welt der Information. Wissen und Wissensvermittlung in Geschichte und Gegenwart, hrsg. v. Hans Albrecht Koch, Stuttgart 1990.

Oelmüller, Willi: Die unbefriedigte Aufklärung. Beiträge zu einer Theorie der Moderne von Lessing, Kant und Hegel, Frankfurt 1979.

Ong, Walter J.: Ramus. Method, and the Decay of Dialog. From the Art of Discourse to the Art of Reason, London 1984.

Panofsky, Erwin: Gothic Architecture and Scholasticism, Pennsylvania 1951.

Rahn, Thomas: Psychologie des Zeremoniells. Affekttheorie und -pragmatik in der Zeremoniellwissenschaft des 18. Jahrhunderts, in: Zeremoniell als höfische Ästhetik in Spätmittelalter und früher Neuzeit, hrsg. v. Jörg Jochen Berns u. Thomas Rahn, Tübingen 1995.

Raible, Wolfgang: Die Semiotik der Textgestalt. Erscheinungsform und Folgen eines kulturellen Evolutionsprozesses, Heidelberg 1991.

–: Zur Entwicklung von Alphabetschrift-Systemen, Is fecit cui prodest, Heidelberg 1991.

Rieger, Stefan: Speichern/Merken. Die künstlichen Intelligenzen des Barock, München 1997.

Rinkens, Hubert Die Ehe und die Auffassung des Menschen im Naturrecht bei Hugo Grotius, Samuel Pufendorf und Christian Thomasius, Frankfurt a.M. 1971.

Risse, Wilhelm: Bibliographia logica, Hildesheim 1965.

–: Die Logik der Neuzeit, Hildesheim 1964.

Rohmer, Ernst: Das epische Projekt. Poetik und Funktion des ›carmen heroicum‹ in der deutschen Literatur des 17. Jahrhunderts, Heidelberg 1998.

Schlesier, Renate: »Amor vi ferì, vi sani amore«, in: Das Schicksal der Liebe, hrsg. v. Dietmar Kamper u. Christoph Wulf, Berlin 1988.

–: Kulte, Mythen und Gelehrte. Anthropologie der Antike seit 1800, Frankfurt a.M. 1994.

Schlobach, Joachim: Zyklentheorie und Epochenmetaphorik. Studien zur bildlichen Sprache der Geschichtsreflexion in Frankreich von der Renaissance bis zur Frühaufklärung, München 1980.

Schmid, Wilhelm: Philosophie der Lebenskunst. Eine Grundlegung, Frankfurt a.M. 1998.

Schmidt, Werner: Ein vergessener Rebell. Leben und Wirken des Christian Thomasius, München 1995.

Schmidt-Biggemann, Wilhelm: Sinn-Welten, Welten-Sinn, Frankfurt a.M. 1992.

–: Theodizee und Tatsachen: die philosophischen Profile der deutschen Aufklärung, Frankfurt a.M. 1988.

–: Topica Universalis. Eine Modellgeschichte humanistischer und barocker Wissenschaft, Hamburg 1983.

Schmitt, Carl: Der Begriff des Politischen, Berlin 1932.

–: Die Diktatur. Von den Anfängen des modernen Souveränitätsgedankens bis zum proletarischen Klassenkampf, Berlin 1994.

Schneider, Thomas: Zwischen Leviathan und Behemoth. Zur Auseinandersetzung mit der politischen Theologie Thomas Hobbes', in: Politische Religion, religiöse Politik, hrsg. v. Richard Faber, Würzburg 1997.

Schneiders, Werner (Hg.): Christian Thomasius. Interpretationen zu Werk und Wirkung, Hamburg 1989.

–: Aufklärung und Vorurteilskritik: Studien zur Geschichte der Vorurteilstheorie, Stuttgart 1983.

–: Die Philosophie des aufgeklärten Absolutismus. Zum Verhältnis von Philosophie und Politik, nicht nur im 18. Jahrhundert, in: Aufklärung als Politisierung – Politisierung der Aufklärung, hrsg. v. Hans Erich Bödeker u. Ulrich Hermann, Hamburg 1987.

–: Naturrecht und Liebesethik: zur Geschichte der praktischen Philosophie im Hinblick auf Christian Thomasius, Hildesheim 1971.

–: Thomasius politicus. Einige Bemerkungen über Staatskunst und Privatpolitik in der aufklärerischen Klugheitslehre, in: Zentren der Aufklärung I. Halle / Aufklärung und Pietismus, hrsg. v. Norbert Hinske, Heidelberg 1989.

Schröder, Gerhart: Logos und List. Zur Entwicklung der Ästhetik in der frühen Neuzeit, Königsstein 1985.

Schulenburg, Sigrid von der: Leibniz als Sprachforscher, Frankfurt a. M. 1973.

Schüttpelz, Erhard: Figuren der Rede. Zur Theorie der rhetorischen Figur, Berlin 1996.

Simon, Josef: Philosophie des Zeichens, Berlin/New York 1989.

–: Der gewollte Schein. Zu Nietzsches Begriff der Interpretation, in: Kunst und Wissenschaft bei Nietzsche, hrsg. v. Mihailo Djuric u. Josef Simon, Würzburg 1986.

–: Der gute Wille zum Verstehen und der Wille zur Macht. Bemerkungen zu einer »unwahrscheinlichen Debatte«, in: Allgemeine Zeitschrift für Philosophie 12.3 (1987).

–: Grammatik und Wahrheit. Über das Verhältnis Nietzsches zur spekulativen Satzgrammatik der metaphysischen Tradition, in: Nietzsche-Studien, Bd. 1, Berlin 1972.

–: Schrift und Subjekt, in: Zu einer Theorie der Orthographie, hrsg. v. Christian Stetter, Tübingen 1990.

Stanitzek, Georg: Genie: Karriere/Lebenslauf. Zur Zeitsemantik des 18. Jahrhunderts und zu J. M. R. Lenz, in: Lebensläufe um 1800, hrsg. v. Jürgen Fohrmann, Tübingen 1998.

Stichweh, Rudolf: Der frühmoderne Staat und die europäische Universität. Zur Interaktion von Politik und Erziehungssystem im Prozeß ihrer Ausdifferenzierung, Frankfurt a. M. 1991.

Theweleit, Klaus: Buch der Könige 1, 2xy, Frankfurt a. M. 1994.

Thomasiana, hrsg. v. Gertrud Schubart-Fikentscher u. Rolf Lieberwirth, Martin-Luther-Universität, Heft 1, Weimar 1953.

Tubies, Helga: Prudentia legislatoria bei Christian Thomasius, Diss. München 1975.

Vollhardt, Friedrich (Hg.): Christian Thomasius (1655–1728); neue Forschungen im Kontext der Frühaufklärung, Tübingen 1997.

Voßkamp, Wilhelm: Romantheorie in Deutschland. Von Martin Opitz bis Friedrich von Blankenburg, Stuttgart 1973.

Watzlawick, Paul (u. a.): Menschliche Kommunikation. Formen, Störungen, Paradoxien, Bern 1969.

Weber, Johannes: Daniel Hartnack – ein gelehrter Streithahn und Avisenschreiber am Ende des 17. Jahrhunderts. Zum Beginn politisch kommentierender Zeitungspresse, in: Gutenberg-Jahrbuch 1993.

Weber, Max: Gesammelte Aufsätze zur Religionssoziologie, Tübingen 1947.

Weimar, Klaus: Geschichte der deutschen Literaturwissenschaft bis zum Ende des 19. Jahrhunderts, München 1989.

−: Literatur, Literaturgeschichte, Literaturwissenschaft/Zur Geschichte der Bezeichnungen für eine Wissenschaft und ihren Gegenstand, in: Zur Terminologie der Literaturwissenschaft, hrsg. v. Christian Wagenknecht, Würzburg 1986.

Welsch, Wolfgang: Ästhetisches Denken, Stuttgart 1990.

Wenzel, Horst (Hg.): Höfische Repräsentation. Das Zeremoniell und die Zeichen, Tübingen 1990.

−: Hören und Sehen/Schrift und Bild. Kultur und Gedächtnis im Mittelalter, München 1995.

Widmaier, Richard: Die Rolle der chinesischen Schrift in Leibniz' Zeichentheorie, Wiesbaden 1983.

Widmann, Hans: Die Wirkung des Buchdrucks auf die humanistischen Zeitgenossen und Nachfahren des Erfinders, in: Das Verhältnis der Humanisten zum Buch, hrsg. v. Fritz Krafft u. Dieter Wuttke, Boppard 1977.

Wiebking, Wolfgang: Recht, Reich und Kirche in der Lehre des Christian Thomasius, Diss. Hannover 1973.

Wiedemann, Conrad: Polyhistors Glück und Ende. Von Daniel Georg Morhof zum jungen Lessing, in: Festschrift für Gottfried Weber, hrsg. v. Otto Burger u. Klaus von See, Bad Homburg/Berlin/Zürich 1967.

Winkler, Hartmut: Docuverse. Zur Medienthoerie der Computer. Mit einem Interview von Geert Lovink, München 1997.

Wunderkammer des Abendlandes. Museum und Sammlung im Spiegel der Zeit. Katalog der Kunst- und Ausstellungshalle der BRD in Bonn, 1994.

Yates, Frances A.: The Art of Memory, London 1966.

Zedelmaier, Helmut: Bibliotheca universalis und Bibliotheca selecta. Das Problem der Ordnung in der frühen Neuzeit, Köln/Weimar/Wien 1992.

Zizek, Slavoj: Die Pest der Phantasmen, Wien 1998.